Michael Schratz/Ulrike Steiner-Löffler

Die Lernende Schule

Arbeitsbuch pädagogische Schulentwicklung

2. Auflage

Beltz Verlag · Weinheim und Basel

Michael Schratz, Jg. 1952, Dr. phil., Professor am Institut für Erziehungswissenschaften der Universität Innsbruck.

Ulrike Steiner-Löffler, Jg. 1956, Lehrerin, Dr. phil., Beraterin für Schulentwicklung des Pädagogischen Instituts der Stadt Wien.

Besuchen Sie uns im Internet
http://www.beltz.de

2., korrigierte Auflage 1999

Lektorat: Peter E. Kalb
Gesetzt nach den neuen Rechtschreibregeln

© 1998 Beltz Verlag · Weinheim und Basel
Herstellung: Klaus Kaltenberg
Satz: Satz- und Reprotechnik GmbH, Hemsbach
Druck: Druckhaus Beltz, Hemsbach
Umschlaggestaltung: Federico Luci, Köln
Umschlaggrafik: Martin Motycka, Wien/Hilbert Meyer, Oldenburg
Printed in Germany

ISBN 3-407-25202-1

Schratz/Steiner-Löffler · Die Lernende Schule

Hilbert Meyers Igel gewidmet,
der die LeSchu-Spirale in Schwung hält.

Die Reihe »Neue Lehrerbildung und Schulentwicklung«
wird herausgegeben von Dagmar Hänsel, Dieter Jötten,
Peter E. Kalb, Hilbert Meyer, Reinhold Miller, Jürgen
Oelkers, Botho Priebe, Ursula Scheffer, Michael Schratz,
Anton Strittmatter, Ulrich Vossen und Hartmut Wenzel.

Die Schule der Zukunft braucht Lehrende sowie
Leitungspersonen, die Schülerinnen und Schüler für die
anstehenden Herausforderungen vorbereiten. Hochschulen,
Studienseminare und Fortbildungsinstitute werden damit
konfrontiert, ihr Selbstverständnis zu überdenken sowie
Lehrerbildung und Schulentwicklung neu zu gestalten.
Praxisforschung, Professionalisierung und Selbstentwicklung
sind gefordert. Mit der Frage, was Schülerinnen und Schüler
lernen müssen, geht eine andere Frage Hand in Hand:
Was und wie müssen Lehrende lernen und wie muss
Lehrerbildung sie unterstützen, damit sie sich und ihre
Schule weiterentwickeln?

Inhaltsverzeichnis

Gebrauchsinformation und Warnhinweise zu diesem Produkt

Indikation: Dieses Produkt enthält hochwirksame Substanzen und gehört daher in die Hand von allen an der Entwicklung von Schule Interessierten. Der Bestandteil *Edu-Hyperkrisin* ermöglicht eine wirkungsvolle Behandlung schwerer schulischer Krisenzustände unterschiedlichster innerer und äußerer Ursachen, auf Grund der Verbindung mit *Juvenitamil* ist es ebenso zur Stärkung und zur Stabilisierung von Schulen in Wachstumsphasen einsetzbar und dient durch die Wirkstoffkombination *Paedago-Innovan-permanens* auch zur Vorbeugung gegen Verkalkungs- und Erstarrungstendenzen.

Die Bestandteile können im Organismus verstoffwechselt und bei Veranstaltungen weiterverbreitet werden, sodass eine hohe Recyclingquote erreicht wird. Infolge des Entstehens bestimmter Stoffwechselprodukte (Ideenüberhang, Experimentierlust) können die Ausscheidungen (wie Konferenzprotokolle) eine neue, ungewohnte Konsistenz aufweisen.

Verträglichkeit: Bei genauer Einhaltung der Dosierung werden die betroffenen Organsysteme (das schulische Nervensystem, der Verdauungstrakt der Gerüchteküche, die Muskulatur des Unterrichts) gerade so viel gereizt, dass die heilsame Wirkung eintritt, ohne dass das Gesamtsystem überreagiert.

Nebenwirkungen und Wechselwirkungen: sind unzählige bekannt, wir ersuchen daher die Benutzer/innen um Hinweise, wie sie mit diesen Wirkungen umgehen.

Besondere Anwendungshinweise: Dieses Medikament eignet sich besonders gut zur Unterstützung von Projekten, die noch nicht geboren sind oder in der postnatalen Phase gestillt werden; die Wirkungen auf den Embryo bzw. den Projekt-Säugling sind äußerst wachstumsfördernd.

Gewöhnungseffekte bzw. Entzugserscheinungen: sind bisher keine bekannt, werden aber von Produzentin und Produzent dringend erhofft.

Achtung! Der Gebrauch dieses Produkts kann schulentwicklungssüchtig machen!

Einstimmung

Zunächst war's bloß eine vage Idee: von unseren vielfältigen Erfahrungen mit dem System Schule ausgehend, das wir erlebt, erforscht, auch erlitten hatten, das Modell einer Lernenden Schule zu entwickeln. Dann setzte sich diese Idee in unseren Köpfen fest und begleitete uns Jahre hindurch überallhin, ins Klassenzimmer, in den Uni-Hörsaal, zu Konferenzen, Lehrerfortbildungs- und Schulmanagementveranstaltungen, zu den Vortragspulten internationaler Schulentwicklungskongresse, zu turbulenten Sitzungen mit Vertreter/innen der Schulbehörde, in Elternsprechstunden, in Till Eulenspiegels Schreibkontor ... So setzten wir alle Steinchen, die für uns eine neue Kultur der Schule im Sinne einer Lernenden Schule begründen, zum Puzzle zusammen: die »Sieben Axiome«, unsere schulentwicklerischen Glaubenssätze, sowie die Kapitel über systemisches Denken, Lerntheorie, Vision und Schulprogramm, Analyse- und Evaluationsinstrumente und über Konfliktmanagement.

Parallel dazu entwickelten wir Übungsmaterial, setzten es dem Praxistest aus, entwickelten es weiter – bis wir es für »reif« befanden, als »LeSchu-Werkstatt« aufgenommen zu werden: Anregungen zum Ausprobieren für Unterricht, Kollegium und Fortbildung.

Ein weiteres durchgängiges Motiv ist die Doppelspirale; wir führen sie gleich zu Beginn als Symbol für unsere Vorstellung von Lernender Schule ein, und sie eröffnet jedes Kapitel. Doch nicht nur ihre Form hat für uns Bedeutung, sondern wir wollen auch die Erfahrungen, die wir machten, als wir sie – unser Schulentwicklungswerkzeug – unter Anleitung ihres »Erfinders« selbst aus Kupferstreifen herstellten, weitergeben. Deshalb finden Sie gleich im Anschluss eine Bastelanleitung für die LeSchu-Doppelspirale.

Dazu kommen Flipchart-Sprüche, Anekdoten, Interviewausschnitte, Briefzitate und Passagen aus literarischen Werken. Die Fotos und Illustrationen stammen, wenn nicht anders angegeben, aus unserer eigenen Produktion. Hinter dieser bunten Mischung steht unser Anspruch, die wissenschaftliche Auseinandersetzung über Schulentwicklung zu öffnen, zugänglich zu machen für die Logik anderer Textkategorien.

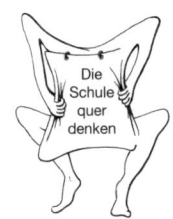

Die Schule quer denken

Ja, noch ein »durchgängiges Element« haben wir in unser Modell eingebaut, von dem wir uns wünschen, dass Sie es wahrnehmen und genießen: Humor und ein kleines Augenzwinkern als Überlebens- und Entspannungsmittel!

Wofür lässt sich die »Lernende Schule« nun konkret nutzen?

- Um sich als Ergänzung eigener Praxiserfahrungen einen Überblick über die aktuelle Forschungssituation im Bereich Schulentwicklung zu verschaffen;
- als »Einführung in eine etwas andere Schulwirklichkeit« für Studierende, die diese nur aus Schüler/innensicht kennen;
- als Vademecum beim Durchleben schulischer Ver- und Entwicklungen, gleichgültig aus welcher Position heraus;
- als Anleitung zur Selbsthilfe, wenn Veränderungen oder deren Ausbleiben Probleme auslösen;
- um für sich die Frage zu klären, ob eine Organisation wie die Schule nun lernfähig ist oder nicht;
- als Ideenpool, aus dem man schöpft, wenn man einfach Lust bekommt, den Schulalltag durch kleinere und größere Experimente zu beleben;
- um leichter zu durchschauen, was hier in der Schule eigentlich läuft, auch wenn man mittendrin in deren verwirrender Komplexität steckt;
- als Gegenentwurf zu den eigenen Hypothesen, was warum in Schule und Unterricht nicht funktioniert/niemals funktionieren kann/endlich anders funktionieren müsste;
- um sich von Kunst und Literatur den Blick auf alte Schulwahrheiten ver-rücken zu lassen und dabei den pädagogischen Eros wieder zu entdecken;
- als Denkanstoß, wenn man gerade dabei ist, die eigene Rolle im System Schule neu zu definieren;
- schließlich als Schatzkiste für planbare und unplanbare Situationen aller Art, von der Supplierstunde über die SCHILF-Veranstaltung bis zum Schulpartnerseminar, wo sich überall LeSchu-Werkstätten mit Gewinn ausprobieren lassen.

Nun denn, die vage Idee der »Lernenden Schule« hat Gestalt angenommen, Sie halten das Ergebnis in Händen. Wir, die wir die Arbeit an diesem Buch sehr genossen haben, wünschen uns, dass ein Funke überspringt.

Wir danken Martin Motycka, Künstler und Kunsterzieher, der u.a. die kapiteleinleitenden Spiralen-Grafiken und das LeSchu-Werkstatt-Symbol geschaffen hat, herzlich für seine Kreativität, die uns beim Schreiben beflügelt hat!

Innsbruck   *Michael Schratz*
Wien   *Ulrike Steiner-Löffler*

Herbstblätter

Wenn sich die ersten Blätter färben, die Schulkinder aus allen Himmelsrichtungen mit großen Erwartungen zur Schule strömen (allein im deutschen Sprachraum handelt es sich etwa um 14 Millionen Schüler/innen), dann haben die Lehrerinnen und Lehrer ihre Eröffnungskonferenz schon hinter sich. Was wird das neue Schuljahr bringen? Welche Träume werden sich erfüllen? Welche Herausforderungen wird es geben? Welche Befürchtungen werden sich bewahrheiten? Wird sich die Schule verändern?

Wir glauben, dass Schulen dazulernen und sich weiterentwickeln, auch wenn das nach außen hin nicht so deutlich wird. Schulentwicklung ist keine Frage der *Publicity*. Entscheidend ist vielmehr, Schule gemeinsam zu gestalten. Erst dann wird sie lebendig! Schulentwicklung ist auch keine Frage der perfekten technischen Umsetzung wissenschaftlicher Erkenntnisse: Erst wenn wir sie als eine *sinnliche* Angelegenheit begreifen, werden wir der Idee der Lernenden Schule gerecht. Sie erfordert daher auch eine soziale Architektur, welche die Entfaltung der Sinne ermöglicht. Otto Schärli hat uns in einem Seminar der »Schmetterlingsschule« in die Werkstatt des Schule-Lebens eingeführt, wo wir sein Motto »Durch die Sinne zum Sinn« anhand folgender Aufgabenstellung sinnlich erleben konnten (nach Schärli 1991, S. 11–12).

»Die innere, subjektive Wahrnehmung (oder Empfindung) entspricht, obwohl sie dem auslösenden Sachverhalt widerspricht, einer äußeren, physikalisch objektiven Bewegung von der Spiralform ... Die Einbildung ist Auswirkung einer innen wie außen, im Subjekt wie im Objekt waltenden gleichen Gesetzlichkeit. Innen wie außen bilden eine in Wechseltätigkeit wirkende Einheit. Sie bilden diese Wechseltätigkeit dadurch, dass beide der gleichen Gesetzlichkeit unterworfen sind.« (Schärli 1991, S. 13–14)

Anleitung zur Erstellung einer Doppelspirale

Material

- Kupferblechstreifen (vom Spengler oder aus dem Großhandel) von 0,3 bis 0,5 mm Stärke und ca. 15 mm Breite. Die Länge von 150 cm ergibt sich aus der üblichen Plattengröße.
- Runde Holzstäbe (aus Bastel- oder Do-it-yourself-Läden) mit 20 mm Durchmesser und von ca. 30 cm Länge.
- Kartonrohre (z.B. Versandrolle aus Pappe) mit 40 bis 50 mm Durchmesser und von derselben Länge wie die Holzstäbe (ca. 30 cm).
- Metallklebstoff (Spezialkleber).

Arbeitsanleitung

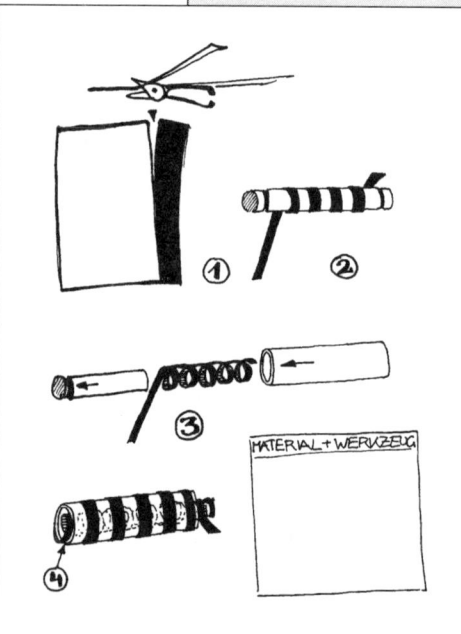

Der Kupferstreifen wird, an einem Ende beginnend, am Holzstab so aufgewickelt, dass am Ende des Holzstabes etwas mehr als der halbe Kupferstreifen übrig bleibt (2). Der Holzstab wird nun aus der Kupferspirale herausgezogen und letztere in die Kartonröhre hineingeführt (3). Der herausragende Teil des Kupferstreifens wird – in der gleichen Drehrichtung, aber zurück zum Anfang der inneren Spirale – um die Kartonröhre gewickelt (4). Die Doppelspirale wird dann aus dem Rohr herausgezogen. Die losen Enden werden so verbunden, dass sie dem Übergang am anderen Ende der Doppelspirale entsprechen. Die Enden können entweder zusammengelötet oder, einfacher, mit einem Spezialkleber verbunden werden.

Wenn die Doppelspirale fertig ist, wird sie mit einem Faden aufgehängt und in Rotation gebracht. Dazu wird der Faden wie eine Feder aufgezogen, sodass er sich danach in die Gegenrichtung zurückdreht. Bei der konzentrierten Beobachtung der Doppelspirale ist ein gleichzeitiges Auf- und Absteigen zu erkennen, wobei die Übergänge als eine Einheit und Gleichzeitigkeit wahrgenommen werden.

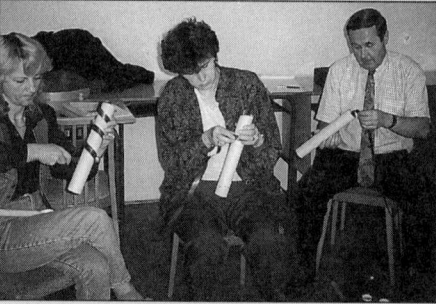
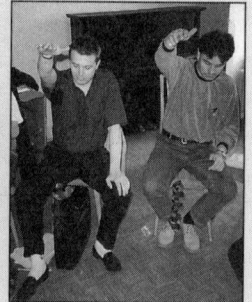

Kapitel 1
Was ist eine Lernende Schule?

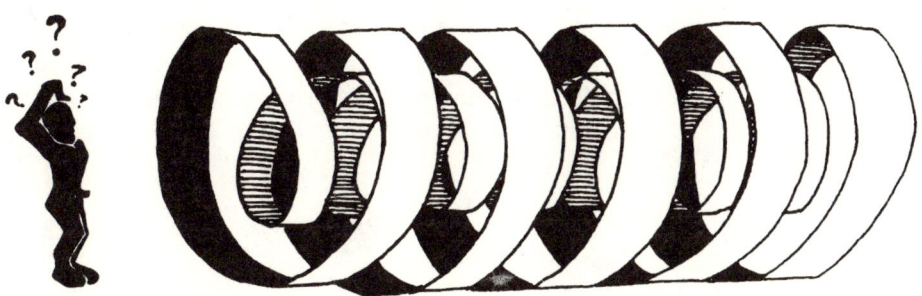

Erste Annäherung

Lebendig nennen wir solche Phänomene oder Ereignisse, denen eine Möglichkeit innewohnt; das unterscheidet den Samen vom Stein. Auf die menschliche Kultur angewandt hieße das: Nur eine solche Kultur, eine solche Schule können wir lebendig nennen, die über ihren gegenwärtigen Zustand hinaus eine Bewegung in die Zukunft hinein zu entwerfen vermag. (Klaus Mollenhauer)

Das Arbeitsgruppentreffen, das in einem alten Gymnasium in einem der Wiener Außenbezirke, genauer gesagt, im Klassenraum der 7c, stattgefunden hatte, war soeben zu Ende gegangen; die meisten der Teilnehmenden hatten den Raum schon verlassen, nur ein Lehrer und B., eine Schülervertreterin, standen, ins Gespräch vertieft, noch da. Wir beide hatten moderiert und waren nun dabei, die verschiedenen Materialien einzusammeln und zu verstauen, als wir den (aus Schülersicht) »ur-coolen« Spruch entdeckten – er prangte als Plakat an einer Seitenwand.

*Lehrer sind wie Dealer:
Sie denken immer nur
an den Stoff!*

Wir lasen und lachten laut heraus, da wandte sich B. zu uns um und meinte: »Lacht nur, es stimmt ja, wenn's drauf ankommt, zählt nur der Stoff, gekonnt oder nicht gekonnt, auch wenn sich viele Lehrer Mühe geben, uns wie Menschen zu behandeln. Und da nützen solche *actions* wie unsere Arbeitsgruppe auch nichts.« – »Moment mal, das kann doch nicht dein Ernst sein, B., warum glaubst du, haben wir die Schülervertretung eingeladen, in der Planungsgruppe mitzumachen?« In der Stimme des Lehrers schwangen Ärger und Resignation. »Das find ich auch o.k., aber damit können Sie die Lehrer doch nicht ändern! Der Alltag in der Klasse schaut halt anders aus, auch in unserer Schule … also dann, tschüs bis zum nächsten Mal.«

Uns war das Lachen inzwischen längst vergangen. Gewiss, der guten Pointe wegen enthielt der Spruch eine Übertreibung, dennoch waren auch wir enttäuscht. Immerhin nahmen wir für diese Schule den Insiderblick in Anspruch und glaubten zu wissen, dass hier einiges an Entwicklungsarbeit in Richtung Schülerzentrierung, lebendige, offene Schule geleistet wurde. Doch bei den Schülerinnen und Schülern, um die es ja ging, war offenbar kaum etwas davon angekommen! »Wozu nimmt sie dann überhaupt an den Treffen teil«, fragte uns der Lehrer beim Verabschieden, »wenn's den Schülern ohnehin nichts bringt? Ich versteh's nicht.« Vielleicht hatten sich alle bloß zu viel in zu kurzer Zeit erwartet, vielleicht hatte sich B. durch die Situation zu einer extremeren Aussage hinreißen lassen, als ihrer Gesamteinschätzung entsprach, vielleicht sahen andere die Lage optimistischer, vielleicht ... wie auch immer, *uns* beschäftigte die Szene, die wir erlebt hatten, ebenfalls noch lange, betraf sie doch unser Nahverhältnis zum Konzept der Lernenden Schule.

Wir waren vor längerer Zeit darauf gestoßen und arbeiteten seither sehr intensiv daran, auf der Grundlage unserer vielfältigen Erfahrungen (im Unterricht, in Lehre und Forschung, in der Lehrer/innenaus- und -fortbildung, in den Bereichen Schulentwicklung, Evaluation, Autonomieberatung, Schulmanagementtraining etc.) *unsere* Theorie über eine Lernende Schule zu erarbeiten und wiederum in die Praxis umzusetzen; von daher betrachtet, waren Rückmeldungen wie die von den Lehrern als Dealern für uns heilsam, da sie uns auf den Boden der (Schul-)Realität zurückbrachten. Der implizite Vorwurf des alles andere überdeckenden Prüfungsdrucks auf dem Plakat war für uns wieder ein Indiz dafür, dass die Schüler/innen keine deutlichen Anzeichen einer Entwicklung hin zu einer Lernenden Schule hatten feststellen können. Daraus ergaben sich für uns zwangsläufig zwei Fragen: *Woran* zeigt es sich, dass aus einer Schule eine Lernende Schule geworden ist, und *wie* kann eine Schule zu einer Lernenden Schule werden?

Schritt für Schritt voran ...

Was sind die Rahmenbedingungen?

Bevor wir uns zu einer systematischen Auseinandersetzung mit dieser Problematik aufmachen, sollen Streiflichter das Umfeld und die innere Struktur sowie den Sinn dieser Schule an der Wende zum 21. Jahrhundert erhellen. Wir unternehmen damit den Versuch, auf der Basis einiger für uns wichtiger Aussagen aus der Forschungsliteratur sowie unserer eigenen Erfahrungen im System Schule in aller Kürze zu klären, *unter welchen Bedingungen* Schule heute existiert. Dafür scheint uns zum einen ein eher »externer« Aspekt maßgeblich, nämlich die bildungs- und gesellschaftspolitische Landschaft, in der sich die Einzelschule befindet, zum andern ein intern wirksam werdender, die spezifische Organisationsstruktur der Einzelschule.

»Externe« Voraussetzungen

Das System Schule bildet als Teil der gesamtgesellschaftlichen Entwicklung jenes Umfeld, in das die einzelne Schule eingebettet ist. Der Blick auf dessen Besorgnis erregende aktuelle Situation hat namhafte Vertreter/innen der Schul(entwicklungs)forschung in letzter Zeit zu dramatischen Formulierungen veranlasst, sowohl in der Diagnose als auch in der »Therapie«: Nichts weniger als die Neuverteilung der pädagogischen Macht in Europa wird konstatiert (nach Gruber 1995, S. 24–25), ein großer Paradigmenwechsel in der Bildungspolitik (vgl. Rolff 1993) von der Makropolitik (Mitter 1993) zur Mikropolitik (Ball 1987) oder auch zur Antipolitik (Plank/Boyd 1994) und von der Reform des Gesamtsystems zur Entwicklung der einzelnen Schule wird festgestellt, was den Fokus u.a. von der »vorausgehenden bürokratischen Determination schulischer Entscheidungen zu ihrer nachträglichen evaluierenden Kontrolle« (Granheim/Kogan/Lundgren 1990) verschoben hat.

Einig sind sich die meisten Autor/innen darüber, *dass* solche Trends existieren; Uneinigkeit herrscht darüber, ob sie eher Pendelbewegungen sind, sodass stets »auf Phasen der stärkeren

Betonung von Chancengleichheit und Umverteilung die vorrangige Beschäftigung mit Qualität und Tüchtigkeit folgt« (Weiler 1990, S. 42), oder ob sie als geradliniges, wenn auch verspätetes Nachvollziehen der so genannten Megatrends (Naisbitt 1984) von nationalen zu globalen Wirtschaftsstrukturen, von Zentralisierung zu Dezentralisierung etc. aufzufassen sind.

All das mache es nötig, »die Schule neu (zu) denken«, wie Hentig (1993) es so einprägsam formuliert hat, den Begriff, das System und auch den einzelnen Standort einbeziehend; jedenfalls kann sich die Einzelschule von diesen großen Entwicklungen kaum abkoppeln, auch wenn sie (oder gerade weil sie) durch Autonomie größere Handlungsspielräume erhält, wovon noch die Rede sein wird.

»Interne« Voraussetzungen

Da die Organisationsstrukturen einer Schule Interna darstellen und deshalb erfahrungsgemäß aus der Außenperspektive besonders deutlich werden, geben wir hier auszugsweise die Betrachtungen des Organisationsberaters René Ullmann (1993, S. 123) über die Organisation Schule wieder: In der Schule als Prototyp einer professionellen Organisation seien zum Unterschied von produktiven Organisationen die Organisationsmitglieder, »bezogen auf den direkten Arbeitsauftrag, wenig aufeinander angewiesen«. Dies hänge mit dem System der Einzelklassen zusammen, »parallel geschaltete, weitgehend voneinander unabhängige Subsysteme«; als weitere Merkmale nennt Ullmann u.a. »sehr flache Hierarchie – dadurch hohe Selbstverantwortung« und »wenig Regelkommunikation«; eine Vernetzung der Subsysteme erfolge höchstens auf freiwilliger Basis.

Auf Grund dieses Befundes formuliert Ullmann (1993, S. 124) die folgende These über die Struktur der Organisation »Schule«: Sie »lässt jedem Mitarbeiter und jeder Mitarbeiterin maximale Freiheit. Im Bereich Zusammenarbeit und Reflexivität (Feedback, Selbststeuerung) gibt sie wenig strukturelle Unterstützung. Jede Lehrkraft ist König – aber für sich allein. Dadurch muss Schule nicht einen angemessenen Grad an Komplexität aufweisen und vermittelt nicht optimal zwischen komplexer Welt und den Heranwachsenden«, was zuvor als eine ihrer wichtigsten Aufgaben festgehalten wurde.

Als entscheidenden Steuerungsmechanismus für dieses System sieht Ullmann die spezielle Art von Führung in der Schule, die er (mit Bezugnahme auf die Verhältnisse in der Schweiz, die die eigentliche Führung der Schulen, ihren Traditionen folgend, ehrenamtlichen Volksvertreter/innen, also »interessierten Laien«, überlässt, was die auch anderswo vorhandene Führungsschwäche der Schule vielleicht überdeutlich hervortreten lässt) u.a. so charakterisiert:

- es scheint wichtig zu sein, dass alle Kollegen und Kolleginnen gleich, auf gleicher Ebene, sind,
- »alle führen, alle verstehen sich als Führungspersonen …«, und daraus wird der Schluss gezogen, »dass es in der Organisation ›Schule‹ Führung kaum gibt. Die Lehrpersonen stützen sich hauptsächlich auf den eigenen Glauben an die Richtigkeit des eigenen Tuns ab.« (S. 126–127)

Des Öfteren steht »die königliche Freiheit« in der Klasse aber in krassem Gegensatz zum subjektiv empfundenen Eingezwängtsein der Lehrenden zwischen dem schon eingangs erwähnten (vermeintlichen?) Stoffdruck, Disziplinierungsnotwendigkeiten und eigenem oder fremdem Anspruchsniveau. So erzeugt der Widerspruch zwischen Struktur und Ziel ungünstige Ausgangsbedingungen, worunter unserer Einschätzung nach alle Beteiligten leiden. Diese Ambivalenz bildet nach wie vor einen bewusstseinsprägenden Bestandteil des Lehrer/innenalltags, ähnlich wie etwa die Unterscheidung zwischen Schule und »wirklichem« Leben das Bewusstsein der Lernenden prägt. Gewiss, es gibt im Lehrer/innendasein auch andere, positive, ja manchmal beglückende Momente in der Arbeit mit Schüler/innen, aber unserer Erfahrung nach erlebt man sie eher den vorgegebenen Strukturen *zum Trotz*, nicht durch sie gestützt! Wie dem auch sei, von diesen Mikrostrukturen kann sich die Einzelschule ebenso schwer abkoppeln wie von den allgemeinen Mega-Trends. So könnte die autonome Entwicklung weitergehen:

Schulen der Zukunft, Zukunft der Schule?

Neues vom Schulstandort Linz: Die Konkurrenz zwischen **THE APPLE GYM** und dem GRg IBM spitzt sich zu, gegenseitiges headhunting ist an der Tagesordnung. In beiden wird übrigens, um den Aspekt der Allgemeinbildung nicht zu vernachlässigen, als einstündige unverbindliche Übung »Deutsch + Geschichte und Sozialkunde« angeboten; diese Übung soll bei den Schüler/innen sehr beliebt sein!

ZWEISTEINGYMNASIUM Perchtoldsdorf-Blankenese – Anstalt zur Förderung besonders begabter und interessierter Schüler/innen:

Im A-Zug 8.00 bis 10.00 Denksportaufgaben; 10.00 bis 12.00 verschiedene Vorlesungen von Harvard-Professoren (gesponsert vom rührigen Elternverein des Zweisteingymnasiums), 13.00: Nachmittag im Managementcenter Hernstein: Persönlichkeitsbildung, Management;

Im B-Zug Unterrichtsbeginn für Wenigerbegabte 14.30, Unterrichtsende 19.00.

Lehrerflohmarkt in Dresden

für Auslaufmodelle,
mit Sonderunterstützungsprogramm
für Latein- und Darstellende
Geometrie-Lehrer/innen

Direktorenbörse: immer am 16. des Monats
Ort: Aula des Stadtschulrates für Wien
Zum Verkauf stehen:
– Schul-Einrichtungsgegenstände und
– vom Schulgemeinschaftsausschuss
  abgewählte autonome Lehrplan-
  bestimmungen

Heute im Sonderangebot:

Mag. Marietheres Kreuzbrav sucht Anstellung im Bereich des ehemaligen Landesschulrates für Steiermark, Graz + Umgebung bevorzugt;
bietet:
– Studium Englisch, Französisch
  in der Regelstudienzeit absolviert,
– Eltern und Großeltern Inländer,
– AIDS-Test negativ,
– ärztliches Attest über Unfruchtbarkeit kann vorgelegt werden.

Öffentliche Ausschreibung des MJORGS
Michael-Jackson-Oberstufenrealgymnasium Salzburg

Die nächsten **Aufnahmeprüfungen** in den 1. Jahrgang für ernsthaft interessierte Jugendliche finden am 20. Juni 1998 statt; Dauer der Prüfung: 3 Stunden; über den Stoff und die genauen Aufnahmebedingungen informieren Sie sich bitte in unserer Broschüre *Live is music*, herausgegeben vom Stiftungsrat des Michael-Jackson-ORG; sämtliche Michael-CDs und -Kassetten sind zur Prüfung mitzubringen!

„Wer will mich?"

Schüler/innen, Eltern und Lehrpersonen, die nicht ins Schulprofil passen,
auf der Suche nach einer neuen Heimat – und ZDF, DRS und ORF live dabei!
Diesmal vom Studio Basel Stadt.

Rufen Sie an, steigern Sie mit, sagen Sie uns Ihre Meinung!

Sind diese fiktiven Texte ernst zu nehmen als Vorgeschmack der auf uns zukommenden (post?-)modernen Bildungslandschaft? Die einen mögen deren Grundtendenz vielleicht sogar begrüßen, für andere eröffnen sie den Blick auf das Horrorszenario eines ungezügelten Bildungsmarkts. Uns soll die Überzeichnung der Darstellung helfen, die *derzeitige* Situation des Schulwesens im Spannungsfeld zwischen Staat und Markt, zwischen Freiheit und Verantwortung hervorzuheben, um die Schule in die Zukunft zu entwickeln. Ausgehend von dieser Situationsklärung, nähern wir uns im Folgenden jenem Typus von Schule an, der u.E. die größten Chancen hat, die zukünftigen Herausforderungen zu bewältigen, dem Typus der Lernenden Schule.

Eine Lernende Schule – was ist das?

Es gibt fast so viele Einteilungsvorschläge für Schulen, wie es Schulen gibt, in der Literatur ist die Rede von fragmentierten Schulen, Projektschulen, Problemlöseschulen, Lehr- und Lernschulen, von Schulen als Häusern des Lernens (vgl. Bildungskommission NRW 1995). Gottfried Kleinschmidt (1995) hat in einer Besprechung des Buches »Schulautonomie – Chancen und Grenzen« (Daschner/Rolff/Stryck 1995) herausgearbeitet, wie fassettenreich die einschlägige Terminologie bereits ist. Das signalisiert nicht zuletzt die begriffliche Unsicherheit im Umgang mit der neuen Situation von Schule.

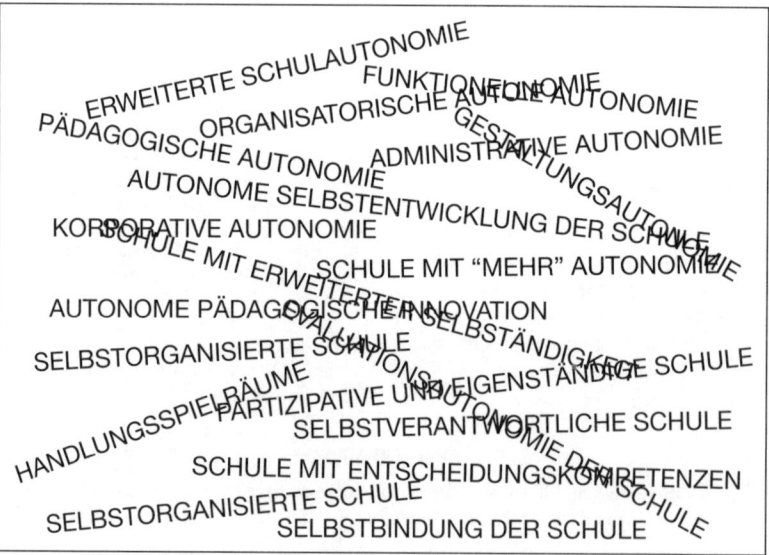

Abbildung 1: »Begriffsautonomie«

Wenn wir in diesem Band das Konzept der Lernenden Schule vor-stellen, so nicht, weil wir dieser begrifflichen Vielfalt unbedingt noch ein weiteres Element hinzufügen wollen: Der Terminus *Ler-nende Schule* ist stilistisch betrachtet eine *contradictio in adiecto*, da ein logischer Gegensatz zwischen dem nominalen Bestandteil »Schule« im Sinne einer Institution, die *lehrt*, und dem Attribut »*lernend*«, besteht. Der Begriff liegt im Trend, wer heute über Schul- oder Unterrichtsentwicklung schreibt, kommt, scheint es, nicht an ihm vorbei (vgl. Meyer 1997). Wir sehen darin aber viel mehr als eine Modeerscheinung: Das Entwicklungsmodell, das da-mit beschrieben wird, halten wir für das zukunftsträchtigste, signa-lisiert es doch *per definitionem* weitgefasste Lernfähigkeit und -willigkeit, somit genau jene »Schlüsselqualifikationen«, die die Qualität der einzelnen Schule letztlich ausmachen werden; Lernfä-higkeit und -willigkeit werden darüber hinaus das Schicksal der gesamten Institution Schule in Zukunft maßgeblich bestimmen.

Gegen unsere Behauptung lässt sich natürlich einiges einwenden. Wozu eine Lernende Schule, könnte man fragen:

- Haben Schulen bisher nicht auch dann überlebt, wenn sie alles andere als »lernend« im Sinne von entwicklungsfähig gewesen sind, und waren nicht andere Faktoren stets viel wichtiger im Hinblick auf Erfolg oder Misserfolg? Wer kann schon ernsthaft behaupten, die Zukunft brächte einen so radikalen Wandel im Schulsystem, dass nur die flexiblen, engagierten, »lernenden« Standorte überleben würden ...
- Autonomie bringt zwar den Schulen mehr Freiraum für Profil-bildung, Professionalisierung und organisationales lebenslan-ges Lernen, die Autonomisierung tritt aber praktisch nur in »Tateinheit« mit drastischen Sparprogrammen auf. Sehr wahr-scheinlich wird deshalb die allgemeine Verknappung der Res-sourcen, verbunden mit stärkerem Einfluss von Marktelemen-ten, zu einem weiteren Auseinanderdriften von Schulstandor-ten führen, je nach dem sozialen Hintergrund und der damit verbundenen finanziellen und gesellschaftlichen Potenz der »Kunden«, sodass die in diesem Spiel benachteiligten Standorte mit noch so viel Lernfähigkeit und -bereitschaft immer nur not-dürftige Reparaturen werden leisten können.
- Für viele Kritiker wird damit stillschweigend auch der An-spruch (zumindest maßgeblicher Teile) der Gesellschaft an die Institution Schule aufgegeben, sie habe kompensatorisch zu wirken, wie dies einst in den 70er-Jahren das Schlagwort von der Chancengleichheit vermittelte. Stattdessen sehen sie die

Weichen gestellt in Richtung Selektion, nicht nur auf individueller, sondern auch auf institutioneller Ebene, eine Entwicklung, die sich gut als 1:1-Abbildung des Trends zur Zwei-Drittel-Gesellschaft auf den Bildungssektor begreifen lässt. (Ein Beispiel dafür ist Großbritannien, das dank der in der Ära Thatcher durchgeführten gesetzlichen Änderungen eine Vorreiterrolle in Bezug auf das Auseinanderdriften von Schulen übernommen hat; verschärft wird dort die Situation durch Koppelung der finanziellen Dotierung einer Schule an ihre »Leistungen« in den Nationalen Tests.) Ein Indiz für solche Veränderungen ist u.E. das – allerdings nicht prinzipiell negativ zu sehende – wachsende Interesse vieler Schulen, besonders aber vieler Schulverwaltungen an Qualitätssicherung und Evaluation.

Prozesse und Ziele

„Von der belehrten zur lernenden Gesellschaft" – so heißt unsere neue Serie. Ihr Titel verweist auf den Prozeß, in dem wir uns momentan befinden und der an vielen Stellen – wenn überhaupt – gerade erst begonnen hat. Prozeßziel und Wunschbild ist eine Gesellschaft, deren Mitglieder durch den Willen zu aktivem, lebenslangem Lernen geprägt sind – aber wie soll dieses lohnenswerte Ziel erreicht werden? Immer noch sind belehrende und damit passivitätsfördernde Lehrmethoden weit verbreitet, ob in Schulen und Universitäten oder Weiterbildungsseminaren. A.H.

Der Schutz des Systems für lernunwillige »Dinosaurier«-Schulen, das Auseinanderdriften sozial bevorzugter und benachteiligter Standorte, Konkurrenzkämpfe mit gezinkten Karten, all das kann durch das Konzept der Lernenden Schule allein nicht verhindert werden, wir meinen aber, dass die Antwort der Gesellschaft der Zukunft in Ermangelung von Alternativen nur eine – auf allen Ebenen des Systems – Lernende Schule sein kann, was nicht zuletzt auch der Forderung einer Entwicklung von der »belehrten zur lernenden Gesellschaft« entspricht; eine Tageszeitung, die sich mit diesem Thema in mehreren Folgen auseinander setzte, gab ihrem Publikum dazu nebenstehende Einführung (Süddeutsche Zeitung Nr. 103, 4./5. Mai 1996, S. V1/1).

Was macht nun das Wesen einer Lernenden Schule aus? Sie hat zweifellos viel mit einer *learning organisation* gemeinsam, wie sie in zahlreichen Management-Publikationen bereits ausführlich dargestellt worden ist (Senge 1990; Senge 1993; Burgoyne/Pedler/Boydell 1994; Senge u.a. 1994; Kline/Saunders 1996), aber sie unterscheidet sich in vielerlei Hinsicht, vor allem durch den spezifischen Sinn der Schule, der vom pädagogischen Eros getragen wird, von einer solchen kommerziellen Lernenden Organisation. Wir erleben nicht selten, wie Methoden aus dem Wirtschaftsbereich unbedacht übernommen und unreflektiert in der pädagogischen Praxis eingesetzt werden, ohne die dahinter liegenden Konsequenzen zu bedenken. Wenn man etwa die Lehrer-Schüler-Beziehung völlig mit einer Kundenbeziehung gleichsetzt, was automatisch eine Preis-Leistungs-Relation evoziert, so ist es nahe liegend, nach dem Produkt zu fragen, das für diesen Markt erzeugt wird, und die generative Macht der Sprache führt dann leicht dazu, dass eine *Waren*beziehung (statt einer *wahren* Beziehung) entsteht, die sich in Äußerungen wie »Schülermaterial« spiegelt, und schließlich ist der Schritt zu Formulierungen wie »(Schüler-)Ausschussware« und »unverkäufliche (Schüler-)Ware« nicht mehr weit.

Wir möchten damit keineswegs andeuten, dass schulisches Management nicht eine Menge aus dem Wirtschaftsleben lernen kann – im Gegenteil: Die Schule hat bisher in vielerlei Hinsicht versäumt,

- ihre (Kunden-)Beziehung zu Eltern so zu pflegen, wie man sie üblicherweise im Geschäftsleben erwartet (Zeitvorgaben, nach denen man sich verlässlich ausrichten kann, Information über relevante Sachverhalte inkl. Nebenwirkungen etc.),
- Schulmanagement als wesentliche Aufgabe zu definieren oder
- permanente Fortbildung als eine außer Zweifel stehende Selbstverpflichtung aller Mitarbeiter/innen anzusehen.

Die Liste ließe sich noch lange fortsetzen. Uns geht es hier aber darum, darauf hinzuweisen, dass die bloße Übernahme von Zaubermitteln aus dem Bereich des Wirtschaftsmanagements, die gerade »in« sind, sei dies »Total Quality Management«, »Kaizen« oder das Zertifizierungs-Modell »ISO 9000« – noch lange nicht dazu führt, dass sich Schule in eine günstige Richtung weiterentwickelt. Erst die Auseinandersetzung mit den dahinter liegenden Theorien lässt uns die Wirkungsweise des Teils im Ganzen erkennen, wodurch wir auch die entsprechenden Konsequenzen einschätzen lernen.

Die aktive Gestaltung des Wandels in Unternehmen braucht *Change Management,* was nach Doppler/Lauterburg (1994, S. 105) darin besteht, dass sich »die beteiligten Menschen (...) selbst – ihre Einstellungen, ihr Verhalten, die operativen Maßnahmen sowie die dazu notwendige Aufbau- und Ablauforganisation – ständig den wechselnden Anforderungen der relevanten Umwelten an[passen]. Diese Anpassung geschieht nicht von allein. Sie muss immer wieder von neuem angeregt, vermittelt, angestoßen und organisiert werden.«

Drei Prinzipien nennen Doppler/Lauterburg (1994, S. 105–106), an denen sich die praktische Umsetzung orientieren muss und die wir gerade im Hinblick auf die Situation in der Schule für bedeutsam halten:

- *»durch Handeln lernen«*, weil Menschen am meisten im Handeln (am besten mit Planung und anschließender Auswertung im Team) lernen; »der Preis dafür: kleine Fehler, gelegentliche Pannen«, die aber als wichtige Lerngelegenheiten erkannt und geschätzt werden (!);
- ein partnerschaftliches Lernmodell, bei dem »der Manager nicht mehr derjenige (ist), der alles besser weiß, besser kann und sich deshalb einseitig das Recht nimmt, die anderen zu beurteilen. Das System unterzieht sich vielmehr einem gemeinsamen Lernschritt, bei dem auch Rolle und Verhalten des Managers zum Gegenstand gemeinsamer Reflexion gemacht werden«;
- *»die Verantwortung für Entwicklung beim Betroffenen belassen«* – gleichzeitig warnen die Autoren davor, dass Selbstständigkeit und Eigenverantwortlichkeit der Mitarbeiter/innen Einsamkeit und Verantwortungsstress verstärken.

Besondere Aufgaben stellt eine solche Konzeption an die Lernfähigkeit der Führungskräfte, deren Rollen sich laut Senge (1993, S. 149) »dramatisch von jenen des charismatischen Entscheidungsträgers (unterscheiden)«, stattdessen müssen die Manager jetzt die Fähigkeiten erwerben, »gemeinsame Visionen zu bilden, vorherrschende mentale Modelle an die Oberfläche zu bringen und zu hinterfragen und systemischere Denkmuster zu fördern. Kurz – Führungskräfte in lernenden Organisationen sind dafür verantwortlich, Organisationen aufzubauen, in denen die Beschäftigten ihre Fähigkeiten verbessern, die Zukunft zu gestalten. Das heißt: Führungskräfte sind für das Lernen verantwortlich.« Die hohe Priorität, die Senge dem Lernen hier einräumt, lässt sich sogar als Annäherung eines (lernenden) Wirtschaftsunternehmens an den »Unternehmenszweck« der Schule interpretieren! Insofern können wir die Schule als eine Organisation verstehen, »die im Organismus wirksame, wechselseitige und arbeitsteilige Verbindung zu einem Ganzen dar[stellt]« bzw. »die [eine] ordnende Verteilung und Regelung von Personen und Sachen im menschlichen Zusammenleben« ist (Pechtl 1991, S. 87). Besteht der Zweck einer Schule lediglich darin, Unterricht laut vorgeschriebenem Lehrplan zu halten, wundert es nicht, dass an solchen Schulen die Lehrer/innen wenig engagiert sind, dass sie ihre Arbeit nicht als herausfordernd ansehen und sich kaum mit ihr identifizieren. Innere Emigration, Burn-out-Syndrom und Frustrationen sind die kaum vermeidbaren Folgeerscheinungen.

Eine Konkretisierung der Merkmale einer Lernenden Organisation wurde in einer Studie zur Wirksamkeit und Zukunft der Lehrerfortbildung in Nordrhein-Westfalen erstellt:

> *»Eine ihren Entwicklungsprozess selbst organisierende Schule, an deren Gestaltung die Lehrer/innen und Schüler/innen, die Schulleitung, die Eltern, Hausmeister und weiteres Personal mitwirken, nennen wir eine ›Lernende Schule‹:*

> - *Eine solche Schule steht in der Tradition der pädagogischen Aufklärung, aber sie nimmt die Konzepte und Modelle des ›Lernenden Unternehmens‹, der Organisationsentwicklung und der Schulkultur auf.*
> - *Sie entfaltet eine soziale Architektur, in der Menschen mit ihren Stärken und Schwächen zu gemeinsamer Problemlösung ermutigt werden.*
> - *Und sie verfügt über Instrumentarien, um die eigene Praxis kritisch zu reflektieren, um aus Widerständen und Konflikten zu lernen und um die gesetzten Entwicklungsziele selbstbewusst zu verantworten.«*

(Ekholm u.a. 1996, S. 73)

Wahrlich eine höchst anspruchsvolle Aufgabe, hat doch die Gesamtheit der hier beschriebenen bzw. eingeforderten Veränderungen des Systems Schule den Charakter einer Revolution! In deren Zentrum sehen wir den Schritt vom »Ich und meine Klasse« zum »Wir und unsere Schule«, denn mit dem Gelingen oder Misslingen dieses Schrittes steht und fällt das Schicksal der gesamten Entwicklung. Um der Bedeutsamkeit, die wir den Entwicklungsschritten vom Status »Ich und meine Klasse« zur Zukunftsvision »Wir und unsere Schule« beimessen, auch in der Darstellungsform gerecht zu werden, haben wir auf das kreative Potenzial eines befreundeten Künstlers zurückgegriffen: Martin Motycka, besonders aktiv im Bereich Kunst und Neue Medien, engagierter Kunsterzieher und zugleich Kritiker der Art und Weise, wie unser Schulsystem die Kunst (nicht) integriert, hat die notwendigen Schritte in Abbildung 2 dargestellt (vgl. auch den Interviewausschnitt mit Martin Motycka *»Wie man Kreativität verhindern kann«* auf S. 32!).

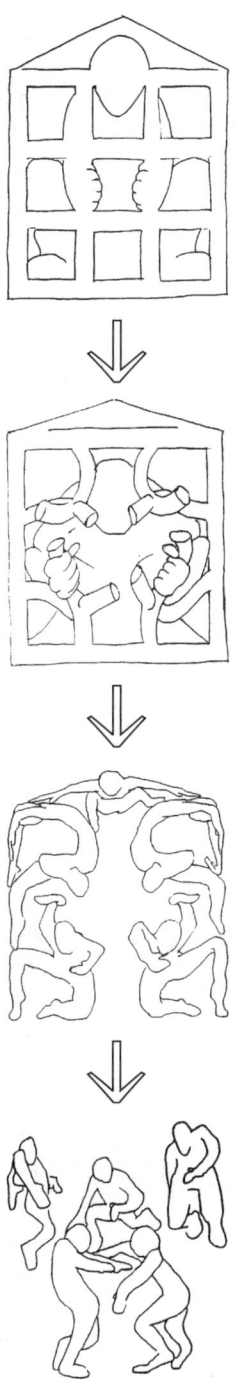

Abbildung 2:
Der Weg zur
Lernenden Schule
(M. Motycka)

Was erschwert der Lernenden Schule das Lernen?

Den Schwerpunktsetzungen von Doppler/Lauterburg, Senge und anderen theoretisch zuzustimmen ist ein Leichtes, die Schwierigkeiten ergeben sich dann in der praktischen Ausführung, also in der »Anzettelung« von Haltungs-/Verhaltensänderungen, im Einhalten und Einfordern von Abmachungen, im Wachhalten der gemeinsamen Vision trotz Alltagsfrust. Gesteigert wird der Komplexitätsgrad von Entwicklungsprozessen im System Schule noch durch einige Grundwidersprüche, die alle planmäßig aufgebauten Strukturen überlagern. Wir fassen sie in sieben Spannungsfeldern zusammen:

Spannungsfeld 1
Der Widerspruch zwischen Bewahren und Verändern

Da Schule immer im Spannungsfeld zwischen Bewahren (= *Reproduktion*) und Verändern (= *Transformation*) agiert, leidet sie unter einem immanenten Widerspruch: Einerseits soll sie den Schüler/innen Werte, Kenntnisse, Fähigkeiten und Fertigkeiten vermitteln, welche sich als Bildungskonsens in staatlichen Lehrplänen niederschlagen (*Vergangenheitsorientierung*). Andererseits soll Schule die nächsten Generationen für ein unbekanntes Morgen vorbereiten (vgl. Schratz 1991), für das es keine gesicherten Vorgaben gibt (*Zukunftsorientierung*).

   Daher bildet das »gesicherte« Wissen aus der Vergangenheit das Hauptkriterium für die Selektionsfunktion von Schule, wodurch *Lernfragen* (Reproduktion von Wissen) den Unterricht bestimmen. Sie bietet schulische, d.h. curriculare und damit mehrmals vermittelte Antworten auf Fragen, die sie sich über Lehrpläne und andere Rahmenvorgaben *selbst* stellt (vgl. das Zweite Axiom), sodass *Lebensfragen* (Transformation von Wissen) eher als Irritation angesehen werden, was sich in Lehrerkommentaren wie »Dafür haben wir jetzt keine Zeit, sonst kommen wir mit dem Stoff nicht durch« äußert.

Aus dem Grundwiderspruch ergibt sich, dass sich im Bewahren das zu Bewahrende verändert, zugleich stellt sich die Frage, *was* ist überhaupt zu bewahren, *was* ist es, das verändert werden soll?

Spannungsfeld 2
Der Widerspruch zwischen der Leitdifferenz richtig/falsch und dem »Lob des Fehlers«

Eng mit dem ersten verbunden ist der zweite Grundwiderspruch, der sich zwischen der Leitdifferenz des Bildungssystems richtig/falsch und dem Konzept vom Lob des Fehlers auftut, das auch Doppler/Lauterburg (1994) als wesentlich ansehen (vgl. Zit. oben!).

> **Friedrich Rückert zum Konzept »Lob des Fehlers«:**
>
> Das sind die Weisen, die vom Irrtum zur Wahrheit reisen. Die im Irrtum verharren, das sind die Narren.

Vom Standpunkt der Logik aus betrachtet, mag es bedenklich sein, systemisch-konstruktivistische Ansätze mit den Begriffen »Irrtum«/»Fehler« und »Wahrheit« zu verbinden, für die Praxis scheint es uns aber ganz wichtig und auch legitim, bei der allgegenwärtigen Differenz *richtig/falsch* anzusetzen, denn sie bestimmt das Denken und Handeln in der Schule in hohem Maße, und sie bildet den Horizont, vor dem alle Bemühungen um Veränderungen gesehen werden. Eine Synthese der beiden widersprüchlichen Elemente in Form des »richtigen Fehlers« enthält die Erfahrung zweier systemisch orientierter Kollegiumsberater: »Niemand wird um das ›Fehlermachen‹ herumkommen. Fehler sind verzeihlich und nicht projektgefährdend, solange sie offen analysiert werden und mit den Betroffenen gemeinsam korrigiert werden. Ganz im Gegenteil werden wir inzwischen misstrauisch, wenn ›alles‹ glatt geht. Denn das stimmt weder mit der Vielschichtigkeit und Komplexität des Beratungsfeldes noch mit der Offenheit des Beratungsprozesses überein.« (Pieper/Schley 1993, S. 87)

Spannungsfeld 3
Der Widerspruch zwischen dem Blick aufs Ganze und dem Blick aufs Detail

Dass das Ganze mehr als die Summe seiner Teile sei, gehöre zum Grundbestand seiner Überzeugungen, schreibt Senge (1996) in *Die fünfte Disziplin*. Die bewusste Priorisierung des großen Ganzen, also im Falle der Schule des Gemeinwohls oder der höheren Ehre einer bestimmten Schule, birgt aber auch gewisse Risiken. Sie könnte als Rechtfertigung individuellen Leidens missbraucht werden und damit letztlich totalitäre Tendenzen fördern. Andererseits ist der Blick auf das Ganze dringend notwendig, denn er ist mit der Frage nach dem Sinn verbunden, und dies nicht etwa nur für die Leitung einer Schule. Im Gegenteil, vielleicht ist der Blick aufs Ganze umso wichtiger, je kleiner der Teil ist, den jemand bearbeitet. Von Gerken/Luedecke (1990, S. 172) haben wir folgende Anekdote über den Kathedralenbau, der diesen Widerspruch anhand unterschiedlicher Sichtweisen herausarbeitet:

> *»Als im Mittelalter eine Kathedrale gebaut wurde und drei Steinhauer nacheinander gefragt wurden: ›Was machst du?‹, antwortete der erste in zornigem Ton: ›Wie du siehst, haue ich Steine!‹ Der zweite antwortete: ›Ich verdiene für mich und meine Familie den Lebensunterhalt.‹ Aber der dritte sagte voller Freude: ›Ich baue eine große Kathedrale!‹ Alle drei verrichteten die gleiche Arbeit. Aber während der erste Steinhauer wegen der geistlosen und bescheidenen Art der Arbeit ein Gefühl der Nutzlosigkeit hatte und der zweite einen geringen persönlichen Sinn darin erblickte, sah der dritte den wirklichen Zweck des Steinhauens. Er erkannte, dass die Kathedrale ohne seine Arbeit nicht gebaut werden könnte. Und er war mit der Freude über seine Beteiligung an einem bedeutungsvollen Ziel durchdrungen.«*

Wir freuen uns, zur Illustration des Zusammenhanges auch auf die folgende Fachdiskussion zurückgreifen zu können, die *Marco Polo* einst mit *Kublai Khan* geführt haben soll:

> *Marco Polo beschreibt dem Kublai Khan das Prinzip einer Brücke, Stein für Stein. »Aber sag, welcher Stein ist es, der die Brücke hält?«, fragt Kublai Khan. »Die Brücke wird nicht von einem bestimmten Stein gehalten, sondern von dem Bogen, den die Steine gemeinsam bilden.« Kublai Khan denkt schweigend nach. Dann erwidert er: »Und wozu erzählst du mir etwas über die Steine? Was für mich zählt, ist nur der Bogen.« Polo antwortet: »Ohne Steine kein Bogen.«* (Calvino 1974, zitiert nach *Action Researcher* 5, Spring 1996, S. 30; dt. Übersetzung durch Autorin und Autor.)

Spannungsfeld 4
Der Widerspruch zwischen der Sehnsucht nach dem Ziel
und der Vorstellung vom Weg als Ziel

»Der Weg ist das Ziel« oder *»Jeder Weg beginnt mit dem ersten Schritt«*? Gemeinsam ist beiden Haltungen, dass sie uns dazu veranlassen, uns selbst als Suchende, Weiterlernende zu definieren, die »auf dem Weg sind« bzw. »sich nach einem Ziel sehnen«, in Abgrenzung zu jenen, die ein anderes Selbstverständnis haben; der Unterschied zeigt sich in der Praxis, wenn es um das *Wie* geht. Soll eine Schule zum Beispiel mit der Realisierung ihres Wunsch-Schwerpunktes »Lebendiger naturwissenschaftlicher Unterricht« zuwarten, bis die entsprechende Ausstattung mit Schülerexperimentiergeräten vorhanden ist? Unbedingt warten, sagen die einen, lieber eine längere Vorbereitungszeit, sonst blamieren wir uns, weil wir mit untauglichen Mitteln unsere hoch gesteckten Ziele nicht erreichen können; auf keinen Fall warten, sagen die anderen, wir können auch ohne die »Baukästen« experimentieren, Hauptsache, es geht einmal los! Es steht also auch zur Debatte, welchen Stellenwert man dem »Werkzeuggebrauch« und der Perfektionierung methodischen Know-hows in Beziehung zur Zielerreichung zubilligt. Die Assoziation zu Saint Exupérys viel zitiertem Gleichnis von den Männern (!) drängt sich da auf, denen man die Sehnsucht nach den fernen Ländern einpflanzen möge, wenn man sie zu tüchtigen Seefahrern machen wolle, anstatt ihnen Stück für Stück, Balken für Balken das Herstellen eines Schiffes beizubringen. Reicht die Sehnsucht wirklich aus, fragen wir uns, ist die (Schul-)Welt nicht voll von »Fernwehgeplagten«, die dennoch nie ein Schiff gebaut haben und folglich auch nie zu neuen pädagogischen Ufern vorgedrungen sind? Andererseits gibt es genug Schiffsbaumeister/innen, die ihr Gefährt gern immer weiter perfektionieren würden, sich von den Zulieferern jedoch im Stich gelassen fühlen, sodass sie die Abfahrt von Tag zu Tag verschieben.

Spannungsfeld 5
Der Widerspruch zwischen dem pädagogischen Eros
und der immer häufiger von der Schule geforderten
»Kundenbeziehung« zu Schüler/innen und Eltern

Dieser Widerspruch ist streng genommen ein doppelter. Erstens lässt sich die – bei Schulmanagementveranstaltungen immer beliebter werdende – Frage, wer denn die Kunden der Schule seien, nicht eindeutig beantworten: die Schüler/innen oder deren Eltern oder beide? Die Gesellschaft, der Staat? Oder »die Wirtschaft«, die weiterführenden Schulen, die Universitäten? Zweitens scheint uns das Motto »Die Kundschaft hat immer Recht« inkompatibel zum pädagogischen Auftrag und zur emotionalen Beziehung zwischen Lehrenden und Lernenden zu sein. Andererseits finden wir etwa die aus dem amerikanischen Management stammende Idee vom *Prosumer*, zusammengesetzt aus *producer* und *consumer*, sehr einleuchtend. (Wir danken Barbara Heitger von der Beratergruppe Neuwaldegg in Wien für diesen Hinweis.) In diesem Bild sind die Schüler/innen gleichzeitig Konsumierende und Produzierende von Wissen, was den Schritt von der belehrenden zur lernenden Organisation voraussetzt.

Abbildung 3: Marktwirtschaftliches Dreieck

Hinter der Kundenbeziehung steht aber ein marktwirtschaftliches Prinzip, das sich im Spannungsgefüge des klassischen Dreiecks von Zeit, Kosten und Qualität festmachen lässt (vgl. Abb. 3).

In der Wirtschaft beherrscht die Dynamik »besser – schneller – billiger produzieren« das Marktgeschehen: Jeder Betrieb will (muss?) sein Produkt schneller, billiger und besser produzieren, um im Rahmen eines unterstellten grenzenlosen (Wirtschafts-) Wachstums bestehen zu können. Wenn eine Schule sich diesem spätkapitalistischen Vermarktungstrend stellen will (muss?) – und zahlreiche Anzeichen dafür gibt es bereits –, verliert sie ihren Eigensinn. Bildung braucht Zeit, was etymologisch dem Wort Schule (σχολή [scholé]: griechisch für »Muße«) zu Grunde liegt, und wenn die Muße für Bildungsprozesse auf Grund von Etatkürzungen nicht mehr zur Verfügung steht, verliert die Schule ihren eigentlichen Sinn. In ihrer Streitschrift nennt Marianne Gronemeyer (1996, S. 17) die Schule daher eine »unmögliche Institution, die nicht darf, was sie soll«, die an diesem unauflöslichen Widerspruch scheitern müsse.

Spannungsfeld 6
Der Widerspruch zwischen ineffizienten formalen und wirkmächtigen informellen Strukturen

Mit diesem Widerspruch muss vermutlich jede Organisation leben, im Bereich Schule tritt er aber in verschärfter Form auf, weil der traditionelle Mangel an formalen Strukturen gewöhnlich die Orwell'sche Logik auf den Plan ruft: »*All men are equal, but some are more equal than the others.*« Auf die Situation im Kollegium übertragen, heißt das dann oft: Den kaum vorhandenen formalen Strukturen (»Alle Lehrer/innen sind gleich ...«) stehen undurchschaubare, nichtsdestoweniger aber wirkmächtige interne Struktu-

ren (»... aber manche Lehrer/innen sind gleicher!«) gegenüber.
Das Schicksal von Entwicklungsmaßnahmen hängt deshalb wesentlich davon ab, inwiefern es gelingt, sich beider Strukturen zu
bedienen – und zugleich beide zu verändern.

Spannungsfeld 7
Der Widerspruch zwischen der generativen Macht der
Sprache und der normativen Macht des Faktischen

Schließlich besteht im Zusammenhang mit Innovationen im Schulbereich eine Diskrepanz, deren Schärfe uns immer wieder in Er-
staunen versetzt: Einerseits wird durch verbale Vor-Verurteilung in
Form von »Killerphrasen« die Umsetzung so mancher Idee verhindert, andererseits haben wir oft miterlebt, wie Veränderungen vor
ihrer Einführung wort- und emotionsreich diskutiert, hinterfragt,
verteufelt etc. wurden, doch kaum waren sie Gesetz, verstummte
jede Auseinandersetzung, es gab keine Reflexion, kein Gespräch
mehr darüber, obwohl die Sachkompetenz nun im Unterschied zu
vorher gegeben gewesen wäre. Wir vermuten, dass dies u.a. mit
dem Fehlen eines klar objektivierbaren Kriteriums für Erfolg, wie
es das Geld in der Wirtschaft darstellt, zu tun hat.

Sein oder Nicht-sein von Entwicklung ... Ein Schulleben voller Widersprüche.
(aus Jungwirth u.a. 1991, S. 179)

Wie man Kreativität verhindern kann.

Aus einem Gespräch mit Martin Motycka über die Lernende Schule und die Kunst.

Wir sprachen mit ihm über zwei Aspekte des Themas Schule und Kunsterziehung, über den für ihn sehr unbefriedigenden Ist-Zustand und über seine Wunschvorstellung von einer auch künstlerisch lernenden Schule.

F: »Martin, was ist es, was deiner Meinung nach an der Schule nicht in Ordnung ist, aus künstlerischer Perspektive?«

A: »Na, in erster Linie gibt es einmal das Problem, dass die Schüler von daheim nicht sehr kreativ erzogen werden und dass eben dieser künstlerische Bereich verloren gegangen ist, die Eltern ... schieben diese handwerklichen Fähigkeiten an die Schule ab, also ich habe Leute in der Ersten [Klasse Gymnasium], die noch nicht einmal ein Stanleymesser halten können, und das sind mehr als 50 Prozent, ja, das ist einmal die Erste von den Grundvoraussetzungen, warum Kreativität eben in der Schule ziemlich gehemmt ist. Dann zweitens durch Kollegen, die irrsinnig mit Notendruck arbeiten oder einen autoritären Stil haben und die Schüler so zusammenpressen, dass die dann, wenn ein bissel Freiheit da ist, total ausflippen und mit der Freiheit einfach nicht umgehen können! Und der dritte Punkt ist, dass in Werkerziehung der Lehrplan so überladen ist, dass man, wenn man nicht den Mut zur Lücke hat, einfach überhaupt keine Chance hat, weil so viel Theorie hineingepackt wird; das Gleiche gilt für Bildnerische Erziehung [Kunsterziehung] in der Oberstufe [Sekundarstufe II], da sollte ich eigentlich die ganze Kunstgeschichte machen, das geht nicht. Und viertens ist es vom Umfeld her, so dass die Aufsichtspflicht ein ziemliches Problem für mich ist, und zwar deshalb, weil zur Kreativität eben auch ein freies, ein ungezwungenes Umfeld dazugehört, und wenn der oder die nicht Musik hören kann oder nicht bei der Arbeit essen kann oder halt gewohnt ist, dass ihr die besten Ideen am Klo einfallen, dann kann das in der Schule nicht funktionieren, das heißt, man muss dann immer versuchen, mit den Schülern so einen Mittelweg zu finden, ihnen einerseits möglichst viel zu erlauben, andererseits ist man darauf angewiesen, immer den Polizisten zu spielen und darauf aufzupassen, dass sich keiner wehtut ...«

F: »Gut, und wie müsste das in einer Schule sein, die eine Lernende Schule ist, lernend auch im Hinblick auf Kreativität und Kunst?«

A: »Da gibt es so eine These, die ich schon lang vertrete, dass nämlich zumindest im großstädtischen Bereich die Fächer nicht in allen Schulen gleichmäßig behandelt werden sollen, sondern dass es eher so Schwerpunktschulen gibt, wo die Schüler von einer zur anderen wandern, also es gibt dann, auf unseren Bezirk bezogen, die Schule in der Rosasgasse mit Chemie, Physik und die in der Erlgasse mit Mathe, Darstellender Geometrie oder Sprachen und unsere mit dem Schwerpunkt Kunst und Musik, und die Schüler wandern dann; das hat einerseits den Vorteil, dass es relativ billig wird, weil man nicht überall die gleiche Ausstattung kaufen muss, und andererseits den Vorteil, *wenn* man Ausstattung kauft, dass viel mehr da ist und die Möglichkeiten dadurch extrem steigen. [...] Die Schüler haben dann vielleicht zwei Monate Chemiekurs, und dann haben sie ihn abgeschlossen wie ein Uni-Seminar, und dann widmen sie sich dem Nächsten. [...] Das Entscheidende ist, dass man dann eben je nach Schule und Fach die entsprechenden Freiheiten lassen kann. Zum Beispiel wär das dann nicht notwendig, dass ich da so eine strenge Struktur hab, wie die Tische und Sessel stehen, sondern dass ich bestimmte Klassen vollständig leer lasse und je nach Bedarf verwende und fülle. Und dann wär auch noch interessant, ob man nicht dieses leidige Aufsichtsproblem irgendwie abschaffen könnte, also nicht abschaffen, es ist schon klar, dass irgendwer auf die Kinder aufpassen muss, aber ob man da nicht irgendeine andere Regel finden kann, obwohl ich da jetzt nicht sofort eine Lösung parat hätte, aber es wäre interessant, ob da nicht ein höherer intellektueller *level* erreicht würde, weil eben die Hauptzeit des Lehrers, zumindest merk ich das bei mir, eigentlich mit Disziplinierungsmaßnahmen draufgeht; wenn ich das unterbinden kann und [...] ich nicht meine Aufsichtspflicht so streng einhalten muss, dann steigt natürlich auch im gleichen Maß die Kreativität und auch die Leistung.«

Das Leben in Gegensätzen macht den Schulalltag oftmals beschwerlich, zugleich ist es jedoch faszinierend, wie viel Ressourcen sich gerade aus diesen vitalen Widersprüchen gewinnen lassen. Einige davon sind sicherlich sehr schulspezifisch, mit anderen müssen außerschulische Institutionen ebenso fertig werden. Konzepte wie das der Organisationsentwicklung bzw. der Lernenden Organisation (die primär außerhalb der Schule entwickelt worden sind), versetzen u.E. die Organisation Schule eher in die Lage, mit diesen Systemwidersprüchen kreativ umzugehen, als viele traditionelle schulspezifische Handlungs- und Führungskonzepte.

Wir sehen insofern zuversichtlich in die Zukunft von Schule, als wir genügend Beispiele aus der Praxis kennen, welche zeigen, dass es (noch?) genügend Menschen gibt, denen der Eigensinn von Schule und damit die Weiterentwicklung des Unterrichts am Herzen der Schulentwicklung liegt. Und das sind nicht nur Einzelkünstler à la Mr. Keating aus dem Kinofilm »Der Klub der toten Dichter«, sondern Lehrerinnen und Lehrer, welche über alternative Unterrichtsformen »das Problem der immanenten Unwahrheit der Pädagogik« (Adorno) zu überwinden suchen. Über die Schwierigkeiten solcher Versuche und über Wege zu ihrer Überwindung handelt das vierte Kapitel.

Einen interessanten Denkanstoß erhielten wir auch von einem anderen »Außenseiter«, nämlich einem Vertreter für das indianische Schulwesen in Nordamerika, der meinte: »Ich sehe das Problem eurer Schule [gemeint ist die Schule des »weißen Mannes«] darin, dass ihr die Lerninhalte erst in die Schule schaffen müsst, ehe ihr mit dem Lehren beginnen könnt. Dabei könntet ihr die Lerninhalte im Umkreis einer Quadratmeile um die Schule herum alle finden!«

Diese Äußerung hat uns nicht nur auf Grund ihres einfachen Lösungsansatzes frappiert, sondern auch nachhaltig irritiert. Wir glauben schon gar nicht mehr an die nahe liegende Lösung, da sie uns zu einfach – und daher unmöglich – erscheint. Jedenfalls haben wir das den Kommentaren zahlreicher Schulleute entnommen, mit denen wir diese Irritation geteilt haben. Verschiedene Bedenken wurden da geäußert:

- *»Lassen sich auf diese Weise alle Lehrplanziele erreichen?«*
- *»Da muss ich als Lehrer ja auf das Unvorhergesehene vorbereitet sein!«*
- *»Wer übernimmt die Haftung, wenn etwas passiert?«*
- *»Wenn so etwas nicht didaktisch sinnvoll aufgebaut ist, bringt das wenig.«*

- *»Draußen sind die Schüler zu sehr abgelenkt, um sich auf das Lernen zu konzentrieren.«*
- *»Das mag für die ersten Grundschuljahre reichen, was passiert aber danach?«*
- *»Unsere Lehrer sind dafür ja gar nicht ausgebildet.«*
- *»Das führt ins reine Chaos!«*
- *»Wie sollen sich die Schüler das Gelernte merken?«*

Diese Aussagen sind aus der Sicht von mehr als 200 Jahren Schulpflicht durchaus verständlich, da sich dahinter das Grundprinzip staatlicher Bildung zeigt: das Denk-Modell einer (zentral) verwalteten Schule und eines fremdgestalteten Unterrichts, das sich historisch zu einer »Bildungsmarktwirtschaft« entwickelt hat. Johannes Beck beschreibt sie so:

> *»Die Vermarktung der Schule liegt im Trend einer allgemeinen Pädagogisierung der modernen Belehrungsgesellschaft. Diese lässt sich aus der Behauptung einer Wissensexplosion in einer unübersichtlichen und risikoreichen gesellschaftlichen Entwicklung ableiten. Die Zunahme des Wissbaren erzeugt einen ständigen Anpassungsdruck und eine tiefe Orientierungsbedürftigkeit. Daraus wiederum lässt sich eine lebenslängliche Erziehungs- und Bildungsbedürftigkeit moderner Menschen wissenschaftlich begründen. Zu deren Befriedigung können die knappen ›Bildungsgüter‹ angeboten und konsumierbar gemacht werden. Der produzierte Bedarf kann durch prestigeorientierte Bildungsreklame und durch den in die Bildungsgüter eingebauten Verschleiß noch erheblich gesteigert werden.«* (Beck 1994, S. 26–27)

Der von Johannes Beck beschriebene Bildungswahn hebt sich deutlich von der zitierten Indianerweisheit ab, dennoch: Allein durch Verherrlichung romantischen Indianer(schul)lebens à la Winnetou und Old Shatterhand wird die Lernende Schule nicht quasi von selbst entstehen, auch wenn sich derartige nostalgische Sehnsüchte gut für die Visionsarbeit nutzen lassen (vgl. Kapitel 6). Stattdessen ist Knochenarbeit angesagt.

Was sind die geistigen Wurzeln der Lernenden Schule?

Unsere Annäherung an die Lernende Schule geht über die kritische Würdigung des Konzepts der Lernenden Organisation im Hinblick auf seine Anwendbarkeit auf schulische Kontexte hinaus: Die Lernende Schule, wie wir sie verstehen, hat noch eine Reihe anderer wichtiger geistiger Wurzeln, die wir vorläufig hier auflisten, um einen Überblick über die für uns bedeutsamsten theoretischen Modelle, Richtungen und Denkschulen zu geben; was diese jeweils zum Gesamtkonzept beigetragen haben, wird sich in den entsprechenden Abschnitten dieses Buches explizit oder implizit (das heißt in der zugrunde liegenden Haltung) zeigen.

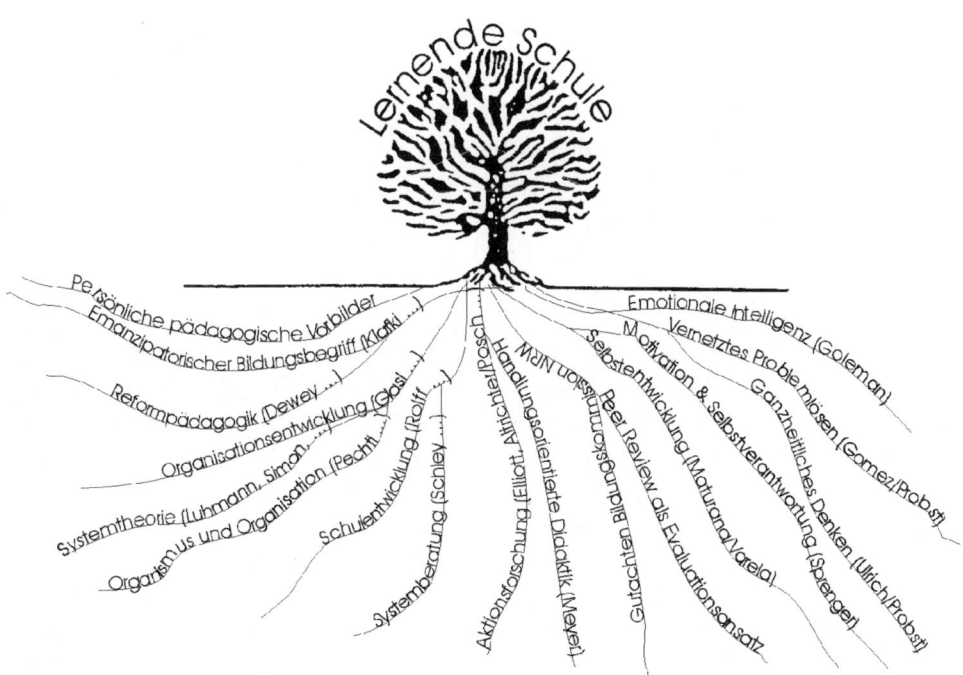

Abbildung 4: Die Wurzeln der Lernenden Schule

- Wir gehen grundsätzlich von einem emanzipatorischen Bildungsbegriff im Sinne Klafkis (1976) aus und fühlen uns den Ideen der Reformpädagogik (Dewey 1964) verbunden.

- Unser Zugang zu den Themen Organisation und System ist von den »Klassikern« der Organisationsentwicklung wie Glasl (1983) und von den systemtheoretischen Überlegungen Luhmanns (1984) und Simons (1993) geprägt, ebenso von Pechtls (1991) Vorstellung von der Organisation als Organismus.

- Auf der strukturellen Ebene der Schulentwicklung sind für uns die Modelle von H.G. Rolff (1993) wichtig, unser Verständnis der Psychodynamik in Beratungsprozessen ist am tiefsten und nachhaltigsten von Wilfried Schley (1996) beeinflusst worden.

- Bedeutsame methodische Erkenntnisse verdanken wir sowohl der Aktionsforschung (Elliott 1991, Altrichter/Posch 1990) als auch der Handlungsorientierten Didaktik eines Hilbert Meyer (1987).

- Unseren Blick für die System-Ebene geschärft haben die aktuellen Gutachten der Bildungskommission Nordrhein-Westfalen (1995) und das Verfahren der Peer Review, wie wir es bei der Arbeit der Evaluationskommission für die Lehrerfortbildung in NRW (Ekholm u.a. 1996) kennen gelernt haben.

- Beeindruckt haben uns in letzter Zeit auch die Konzepte zur Selbstentwicklung aus der Neurobiologie von Maturana/Varela (1987); Sprengers Theorie der Motivation (1993) und Selbstverantwortung (1995) halten wir für faszinierend, zugleich jedoch für gefährlich, da sie als Aufforderung zur Verweigerung politischer und sozialer Verantwortung verstanden werden kann.

- Wichtig finden wir zudem die Befunde zur emotionalen Intelligenz (Goleman 1996), zum ganzheitlichen Denken (Ulrich/Probst 1991) und zum vernetzten Problemlösen (Gomez/Probst 1995).

- Am liebsten selbst erfunden hätten wir Hartmut von Hentigs (1985) so schlichte wie einleuchtende Handlungsanleitung »Die Menschen stärken, die Sachen klären«, möchten sie aber im Sinne Schleys durch den Zusatz »... das System verstehen« erweitert sehen.

- Nicht zu vergessen den vielleicht wichtigsten Einfluss auf unser pädagogisches Selbst- und Weltverständnis, den pädagogischen Eros und das Engagement jener vielen Lehrer/innen, die uns schon als Schülerin und Schüler und später dann als Kollegin und Kollege persönlich beeindruckt haben, und die Weisheit unserer Schüler/innen, die uns immer wieder »eines Besseren belehren«.

Auf diesen Wurzeln aufbauend, formulieren wir im zweiten Kapitel *Die sieben Axiome der Lernenden Schule* jene Prinzipien, die für uns das Lernpotenzial der Lernenden Schule begründen. Sie bilden zusammen so etwas wie eine Axiomatik, die teilweise Anregungen aus der betrieblichen Organisationsentwicklung aufgenommen hat, die aber auch sehr stark den Eigen-Sinn der Schule darlegt und deshalb mit einer nicht unbeträchtlichen Selbstbezüglichkeit behaftet ist.

Als Gegengewicht, um die Balance der Darstellung zu wahren, setzen wir im dritten Kapitel *Die Lernende Schule als System* dann eine »außerschulische« Brille auf: Wir wenden Elemente der Systemtheorie auf die Lernende Schule an, weil wir die Erklärungsansätze des systemischen Denkens für die Verflechtungen zwischen der Schule und ihrer Umwelt, ebenso für die Brüche und die Sprachlosigkeit zwischen beiden sehr überzeugend finden – die starke Tendenz zur Erhöhung der Systemkomplexität, für die die systemische Perspektive verantwortlich ist, nehmen wir dabei vorerst in Kauf.

Dafür präsentiert das vierte Kapitel *Bewegungen* ein Modell, das die Komplexität organisationaler und psychosozialer Strukturen verringert, ohne sie zu leugnen, während das fünfte Kapitel *Gegenbewegungen: Leben mit Widerständen und Konflikten* sich mit der Frage auseinander setzt, welche Bedeutung Widerstände gegen Veränderungen für die Lernende Schule haben. Darin integriert ist ein Werkzeugkasten für Konfliktmanagement. Das sechste Kapitel *Wie die Lernende Schule lernt* rollt das theoretische Lernmodell auf, das unserer Konzeption der Lernenden Schule zu Grunde liegt, verbunden mit unseren Vorstellungen von effizienter Visions- und Schulprogrammarbeit.

Das siebente Kapitel schließlich, *Evaluation, pardon, was ist das? Reflektieren und Evaluieren als Prüfstein für Schulentwicklung*, befasst sich mit der Frage, wo und wie Reflexions- und Evaluationsprozesse ansetzen müssen, um nachhaltigen Erfolg zu haben. Evaluationsmaßnahmen werden ja immer stärker von verschiedenen Seiten eingefordert, ist doch kaum ein schulischer Bereich so stark von den Veränderungen, die der Wandel hin zu einer Lernenden Organisation mit sich bringt, betroffen wie die Qualitätskontrolle. Bisher bestand diese zumindest im deutschsprachigen Raum meist bloß in der Leistungsbeurteilung der Schüler/innen und in der punktuellen Inspektion vor allem der jungen Lehrer/innen. Nun soll verstärkt die ganze Schule in den Blick genommen werden – auf sehr unterschiedliche Weise: *Total Quality Management* findet Anhänger/innen in der Schulszene, in ihrer Aussagekraft heftig umstrittene Schulrankings machen von sich

reden, der Begriff »Kienbaum-Studie« hat traurige Berühmtheit
erlangt. Zugleich melden auch jene, die bisher meist nur beurteilt
wurden, die Schüler/innen, zaghaft ihre Ansprüche an, (bestimmte
Aspekte von) Schule *selbst zu beurteilen*! Als Vademecum durch
diese verwirrende Szene ist das Kapitel sieben gedacht.

Kapitel 2
Die sieben Axiome der Lernenden Schule

Woran wir eine Lernende Schule erkennen

Wie Schiffer sind wir, die auf offenem Meer ihr Schiff umbauen müssen, ohne je von unten auf frisch anfangen zu können. Wo ein Balken weggenommen wird, muss gleich ein neuer an die Stelle kommen, und dabei wird das übrige Schiff mit Hilfe der alten Balken ... vollständig neu gestaltet werden.
(Otto Neurath)

Schriftliche
Anmerkung
eines lieben
Kollegen,
der das Manu-
skript für uns
»probegele-
sen« hat:
»… wenn ich
geahnt hätte,
dass es da um
Mathe geht!
Da hätte ich
die Finger
von dem Zeug
gelassen …«

Unter einem Axiom versteht man (ursprünglich in der Mathematik) einen Satz, der selbst nicht ableitbar ist, der aber die Grundlage für andere Sätze bildet, die von ihm abgeleitet werden können. Mehrere solcher Sätze über ein bestimmtes Gebiet zusammengenommen, ergeben eine Axiomatik, wenn alle von einem der Axiome ableitbaren Sätze *zu allen anderen Axiomen widerspruchsfrei* sind.

Kein Grund zur Sorge, unsere Verwendung des Begriffs Axiom für die folgenden sieben Grundsätze ist allerdings eine metaphorische, es wird damit der Anspruch auf deren zentrale Bedeutung für eine Lernende Schule betont – anders ausgedrückt, es sind unsere Glaubenssätze zum Thema »Was eine Schule zu einer Lernenden Schule macht«! So bilden sie auch eine Art Checkliste, einen Kriterienraster, mit dem sich der Status einer Schule im Hinblick auf ihre Lernfähigkeit und Lernwilligkeit recht gut einschätzen lässt. Wir haben natürlich nicht die Vorstellung, dass sich eine Schule an alle sieben Axiome penibel zu halten und dies vielleicht auch noch mit einer Art Gütesiegel zu bestätigen habe, um in den »Rang« einer Lernenden Schule erhoben zu werden, aber wir wünschen uns, dass über unsere Axiome diskutiert wird und dass die ihnen zugrunde liegenden Problembereiche, etwa die Schnittstellenproblematik, Fragen des pädagogischen Eros, die Liebe zum Problemraum etc., als solche klar ins Bewusstsein der Beteiligten treten.

Das erste Axiom

Die Lernende Schule ist daran zu erkennen, dass sich ihre Entwicklung förderlich auf die Qualität des Unterrichts auswirkt.

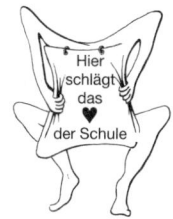

Leitfrage: Was muss die Schule lernen, damit im Unterricht nachhaltig Relevantes für die Zukunft gelernt werden kann?

Dieser Grund-»Satz« steht nicht von ungefähr an erster Stelle in unserer Axiomreihe, denn er trifft direkt ins Herz der Schule. Mitunter entsteht der Eindruck, *alles* andere sei im System Schule leichter bzw. schneller zu ändern als die Eigendynamik des Unterrichtsalltags mit seinen Gesetzmäßigkeiten und Paradoxien. Wenn Veränderungen den Unterricht nicht erreichen (sei es direkt, sei es über Umwege), wenn sie nicht für die Schüler/innen im Schulalltag spürbar werden, dann halten wir den Zweck noch so gut gemeinter Maßnahmen für verfehlt. Dabei reden wir aber nicht einer Innovationskultur der bloß oberflächlichen Änderungen das Wort, vielmehr geht es uns um die Veränderung von Verhalten auf Grund der Veränderung von Haltungen. Nur solche Veränderungen werden den Unterricht tatsächlich erreichen und dort wirksam werden.

Zur Illustration unseres Anspruches wollen wir zunächst das Schulentwicklungsprojekt eines großen städtischen Gymnasiums zur Diskussion stellen, von dem wir unlängst erfahren haben. Es wird extern betreut und geht gerade in sein zweites Jahr. Was sich (zur Überraschung der beiden externen Berater/innen) zu Beginn in der Zielfindungsphase schnell als gemeinsames Anliegen des Kollegiums herauskristallisierte, war die Errichtung einer Lehrerküche, eines Ortes der Kommunikation und der Regeneration für die Lehrer/innen, die ihre Schule auf Grund der Größe des Kollegiums oft als recht unpersönlich erlebt und einen solchen Ort bisher schmerzlich vermisst hatten. Bald jagte eine Sitzung die andere, Protokolle wurden geschrieben, Küchenfachleute herangezogen, Pläne erstellt, diskutiert, geändert, Geld aufgetrieben, der vorgesehene Raum adaptiert. Endlich war die Küche fertig und wurde unter reger Beteiligung des Kollegiums eingeweiht.

Gehen wir einmal davon aus, dass diese Küche als Ort der kollegialen Kommunikation im Schulalltag angenommen wird. Was bedeutet das für die Praxis? Bloß dass jetzt lieber in der Schule als außerhalb gekocht, Kaffee getrunken und geplaudert wird? Oder anders gefragt: Ist das Projekt Lehrerküche ein erfolgreiches Schulentwicklungsprojekt?

Nicht notwendigerweise, erst muss der Zusammenhang zwischen Küche und Schüler/innen hergestellt werden! Dass sich die Lehrer/innen in der Schule jetzt wohler fühlen als zuvor, ist prinzipiell natürlich auch für die Schüler/innen positiv (»Nur glückliche Hühner legen glückliche Eier!«, meinte auf einem Teambildungsseminar einmal ein Schulleiter zu uns), und die *Quantität* der Gespräche zwischen den Kolleg/innen dieser Schule wird auf Grund der neuen Einrichtung sicher zunehmen, möglicherweise mehren sich aber auch Reibungspunkte und Konflikte (Wer räumt auf? Wer zahlt für Lebensmittel wieviel?). Ob die *Qualität* der Kommunikation im Hinblick auf pädagogische Fragen steigt, ist damit noch nicht sichergestellt, ebenso wenig die Schlussfolgerung, dass sich die größere Arbeits(platz)zufriedenheit der Lehrenden konkret auf den Unterricht auswirken wird. Gerade dieses Kriterium scheint uns aber höchst bedeutsam, denn der Unterricht, zweifellos das Herz der Schule, ist für uns auch das Herz der Schulentwicklung (siehe Abb. 5).

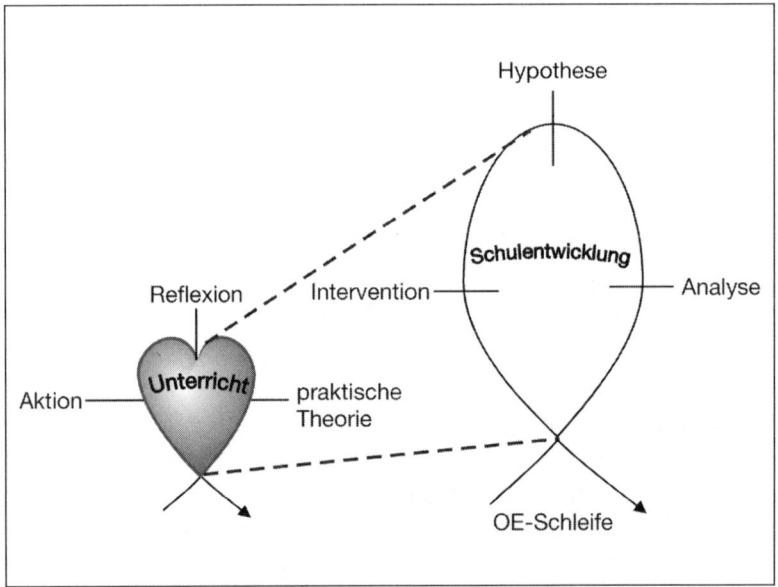

Abbildung 5: Der Unterricht als Herz der Schulentwicklung

So wie die gemeinsame Auseinandersetzung mit Problemen der Schule als Organisation sinnvollerweise nach den Phasen der OE-Schleife *Analyse – Hypothese – Intervention* abläuft, so orientiert sich ein professionelles Herangehen an Unterricht an dem Muster *Persönliche Theorie über (Aspekte von) Unterricht – Reflexion – Aktion* (vgl. dazu auch Kapitel 1). Dabei finden die Bewegungen entlang der beiden Schlaufen aber nicht nur synchron und gleichgerichtet statt, sondern in Wechselwirkung zueinander, denn systemisch betrachtet wirkt sich jede Maßnahme in einem der beiden Bereiche zwangsläufig auch auf den anderen aus. In der Praxis findet diese Wechselwirkung unserer Einschätzung nach jedoch nicht automatisch statt, insbesondere dann nicht, wenn die Protagonist/innen der beiden Bereiche verschiedene sind, hier eine einzelne Lehrkraft oder mehrere einzelne Lehrer/innen, dort die Schule, die Steuergruppe, das Projektteam. Gerade die stark fraktionierte klassische Schulorganisation, symbolisiert durch die geschlossene Klassenzimmertür, bietet ja größtmöglichen »Schutz« des Individuums vor Verhaltensänderungen als Folge verbindlicher, gemeinsam zu verantwortender Beschlüsse …

Die Ursachen für dieses geschützte Dasein liegen in der Vergangenheit der Institution Schule: Sie ist auf Grund ihrer historischen Entwicklung eine Organisation für das Lernen, oft sogar nur für das Lehren. Sie ist dadurch geprägt, dass viele Lehrer/innen ihre Arbeitszeit als »Einzelkünstler« – manche sagen »Einzelkämpfer« – in der Schulklasse bzw. zu Hause bei der Vor- und Nachbereitung verbringen. In der Klasse vermitteln sie Inhalte, die sie bereits kennen, und erleben in der Regel Kommunikationssituationen, die nicht dem Lebensalltag entsprechen: Während außerhalb der Schule Fragen deshalb gestellt werden, damit man Antworten erhält, die man vorher noch nicht weiß, werden die meisten Fragen im Unterricht deshalb gestellt, damit man genau die Antworten erhält, die man schon weiß. Das dabei sich selbst perpetuierende Schema lautet: Lehrer/in fragt → Schüler/in antwortet → Lehrer/in bewertet mit »Richtig« oder »Falsch« usw. (siehe auch die Kapitel 3 und 6!); die Rechtfertigung für diese Endlosschleife ist das Prinzip des Lernens auf Vorrat, das heißt, die Schüler/innen erwerben Kenntnisse und Fertigkeiten, die sie im Augenblick nicht brauchen, von denen man (= die Erwachsenen) aber annimmt, sie würden sie später einmal brauchen.

Beinahe so alt wie dieses grundlegende Schema des schulischen Wissenserwerbs sind auch die Forderungen nach Alternativen dazu, in letzter Zeit meist unter dem Begriff »Neue Lernkultur« zusammengefasst. Diese immer häufiger beschworene Neue Lernkultur wird sich unserer Überzeugung nach aber auch weiterhin nicht durchsetzen, sondern ein Minderheitenprogramm für ein paar engagierte Lehrer/innen(-Gruppen) bleiben, solange sie isoliert an Aspekten des Lehrverhaltens bzw. an der Auswahl und Vermittlung von Wissen etc. ansetzt. Stattdessen gilt es, die zahlreichen – hinlänglich erforschten – Bausteine einer pädagogisch förderlichen Unterrichtssituation mit der Weiterentwicklung der Problemlösekapazität einer Schule zu verknüpfen. Deshalb ist eine Neubestimmung von Unterricht im Rahmen von Schulentwicklungsprozessen notwendig, was voraussetzt, dass die *Zusammenhänge* zwischen der Organisation von Schule und den Bedingungen von Unterricht stärker in den Vordergrund gerückt werden müssen.

Heute wird oft versucht, die Schule durch Organisationsentwicklung »auf den Kopf zu stellen«, was die Beteiligten – und wir schließen uns da nicht aus – zuweilen von der Grundsatzdebatte über den Eigen-Sinn von Schule ablenkt. Vielleicht steht die Schule ja im Moment auf dem Kopf, und es ist Zeit, sie wieder auf die Füße, also auf eine tragfähige Basis, zu stellen, nämlich auf den Unterricht. Schulentwicklung hat dann die Funktion, den Freiraum dafür zu schaffen, damit eine solche Auseinandersetzung über den Eigen-Sinn von Schule (über den Unterricht) erst möglich wird.

Allerdings meint Schulentwicklung auch nicht ein bloß vordergründiges Maximieren des Unterrichts in den einzelnen Klassen; wohl aber soll sie die Rahmenbedingungen dafür schaffen, dass der Unterrichtserfolg optimiert werden kann, und das scheint uns nur möglich, wenn die Lehrer/innen zu aktiven Partner/innen werden, die miteinander über die gemeinsame Gestaltung von Schule *und* Unterricht nachdenken, die sich nicht scheuen, daraus auch die entsprechenden Konsequenzen für die (Unterrichts-)Praxis abzuleiten und sie umzusetzen.

Es finden sich andererseits deutliche Hinweise darauf, dass Veränderungen auf der »Unterrichtsschleife«, also im Herzen der Schule, auch die »OE-Schleife« beeinflussen. Solche Erfahrungen haben wohl all jene gemacht, die, oft als Einzelkämpfer/innen beginnend, neue Lernformen in einer bestimmten Klasse ausprobiert haben. Sehr schnell hat die Veränderung auf Unterrichtebene sich auf die Schulorganisation ausgewirkt (etwa bei Bedarf an Stundenblockungen), hat andere Kolleg/innen »in Mitleidenschaft gezogen« (sei es durch häufiger notwendig gewordenes Supplieren, sei es durch den Erwartungsdruck, den die von Projekten »verwöhnten« Schüler/innen auf die traditioneller unterrichtenden Kolleg/innen ausüben). Die schulentwicklerisch entscheidende Frage ist nun, was weiter geschieht; meist ergibt sich eine der folgenden Varianten, wobei auch mehrere gleichzeitig möglich sind:

- Wer innovativ lehrt, wird mit leisem Misstrauen betrachtet, aber in Ruhe gelassen (*»Soll er/sie nur machen, solange es mich nicht betrifft.«*).
- Das Misstrauen verdichtet sich, es wird seitens einflussreicher Kolleg/innen versucht, solche »Extratouren« zu verhindern, weil man sie entweder ideologisch ablehnt (*»Niveauverlust«*, »Anbiederung«, ...) und/oder weil man erhöhten Arbeitsaufwand für sich selbst fürchtet.
- Die neuen Ideen stoßen auf reges Interesse einiger anderer Lehrer/innen (und der Schulleitung), die sich vorstellen können, sich gemeinsam damit auseinander zu setzen.
- Seitens der Schulleitung, der Schulaufsicht, der Eltern wird Druck ausgeübt, eine Unterrichtsinnovation auf breitere Basis zu stellen (*»Die Lehrerin XY in der Parallelklasse macht angeblich so eine tolle Klassenstunde, warum macht das der Klassenlehrer von meinem Sohn nicht?«*)
- Seitens der Schulleitung, der Schulaufsicht, der Eltern wird Druck gegen eine Unterrichtsinnovation ausgeübt (*»Herr Kollege, ich habe in meinen Unterrichtsbesuchen bei Ihnen den Eindruck gewonnen, dass die Kinder in Ihrem Deutschunterricht die ganze Zeit nur spielen, sie üben zu wenig Rechtschreibung, dann sind sie später in weiterführenden Schulen benachteiligt.«*).
- ...

(Über das Zusammenwirken der verschiedenen Einflüsse auf den Verlauf und den Erfolg von Innovationen in Organisationen siehe auch das Modell des Innovationswürfels in Kapitel 4!)

Im Folgenden zeigen wir anhand von konkreten Beispielen, wie Unterricht durch die gemeinsame Auseinandersetzung der Lehrenden mit ihrem Unterricht Impulse erhalten kann, die dann wiederum Veränderungen auf Schulebene auslösen.

M. unterrichtet an einer höheren technischen Lehranstalt[1] mit 175 Lehrer/innen und 1700 Schüler/innen. Auf Grund der Größe der Schule kennen sich die Lehrerinnen und Lehrer einer Klasse kaum, vor allem wissen sie meist wenig darüber, *was* die Kolleg/in-

---

1 Höhere Technische Lehranstalten in Österreich sind höhere Schulen, welche eine einschlägige berufsbildende Qualifizierung (Ingenieurtitel) und zugleich die Reifeprüfung anbieten, weshalb sie für viele Schüler/innen attraktiv sind.

nen in der Klasse vermitteln. Auf Grund dieser Ausgangssituation wünscht M. sich als Klassenvorstand (Klassenlehrer) eine engere Zusammenarbeit zwischen den einzelnen Lehrer/innen. Dazu kommt, dass an einer berufsbildenden Schule Lehrende Fächer unterschiedlicher »Gewichtung« unterrichten: die allgemein bildenden Fächer (z.B. Deutsch, Englisch, Religion) haben stundenmäßig einen viel geringeren Anteil als die berufsbildenden (z.B. Mess-, Steuerungs- und Regeltechnik, Fertigungstechnik und Konstruktionslehre, Elektronik und Digitaltechnik, Gerätebau und Werkstättenunterricht).

M. ist Klassenvorstand in der 3. Klasse (11. Jahrgang), kennt aber nicht einmal alle Lehrer/innen, die in der HN3c unterrichten. In einer Klassenkonferenz beklagte er dieses Defizit und wünschte sich verstärkte Kommunikation und mehr Kooperation, um eine Verbesserung der Ausbildung der Schüler/innen zu erreichen. Dabei sollten, einer Empfehlung des Ministeriums und des Landesschulrats folgend, verstärkt die in der Wirtschaftswelt eingesetzten Prinzipien des »Total Quality Management« berücksichtigt werden. Die anwesenden Lehrer/innen waren sich mit dem Klassenvorstand grundsätzlich darüber einig, dass (Qualitäts-)Verbesserungen anzustreben seien, und vereinbarten ein neuerliches Treffen im Rahmen der Pädagogischen Konferenz, die einen Monat später stattgefunden hat.

In der folgenden Zusammenkunft wurden Informationen über Schulentwicklungsaktivitäten ausgetauscht, die Einzelne bereits von anderen Schulen bzw. aus anderen Bundesländern kannten. Daraus entwickelte sich eine »lebhafte Diskussion, die aber wegen der Komplexität des Themas und wohl auch wegen der mangelhaften Gesprächsdisziplin bzw. der negativen Einstellung einiger Teilnehmer zu keinem greifbaren Ergebnis führte«, wie M. berichtete. Man einigte sich schließlich darauf, einen externen (und damit nicht unmittelbar eingebundenen) Diskussionsleiter bzw. Moderator zu engagieren, der ein weiteres Gespräch leiten sollte. Die geplanten Inhalte dieser Veranstaltung wurden in der darauf folgenden Einladung an die Lehrer/innen der betreffenden Klasse durch den Klassenvorstand (Klassenlehrer) wie folgt (Kasten S. 47) zusammengefasst.

In den folgenden Treffen dauerte es sehr lange, bis sich eine zielgerichtete Vorgangsweise ergab, um das anklingende Ziel zu erreichen, da es auf Grund des heterogenen Kollegiums sehr unterschiedliche Vorstellungen darüber gab. Manche meinten, dass dies ohnehin nur jede/r selbst am besten erreichen könnte. Nach mehreren Sitzungen wurde angeregt, auch die Schüler/innen zu befragen. Die Ergebnisse dieser Befragung wurden mit den

- **Wer sind wir?**
  In der HN3C unterrichten 18 Lehrer, die voneinander teilweise nicht einmal den Namen wissen. Ich selbst kenne zwar alle Namen, weiß aber praktisch nichts über die Unterrichtsinhalte und Ziele der Kolleg/innen. In einem ersten Schritt soll es daher darum gehen, sich (besser) kennen zu lernen, und zwar einerseits persönlich und andererseits als Lehrer (Unterrichtsfach, Inhalte, Ziele usw.).

- **Wer sind unsere Kunden?**
  Wenn man die Schule als Dienstleistungsunternehmen betrachtet, kann man überlegen, wer denn die Kunden dieses Unternehmens sind (Schüler, Eltern, Universitäten, Wirtschaft, Gesellschaft, ...).

- **Was erwarten diese Kunden von uns?**
  Wenn wir geklärt haben, wer unsere Kunden sind, können wir versuchen, deren Wünsche und Anforderungen herauszufinden, um daraus globale Ausbildungsziele abzuleiten und zu formulieren. In der Wirtschaft würde man das als Unternehmens-Leitbild bezeichnen.

- **Wie können wir uns diesen Zielen nähern?**
  Der letzte Schritt sind dann Maßnahmen zur Umsetzung bzw. Erreichung der gesetzten Ziele. Ich meine, dass ein wesentlicher Punkt dabei die Kommunikation und Zusammenarbeit der verschiedenen Fachbereiche sein wird. Denn eine Tatsache kann man aus unzähligen Erfahrungen aus der Wirtschaft und Industrie ableiten: Selbst wenn jeder Einzelne in seinem Einzelfach sein Bestes tut, kann das Ergebnis nicht annähernd so gut sein, wie wenn alle gemeinsam ein (übergeordnetes) Ziel verfolgen.

Wunschvorstellungen der Wirtschaftsbetriebe gespiegelt, welche Absolvent/innen der Schule aufnehmen. Defizite ergaben sich vor allem in folgenden Bereichen: *Teamfähigkeit* der Schüler/innen (in Gruppenarbeit kam es immer wieder dazu, dass einzelne Schüler/innen keine Leistung erbrachten, während andere immer den Großteil der Arbeit machten) und Selbsttätigkeit der Schüler/innen. Bei den Lehrer/innen wurde festgestellt, dass sie eigentlich sehr wenig über den Unterricht in den anderen Fächern wussten, weshalb man sich auf fächerübergreifende Zusammenarbeit im Kollegium einerseits und auf die Förderung der Teamarbeit bei den Schüler/innen einigte.

Eine andere Vorgangsweise zur fächerübergreifenden Unterrichtsarbeit hat die Grazer Internationale Bilinguale Schule (GIBS) gewählt. Da sie den Unterricht *across the curriculum* in der Fremdsprache anbietet, sprechen sich die Lehrer/innen am Anfang des Schuljahres jahrgangsweise darüber ab, wie die Unterrichtsinhalte über die Fächer hinweg zusammenpassen. Dazu schreibt jede/r Fachlehrer/in die Stoffgebiete, die sie/er laut Lehrplan behandeln wird, auf ein A4-Blatt. Ein/e Lehrer/in beginnt und legt die Vorschläge verteilt über den Fußboden auf. Darauf legt die nächste Lehrperson ihre Blätter mit den fachlichen Bereichen dort

Fächerübergreifende Zusammenarbeit im Kollegium

Legen Sie einen Zeitraum fest, innerhalb dessen jede/r Lehrer/in mit mindestens einer anderen Lehrperson zusammenarbeitet, um den Unterricht miteinander abzustimmen. (Aus unserer Erfahrung hat sich ein Halbjahr als brauchbar erwiesen.) Die Art der Zusammenarbeit kann von den Betroffenen selbst bestimmt werden. Folgende »Handzettel« geben Hinweise, welche Möglichkeiten einer fächerübergreifenden Zusammenarbeit sich bewährt haben. Erfinden Sie neue! (Wir freuen uns auf Ihre Rückmeldung!)

Fächerübergreifende Zusammenarbeit

Fachunterricht

Ziel:
- Die Schüler/innen *erleben* den Stoff zwar isoliert in den einzelnen Fächern, aber die/der Fachlehrer/in stellt von sich aus möglichst viele Verbindungen zu anderen Fächern her.

Weg:
- Isolierte Jahresplanung für das ganze Jahr, die systematisch fächerübergreifende Querverbindungen enthält.
- Unterricht wird dort fortgesetzt, wo in der letzten Stunde aufgehört wurde.

Fächerübergreifende Zusammenarbeit

Gegenseitige Unterrichtsbesuche

Ziel:
- Die Schüler/innen *erleben*, dass die Lehrer/innen sich auch für andere Fachinhalte interessieren.
- Das Kennenlernen anderer Inhalte und Vorgehensweisen fördert die Abstimmung im Unterricht.

Weg:
- Möglichkeiten für gegenseitige Unterrichtsbesuche *schaffen*.
- Unterrichtsbesuche vor- und nachbesprechen.

Fächerübergreifende Zusammenarbeit

Fachinhalte ergänzen

Ziel:
- Die Schüler/innen *erkennen* den aufbauenden, interdisziplinären Charakter vieler Wissensgebiete.
- Kenntnisse eines Faches erschließen den Zugang zu anderen Fächern.

Weg:
- Jahrespläne vergleichen und einander ergänzende Bereiche *identifizieren*.
- Zeitliche Reihenfolge der Unterrichtsinhalte aufeinander *abstimmen*, um Vorkenntnisse fächerübergreifend optimal zu nutzen.

Fächerübergreifende Zusammenarbeit

Fachinhalte verknüpfen

Ziel:
- Die Schüler/innen *erkennen* den Zusammenhang zwischen den einzelnen Fächern.
- Der Unterrichtsstoff wird über die Fächer hinaus als Einheit *erlebt*.

Weg:
- Jahrespläne vergleichen und Gemeinsamkeiten *entdecken*.
- Unterrichtsinhalte und Phasen so aufeinander *abstimmen*, dass sie die Schüler/innen in mittelbarer zeitlicher Nähe erarbeiten und in ihrem wechselseitigen Bezug wahrnehmen

---

Fächerübergreifende Zusammenarbeit

Team Teaching

Ziel:
- Die Schüler/innen *erleben*, dass das gemeinsame Unterrichten von zwei Lehrer/Innen mehr bringt als die Summe ihres Einzelunterrichts.
- Die Schüler/innen *lernen* die Fachinhalte im Hier und Jetzt des Unterrichts aus unterschiedlichen Perspektiven *kennen*.

Weg:
- Jahrespläne vergleichen und Überschneidungen *identifizieren*.
- Gemeinsame Unterrichtseinheit(en) *planen* und *umsetzen*.

Fächerübergreifende Zusammenarbeit

Projektunterricht

Ziel:
- Die Schüler/innen *erleben* die Wirksamkeit von Lernen in komplexen Zusammenhängen.
- Ein Projekt wird gemeinsam mit den Lehrer/innen geplant, durchgeführt und ausgewertet.

Weg:
- Jahrespläne vergleichen und Projektideen *entwickeln*.
- Unterrichtsphasen auf Projekt *abstimmen*.

Setzen Sie sich nach Ablauf der vereinbarten Durchführungszeit wieder zusammen, und tauschen Sie die dabei gemachten Erfahrungen aus. Hilfreich können sich dabei folgende Fragen erweisen:

- Was für Erfahrungen haben wir gemacht?
- Was haben wir gelernt? Was wollen wir noch lernen?
- Was haben die Schüler/innen davon gehabt?
- Was werden wir in Zukunft anders machen?
- ...

dazu, wo sie inhaltlich dazupassen, bzw. legt neue Schwerpunkte einzeln auf. Nachdem alle Lehrer/innen ihre Vorschläge aufgelegt haben, erfolgt ein Austausch zur detaillierteren Abstimmung der Inhalte *across the curriculum* (vgl. Fotos).

Nach Abschluss der Diskussionen werden die thematischen Schwerpunkte in Form von Blütenblättern jeweils auf einem Plakat zusammengefasst (vgl. Foto). Die zusammenfassenden Plakate dienen den jeweiligen Klassenteams als Planungsvorgabe für das Schuljahr.

Das zweite Axiom

Die Lernende Schule verändert Schul-Raum, Schul-Zeit und Schul-Kausalität und fasst diese Veränderungen als Indikatoren für Erfolgschancen und Nachhaltigkeit ihrer Entwicklung auf.

Leitfrage: Wie muss sich die Schule verändern, damit Schul-Raum, Schul-Zeit und Schul-Kausalität sich Lebens-Raum, Lebens-Zeit und Lebens-Kausalität annähern?

In Jostein Gaarders Bestseller *Sofies Welt* gibt es eine Passage, in der Sofies philosophischer *Guide* Alberto sich mit ihr über Raum und Zeit als »Formen der Anschauung« und über das Kausalgesetz als Bestandteil der menschlichen Vernunft unterhält. Wir geben das Gespräch hier verkürzt wieder, statt Kant im Original zu zitieren (Liebhaber/innen des original Kant'schen Sprachduktus bitten wir um Nachsicht!), und knüpfen an die Szene an, indem wir Kants Ansatz ohne Berührungsängste direkt auf die Schule anwenden.

> *Alberto zu Sofie:* »*Wir machen lieber eine kleine Übungsaufgabe. Kannst du die Brille vom Tisch dort drüben holen? So, ja. Und jetzt setz sie dir auf.*« *Sofie setzte sich die Brille auf die Nase. Alles um sie herum färbte sich nun rot (…).* »*Was siehst du?*« – »*Ich sehe genau dasselbe wie vorher, nur ist alles rot.*« – »*Das liegt daran, dass die Brillengläser festlegen, wie du die Wirklichkeit erlebst (…) Die Brille ist die Voraussetzung dafür, wie du die Welt siehst (…) Wir sind unfähig, die Brillengläser der Vernunft abzusetzen (…) Zeit und Raum sind vor allem Eigenschaften unseres Bewusstseins und nicht Eigenschaften der Welt (…) Auch das Kausalgesetz ist laut Kant Bestandteil der menschlichen Vernunft. (…) Das Kausalgesetz gilt immer und absolut, einfach weil die menschliche Vernunft alles, was geschieht, als Verhältnis zwischen Ursache und Wirkung betrachtet.*« (Gaarder 1993, S. 383–385)

Die Übungsaufgabe, der sich Sofie unterzieht, um die Wirkungsweise der Kant'schen *Anschauungsformen* bewusst zu erleben, läuft auf der metaphorischen Ebene ab; Sofie wird der Welt »in Rot« gewahr und nimmt sie als Metapher für die Welt »in Raum und Zeit«. Das »Immer-schon-vor-der-Erfahrung-da-Sein« der

Raum-, Zeit- und Kausalitätsdimension wird ihr dabei deutlich.
Um die Anschauungsformen der Schulrealität zu verdeutlichen,
setzen wir das Modell *Rote Brille* ein und entwickeln es weiter:

Unser Schulsystem ist durch seinen spezifischen Umgang mit
Raum und Zeit und durch die schuleigene Kausalität sehr stark
bestimmt. Um im Bild von *Sofies Welt* zu bleiben, über ihre jeweilige rote, blaue, grüne Brille stülpen »Schul-Menschen« eine Art
Schul-Vorsatzglas, das für alle Schul-Menschen gleich ist, gekennzeichnet durch eine unerbittliche Rasterung unserer Schul-Welter-
fahrung nach Unterrichtsstunden und Schulräumen, aber auch
durch systemintern völlig logisch wirkende Zwänge, die mitunter
erst durch Außenstehende hinterfragt werden. Wer von den Insi-
der/innen dieses Systems hat nicht schon Ähnliches erlebt:

- Der Kollege aus Physik schüttelt den Kopf. Die Schüler-Mit-
  schriften in seinem Fach strotzen auch noch knapp vor der Reifeprüfung (der Matura/dem Abitur) vor haarsträubenden
  Rechtschreibfehlern, die denselben Schüler/innen im mutter-
  sprachlichen Unterricht nie unterlaufen würden, was die her-
  beigebetene Sprachlehrerin händeringend bestätigt: Eine solche Rechtschreibleistung würde gemäß ihrem Anforderungsni-
  veau nicht einmal zum positiven Abschluss ihres Faches auf der
  7. Schulstufe reichen, murmelt sie … die Standardentschuldi-
  gung der Schüler/innen in solchen Fällen ist der Rückgriff auf
  die Kausalität der Fächertrennung: »Aber, das war doch Physik,
  nicht Deutsch!«, was man etwa übersetzen kann mit: »In Physik
  ist Rechtschreibung nicht relevant, läuft *bezüglich der für das
  System Schule konstitutiven Leitdifferenz Richtig-Falsch* außer
  Konkurrenz.« (Der Begriff Leitdifferenz gibt an, anhand welches Kriteriums in einem bestimmten gesellschaftlichen Bereich Erfolg und Misserfolg bestimmt werden, die Leitdifferenz
  im Gesundheitswesen ist zum Beispiel *krank – gesund*, in der
  Wirtschaft *Gewinn bringend – Verlust bringend* etc. Wir setzen
  uns mit diesem Begriff im Zusammenhang mit der Systemtheorie in Kapitel 3 ausführlicher auseinander.)

- Ein von den Schüler/innen selbst vorgeschlagener und begeistert aufgenommener Videofilm wird im Unterricht gezeigt, 15
  Minuten vor Schluss des Bandes ist die Stunde zu Ende. Nun
  ergeben sich zwei verschiedene Fortsetzungen:

  1. Variante: Es hat sich *nicht* um die letzte Unterrichtsstunde
  dieses Vormittags gehandelt; dann erklären die Schüler/innen
  der Lehrkraft eindringlich und rhetorisch überaus professio-
  nell, dass der erzieherische Wert dieses Filmes überhaupt nur

Wie in Schulstunden mit Raum, Zeit und Kausalität umgegangen wird

*Befragen Sie sieben verschiedene Personen, was sie jeweils für das verlässlich-
ste Anzeichen für eine erfolgreiche Unterrichtssequenz halten. (Die Klassenlehrerin einer 5. Klasse könnte antworten, wenn ihre Schüler/innen vor dem Ende
der Stunde kommen und fragen, ob sie die Gruppenarbeit in der Pause fertig
machen dürfen; ein Chemielehrer wird dagegen vielleicht sagen, er erkenne das
daran, dass die Stundenwiederholung wunderbar funktioniere; für jemanden,
der seine Schulerfahrungen in der Zwischenkriegszeit gemacht hat, ist in der
Erinnerung möglicherweise das Ausbleiben von Strafmaßnahmen ein Kennzeichen erfolgreicher Stunden, und eine frustrierte Schülerin der Sekundarstufe 2
antwortet vielleicht, Unterricht sei dann o.k., wenn sich ihr dabei die Gelegenheit
biete, das Schulhaus zu verlassen, Motto »Nur raus hier!«)*

*Welches der von Ihren Gesprächspartner/innen genannten Kriterien bedeutet
einen Einschnitt in herkömmliche Vorstellungen von Schul-Raum, Schul-Zeit
und Schul-Kausalität? (Im ersten der oben genannten Beispiele etwa werden
Schul-Zeit und Schul-Kausalität durchbrochen, im zweiten und im dritten werden die drei Dimensionen nicht nur nicht in Frage gestellt, sondern im Gegenteil,
Schul-Kausalität wird besonders deutlich greifbar, das vierte Exempel greift die
Logik des Schul-Raums an.)*

	Funktion der Befragten	Genanntes Kriterium	Einschnitt in Schul-Raum, -Zeit, -Kausalität? Wenn ja, welcher?
1.			
2.			
3.			
4.			
5.			
6.			
7.			

*Finden sich in Ihrer Tabelle mehr »system-durchbrechende« oder mehr »system-
erhaltende« Kriterien?*

dann zum Tragen käme, wenn er gleich nach der Pause zu Ende
angesehen werden könne, um den Zusammenhang zu wahren
und den Spannungsbogen nicht zu zerreißen; die Klassenver-
treter/innen (Klassensprecher/innen) würden das mit der Lehrkraft der nächsten Stunde aushandeln, damit diese die nötige
Zeit »für den guten Zweck« abtrete;

2. Variante: Es hat sich unglücklicherweise *doch* um die letzte
Unterrichtsstunde dieses Vormittages gehandelt, einem ge-

meinsamen Genießen der Schlusssequenzen stünde also vom Stundenplan her nichts im Wege. Verwunderlicherweise (?) löst unter diesen Rahmenbedingungen das Angebot der Lehrkraft, sich den Film jetzt gleich gemeinsam fertig anzusehen, in der Klasse eher Schreckreaktionen aus; um den Lehrer/die Lehrerin nicht zu enttäuschen, schlagen einige zögernd vor, das Videoband nach Hause mitnehmen und den Rest dort anschauen zu wollen, aber länger als vorgesehen in der Schule sitzen? Nein, das ginge zu weit!

- Fragt man Lehrer/innen nach einem Kriterium, das ihnen verlässlich anzeigt, ob eine Unterrichtssequenz erfolgreich/nachhaltig/gut etc. war oder nicht, werden unserer Erfahrung nach zwei von drei Antworten in etwa so lauten: Wenn die Pausenglocke läutet und die Schüler/innen trotzdem weiterfragen oder weiterdiskutieren, dann war's eine Sternstunde!

Alte Hüte, könnten Lehrer/innen jetzt einwenden, davon leben ja seit der Reformpädagogik der Jahrhundertwende alle Schulausflüge, Klassenfahrten und ein Gutteil der Projekte; das leugnen wir auch gar nicht, wir wollen darauf hinweisen, wie sehr diese Rasterung den Schulalltag prägt, für wie selbstverständlich sie genommen und wie selten sie in der Praxis tatsächlich hinterfragt wird.

In einer neu gegründeten Schule in Wien hat man vor kurzem die Probe aufs Exempel gemacht: Im Zusammenhang mit einem umfassenden Schulentwicklungsprojekt wurde als Begleitmaßnahme eine Verkürzung der »Normunterrichtsstunde« um 5 Minuten vorgesehen. Da im selben Gebäude eine andere Schule untergebracht ist, konnte nicht einfach die Glocke auf den neuen Rhythmus umgestellt werden, sondern es blieb der alte Läutrhythmus

Glocke abschalten

Schlagen Sie einmal in »Ihrer« Schule vor, für eine Woche die Schulglocke abzuschalten, und beobachten Sie, was passiert: Schreiben Sie sich *vorher* auf, was Sie an Reaktionen erwarten, und vergleichen Sie Ihre Erwartungen nach dem Experiment mit Ihren Erfahrungen. Auf welchen Ebenen hat sich etwas getan? Wie haben verschiedene Gruppen von Betroffenen reagiert? Was für Schlüsse lassen sich daraus für den weiteren Umgang mit der Schul-Zeit ziehen?

(Dieses Experiment macht unserer Erfahrung nach besonders dann Sinn, wenn unpünktlicher Unterrichtsbeginn, zu spät kommende Lehrer/innen etc. ein Dauerproblem sind. Wenn als Zeitpunkt des Ausprobierens eine Projektwochenphase oder Ähnliches vorgeschlagen wird, erhält das Experiment zwar vermutlich am ehesten grünes Licht, aber am aufschlussreichsten sind die Ergebnisse dann, wenn es mitten in der »gewöhnlichen« Schul-Zeit stattfindet!)

erhalten, nur galt er plötzlich für die eine Schule nicht mehr! Stattdessen mussten alle (Lehrer/innen, Schüler/innen, die Schulleitung
etc.) die Regelung der Beginn- und Endzeiten selbst in die Hand
nehmen. Erste Resultate: es funktioniert ausgezeichnet, die Stunden beginnen jetzt eher pünktlicher als früher ...

Weitere Möglichkeiten, sich durch Ent-Fremdung dem üblichen
Umgang mit der Zeit zu entziehen, um dessen Wirkungsweise di-
rekter als sonst wahrzunehmen, sind Zeitraffer und Zeitlupe, uns
als Gestaltungsmittel von Unterhaltungsfilmen wohlvertraut. Dass
sie aber auch für die Arbeit im Bereich Schulentwicklung einsetzbar sind, und zwar ohne Film, sozusagen live, haben wir mehr durch
Zufall bei der Vorbereitung des Lehrgangs für projektorientiertes
Schulmanagement in Brno entdeckt. Wir stießen auf eine Methode, durch Nachspielen von bestimmten Abläufen in *slow motion*
bedeutsame Gruppenprozesse greifbarer, im wörtlichen Sinne
durchschaubarer zu machen.

Unter der Zeit-Lupe

Nehmen Sie sich einmal die Zeit, um die Zeit anzuhalten. Dazu wählen Sie eine
Situation (am besten eignet sich eine regelmäßig wiederkehrende), welche für
Sie (als Kollegium, als Team, als Seminargruppe) bedeutsam ist und die Sie
daher unter die Zeit-Lupe nehmen wollen. Ein/e Moderator/in gibt das Tempo
der Bewegungen für das Vorspielen der ausgewählten Szene an: Beginn –
stopp – Zeitlupe *(slow motion)* – stopp – normales Tempo – stopp – zurück
(return) – stopp usw.

Sowohl die Mitspieler/innen als auch die Beobachter/innen werden sich durch
die Veränderung der Zeit bestimmter (wiederkehrender) Muster im Ablauf der
Szene bewusst, welche im Anschluss diskutiert werden.

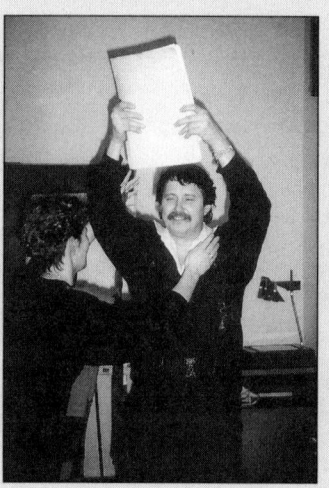

Das Foto zeigt eine Szene aus einem
Schulentwicklungsprojekt in Brünn, in
welchem ein Schulteam die Auswirkungen bei der Rückkehr von einem Seminar
in das Kollegium spielt.

Diese Übung eignet sich übrigens auch
gut für Unterrichtssituationen, in denen es
darauf ankommt, *verschiedene gleichzeitig ablaufende* Bewegungen allen Beteiligten in ihren Wechselwirkungen sichtbar zu
machen.

Heimkehr vom Seminar

Auch im wissenschaftlichen Diskurs ist die schulische *deformation professionelle* der Anschauungsformen, insbesondere die Eigenlogik schulischer Raumwahrnehmung, ein Dauerthema (vgl. etwa Loris Malaguzzis These »*Der Raum ist der dritte Pädagoge*«, zitiert nach Kahl 1992), aber sie tritt erst dann ins öffentliche Bewusstsein, wenn es nicht mehr um Grundlagenklärung, sondern bereits um Krisenmanagement geht – etwa beim Stichwort Vandalismus in Schulen. Reinhard Kahl nennt Ursachen dafür, und er beschreibt, was alle, die mit Schule zu tun haben, immer schon wussten:

> *»Schüler wählen in der Schule Antiräume als ihre bevorzugten Plätze (...) verkriechen sich in die Toiletten, flüchten in der Pause zur Imbissbude oder drücken sich in den hässlichen Raucherecken herum (...) Warum? Die Schüler sagen nichts, außer dass hier kein Platz für sie ist. Umstellt vom gebieterischen Sollen der Institution, lauter wohl gemeinten und herrschsüchtigen, letztlich infantilisierenden Ansprüchen, suchen sie nach nicht vernutzten Räumen, nach Räumen jenseits aller pädagogischen Definitionen.«* (Kahl 1992, S. 31)

Ein Beispiel für einen solchen pädagogisch »nicht-vernutzten Raum« ist uns von der Hathaway Primary School in Australien bekannt, wo ein recht weiträumiger Teil des Dachgeschosses als »off limits« für Lehrer/innen erklärt wurde. (Wer mehr darüber erfahren möchte, findet Details über die Hathaway School im Internet unter http://www2.deakin.edu.au/sdg/hathaway.)

Der unstillbare Drang der Schüler/innen nach Rückzug in Antiräume enthüllt seinen tieferen Sinn also erst, wenn er mit dem Infragestellen der Schul-Kausalität in Beziehung gesetzt wird. Um diesem Zusammenhang auf die Spur zu kommen, haben wir Schüler/innen unterschiedlicher Altersstufen gebeten, in Gruppen jene Räume in der Schule, in denen sie sich wohl fühlen, und jene, die sie lieber meiden, zu fotografieren und dann die Gründe für ihre Zuordnung zu erklären und zu reflektieren.

Die im folgenden Kasten (S. 56) beschriebene Methode ist als Unterrichtsprojekt sowohl in der Grundschule als auch in der Sekundarstufe I und II (etwa in Deutsch, in Geschichte und Sozialkunde, in Kunsterziehung, aber auch in Geografie und Wirtschaftskunde) durchführbar.

Unsere Ergebnisse bestätigen die Aussagen Kahls. Es sind sehr oft genau die »Antiräume«, die das Interesse der Schüler/innen wecken, dazu auch noch die Schnittstellen zur Außenwelt wie der Schulhof, Fenster und Türen (die in ihrer Funktion als Ausgänge/Fluchtwege gesehen werden), und die Begründungen lassen an

Mit der Kamera den Schul-Raum neu entdecken

Ausgangspunkte für das Projekt können sein: die bloße Neugier einer Lehrkraft, auftretende Disziplinprobleme in bestimmten Schulräumen (Pausenhalle, Rauchen am WC) oder Vandalismus, Unzufriedenheit der Schüler/innen mit dem Schulleben im Allgemeinen und mit speziellen Aspekten im Besonderen, bevorstehende oder in Gang befindliche interne oder externe Evaluationsmaßnahmen bzgl. der Qualität der Schülerleistungen, des Schulklimas, Lehrplanvorgaben bzgl. der Erkundung des Schulraums, das Bedürfnis von Schüler/innen und Lehrer/innen, nach einer extrem kopflastigen »Paukphase« einmal auch andere Bereiche ihres Inneren zu aktivieren etc.; und so kann man's machen:

- Gruppen bilden (zwischen drei und fünf Schüler/innen)
- In der Gruppe Einigung über die Plus- und die Minus-Orte
- Fotografieren (genau nach Plan)
- Fotos entwickeln (lassen)
- Jede Gruppe gestaltet mit ihren Fotos ein Plakat, das erkennen lässt, welche Räume von ihr warum positiv oder negativ eingeschätzt worden sind
- Jede Gruppe präsentiert vor der Klasse/einem anderen Forum ihr Plakat und »verteidigt« ihre Motivwahl
- Gemeinsam reflektieren; klären: Gibt es weiterführende Aktivitäten als Resultat aus dem Fotoprojekt?

Detailliert stellen wir die Methode der Fotoevaluation als Impuls für Schulentwicklung im Beitrag »Im Dschungel der Gefühle« (Schratz/Steiner-Löffler 1996) dar, wo als Unterstützung für die praktische Durchführung auch eine Liste von *Dos* and *Don'ts* angefügt ist. Interessant ist diese Form der Bestandsaufnahme mittels Fotografieren auch, wenn die Lehrenden (an einer Schule, einer Universität …) sie selbst durchführen.

»Hinternparade«

»… weil sich dahinter die Freiheit verbirgt.«

Deutlichkeit nichts zu wünschen übrig. So lautete der Kommentar einer Gruppe zwölfjähriger Gymnasiast/innen zu ihrem Foto des Schultores von innen: *»Wir haben den Ausgang gewählt, weil sich dahinter die Freiheit verbirgt.«*

Im Inneren der Schule herrscht dagegen das »gebieterische *Sollen* der Institution«, wie Kahl es nennt (Kahl 1992, S. 31). Auf der Strecke bleiben die mitunter ebenso gebieterischen Imperative der Schüler/innen-Welt, die von Themen bewegt wird wie

- *»Kann ich beim Sticker-Sammeln und -Tauschen mithalten, und habe ich Poster von den ›richtigen‹ Musikgruppen?«*

- *»Werde ich von X. als Pausengesprächspartner oder auch als Völkerballkanone akzeptiert und deshalb rasch in eine Pausenclique integriert bzw. in eine Mannschaft gewählt, oder muss ich mich als minderwertige Restmenge fühlen?«*

- *»Werde ich gefragt, ob ich mitkomme, wenn sich Leute aus meiner Klasse am Nachmittag treffen, und bin ich Teil des Spiels ›Wer geht mit wem‹ – oder lässt man mich dumm sterben?«*

- *»Kann ich es mir leisten, meine Meinung dem Urteil der Opinionleader in der Klasse über eine Sportart oder in einer Modefrage oder gar über einen bestimmten Lehrer entgegenzusetzen, oder muss ich mit den Wölfen heulen?«*

Unentwegt erleben die Schüler/innen, wie die innere Logik ihrer Welt im offiziellen Schulbetrieb abgewertet, vergessen, bestenfalls »nebenbei« geduldet wird, wenn sie die Kausalität der anderen, der *Erwachsenen-Werte-Welt,* nicht stört. Fragen in deren »offiziellem Lehrplan« sehen anders aus als jene, die Kinder und Jugendliche im (Schul-)Alltag stellen. Sie laufen wie schon erwähnt nach dem Muster »Lehrer/in fragt – Schüler/in antwortet – Lehrer/in bewertet ›richtig‹ oder ›falsch‹« ab (vgl. Axiom 1 bzw. Kapitel 3 und 6 und Schratz/Mehan 1993). Es sind die typischen Schulfragen, bei denen die richtige Antwort bereits bekannt ist, welche die Basis für ein solches Strickmuster von Unterricht darstellen. Sie dienen dazu, Verfügungswissen einzustudieren, um die (späteren?) Lebensfragen in den Griff zu kriegen. Nach Horst Rumpf (1987) führt die Monopolstellung dieser Art von Unterricht zu einer »Verödung der Lernkultur«.

Wenn sich die Schüler/innen aber fotografierend, diskutierend und reflektierend durchs Schulhaus pirschen, ist diese feinsäuberliche Trennung zwischen (Über-)Lebensfragen und Lernfragen ansatzweise aufgehoben. Sie versuchen das Unbekannte im Bekannten zu wittern und nachzuspüren, wo Zusammenhänge zwischen ihrer Schul- und Gefühlswelt liegen: auf *ihre eigene* Bewertung kommt es an, wie *sie* sich fühlen, zählt. Durch diesen Akt der Verfremdung werden der Schul-Raum und damit die Schul-Kausalität mit dem Lebens-Raum und der Lebens-Kausalität bewusster als sonst in Beziehung gesetzt, sodass die Differenzen, sonst bloß dumpf »mit dem Bauch« wahrgenommen, ans Licht geholt und besser bearbeitet werden können. Insofern leistet die Fotoevaluation genau das, was den Schüler/innen sonst so oft verweigert wird und was Negt (1981, S. 32) beschreibt als die »objektive Möglichkeit einer libidinösen Besetzung von Raum und Zeit (...), um die Identifikation mit der Schule und den dort gebotenen Erfahrungsmöglichkeiten anzubahnen« (zitiert nach Duncker 1987, S. 40).

Allerdings, unsere Vorschläge zur Sensibilisierung für die Diskrepanz zwischen dem Gesetz der Schule und dem Gesetz des Lebens wollen wir nicht als sozialromantisches Plädoyer für das Verschmelzen der beiden Bereiche verstanden wissen! Abgesehen von der Undurchführbareit eines solchen Unterfangens in der Praxis, würde die absolute Gleichsetzung wohl das Wirkungsfeld des pädagogischen Eros radikal einschränken und die Beteiligten überfordern.

Pippi Langstrumpf geht in die Schule oder Lebens-Kausalität contra Schul-Kausalität

»… Kannst du mir die Frage beantworten. Thomas: Wenn Lisa 7 Äpfel hat und Anton hat 9, wieviel Äpfel haben sie zusammen?«
»Ja, sag es, Thomas«, fiel Pippi ein. »Und dann kannst du mir gleich auch noch sagen, warum Lisa Bauchschmerzen kriegt und Anton noch mehr Bauchschmerzen und wessen Schuld das ist und wo sie die Äpfel geklaut haben.« (Lindgren 1986, S. 66)

Das alte Dilemma bleibt also bestehen: Die Schule »muss sich ganz der Gesellschaft und ihren Problemen öffnen und doch für die Bearbeitung dieser Probleme einen Schutz gegenüber dem gesellschaftlichen Druck gewährleisten« (Negt 1981, S. 34; zit. nach Duncker 1987, S. 41). Die Dialektik des Sich-Öffnens und Sich-Schützens ist von der Forschung immer wieder problematisiert worden, etwa von Duncker (1987, S. 41), für den die »gleichzeitige Öffnung und Schließung der Schule gegenüber der Gesellschaft wohl einer der schwierigsten pädagogischen Balanceakte« ist, eine Einschätzung, die dem entspricht, was wir selbst in verschiedenen Lehr- und Lernsituationen erlebt haben, und die ebenso mit den Erfahrungen vieler Schul-Praktiker/innen übereinstimmt.

Es kann deshalb gar nicht um eine Auflösung dieser Widersprüche gehen, im Gegenteil, wir möchten dazu anregen, die Inkompatibilität der beiden Denk-Systeme in der alltäglichen pädagogischen Arbeit bewusster wahrzunehmen und immer aufs Neue kritisch zu hinterfragen. Das vermag unseren eigenen Denk- und Handlungsspielraum zu erweitern, ganz im Sinne der Auseinandersetzung Rainer Kunzes mit der »ewigen« Lehrerfrage, die beinahe zwanghaft das Leben (und die Kunst) für ihre pädagogischen Zwecke instrumentalisiert:

gedicht mit der frage des lehrers

Plötzlich, eines morgens im april, parkten
postautos längs der straße, halb
in den vorgärten, halb
auf dem asphalt

Und was will der dichter damit sagen?

Über nacht hat der goldregen
die zäune niedergeblüht

Das dritte Axiom

**Die Lernende Schule ist daran zu erkennen,
dass das *Ethos der Schule* und *der pädagogische Eros*
zusammenwirken.**

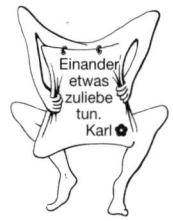

**Leitfrage: Was kann die Schule unternehmen, um sich der
Beziehung zwischen ihrem Ethos und ihrem pädagogischen
Eros bewusst zu werden?**

Die Schule besteht – wie jede andere Organisation auch – aus
mehreren Subsystemen, welche die Systemeinheit »Schule« erst
als »lernende Organisation« wirksam werden lässt. Studien zur
Schulqualität (vgl. etwa Rutter u.a. 1980; Fend 1986) haben aufgezeigt, dass diese Subsysteme nicht so sehr durch persönlichkeitsbe-
dingte Qualitäten der Lehrer/innen geprägt werden, sondern »dass
in zumindest gleichem Ausmaß eine umgekehrte Wirkungsrich-
tung vorliegt, d.h., *dass gute Schulen ökologische Kontexte bilden,
in deren Rahmen gutes Unterrichten unterstützt und gefördert wird*«
(Specht 1994, S. 25). Das dritte Axiom geht davon aus, dass sich die
Qualität von Schulentwicklung daran erkennen lässt, wie das
Ethos der Schule und der pädagogische *Eros* zusammenwirken.

Das *Ethos* der Schule ist der Wertkonsens über jene moralischen
Grundsätze, welche von den Lehrer/innen in ihrer pädagogischen
Arbeit als selbstverständlich und verbindlich angesehen werden.
Diese Grundsätze sind als solche oft nicht explizit festgeschrieben,
bestimmen aber als eine Art ideell-kulturelles Subsystem das Verhalten, welches vor allem in Grenzsituationen deutlich wird: etwa
dadurch, dass Schüler/innen der Aufstieg in die nächste Klasse erst
nach einer ausführlichen Behandlung ihres Falles durch mehrere
Lehrer/innen verweigert wird und die/der einzelne Schüler/in nicht
der Willkür *einer* Referenzperson ausgesetzt ist; oder dass zur Vorbereitung von Disziplinarkonferenzen immer die Eltern gehört
werden. Demnach setzt das Ethos der Schule immer eine kommuni-
kations- und konsensorientierte Schulleitung voraus!

Der pädagogische *Eros* ist einem Menschenbild verbunden,
nach dem Schüler/innen innerhalb und außerhalb des Unterrichts
als (Dialog-)Partner/innen wertschätzend akzeptiert werden. Er
steht über dem zu vermittelnden Inhalt im Unterricht, da er den

pädagogischen Bezug in der Lehr-/Lernsituation konstituiert. In dieser Hinsicht unterscheidet sich die Schule von einem Dienstleistungsunternehmen, in dem eine Ware (etwa Wissen) einem Kunden gegen Bezahlung verkauft wird. Darin liegt auch der *Eigen-Sinn* von Schule, der sich nicht nach Marktmechanismen (nach der Leitdifferenz *Gewinn/Verlust*) ausrichtet, sondern weitgehend unabhängig von äußeren Restriktionen und Vorgaben *von innen heraus* gestaltbar ist.

Die wertschätzende Akzeptanz ist dabei als Einstellung zu verstehen, welche von innen heraus als Grundhaltung den Schüler/innen gegenüber wirksam wird. Sie entspricht einem pädagogischen Selbstverständnis, welches verhindert, dass die jungen Leute aus der Schule »wie Landsknechte einer aufgelösten Armee herauskommen« (Peter Sloterdijk, zitiert in Kahl 1992, Lob des Fehlers, Einleitung). Es sind vor allem jene Vertreter/innen der lehrenden Zunft, die auch in Zeiten zunehmender Rationalisierungstendenzen im Bildungswesen ihrem pädagogischen Eros treu bleiben, welche die Schulkritiker Lügen strafen, für die die Schule zur »Hure des Fortschritts« (Gronemeyer 1996) verkommt. »Einander etwas zuliebe tun«, nennt das etwa Karl Blüml, Schulinspektor für Gymnasien in Wien.

Pädagogischer Eros steht immer in Relation zur eigenen Person und zur persönlichen (Wert-)Einstellung, bezieht sich aber auch auf Fehler, Defizite und Entwertungen. »Die wertschätzende Akzeptanz als selbst erworbene menschliche Grundeinstellung beinhaltet die Liebe und das Brauchen ohne zusätzliche Verpflichtungen und Bedingungen. Sie ist als Haltung SELBST-bezogen und SELBST-los zur gleichen Zeit. Sie ist nicht abhängig von Situationen, Handlungen und Verhaltensweisen, sondern ist eine Lebenseinstellung, die lebenslang geübt und praktiziert wird.« (Pechtl 1991, S. 197) Daher ist die Arbeit am pädagogischen Eros ein wichtiger Bestandteil der Professionalisierung von Lehrer/innen (geworden). Dessen Verbindlichkeitscharakter ließe sich erhöhen, wenn eine Idee Hartmut von Hentigs realisiert würde, die uns sehr beeindruckt hat. Hentig schlug vor, Lehrer/innen bei der Übergabe ihrer Einstellungsurkunde einen *sokratischen Eid* sprechen und in der Bestellungsurkunde bestätigen zu lassen (v. Hentig 1993, S. 246–247). Andernorts schafft man größere Verbindlichkeit, indem Lehrer/innen gemeinsam Berufsleitbilder erstellen, auf die sie sich dann selbst verpflichten (vgl. etwa LCH 1993).

Derartige Bemühungen zur Selbstverpflichtung haben u.E. aber nur dann Erfolg, wenn sie aus einer persönlichen Einstellung heraus entstehen und in der Schule von einem gemeinsamen Ethos getragen werden. Werden sie lediglich »von oben« verordnet, bleiben sie ebenso wirkungslos wie Leitbilder, mit denen sich die einzelnen Mitglieder einer Organisation nicht identifizieren. Die Qualität einer lernenden Schule steht daher in einem engen Wechselverhältnis zwischen dem Ethos einer Schule und dem pädagogischen Eros der einzelnen Lehrer/innen. Das lässt sich in Form einer Doppelschleife darstellen, die wir auch in anderen Zusammenhängen verwenden.

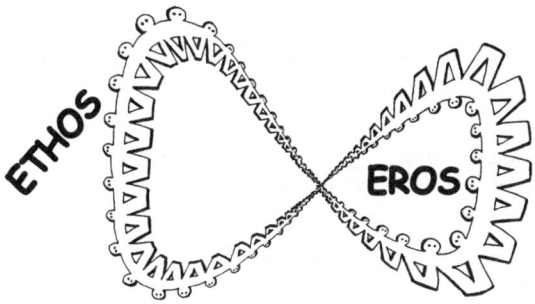

Abbildung 6: Beziehungsschleife zwischen Ethos einer Schule und pädagogischem Eros

---

Herman Nohl über die Wende in der pädagogischen Wissenschaftstheorie

»War bis dahin das Kind das willenlose Geschöpf, das sich der älteren Generation und ihren Zwecken anzupassen hatte und dem die objektiven Formen eingeprägt wurden, so wird es jetzt in seinem eigenen spontanen produktiven Leben gesehen, hat seinen Zweck in ihm selber, und der Pädagoge muss seine Aufgabe … im Namen des Kindes verstehen. In dieser eigentümlichen Umdrehung … *liegt das Geheimnis des pädagogischen Verhaltens und sein eigenstes Ethos.*« (Nohl [3]1949, S. 126–127, Hervorhebung durch Verf.)

Peter Handke zum pädagogischen Eros

»Jene verstorbene Lehrerin war dem Kind sehr zugetan gewesen, und in der Folge ging dem Erwachsenen auch auf, dass die Fremdheit an der neuen Schule nicht etwa von deren »Staatlichkeit« kam – wie er das vorschnell aus der eigenen Vergangenheit übertragen hatte –, sondern einzig von der zuständigen Lehrperson, die für das Kind (vielleicht nur für dieses?) nicht die richtige war. Es wurde eine Erfahrung, dass es eine Freundlichkeit gab, leidenschaftslos, götzenhaft (ohne den guten Macht- und Eingriffswillen), die, von einem Lehrer geübt, sich als etwas Böses, als die Ungnade auswirken konnte. Vielleicht erkannte der Erwachsene darin die eigene häufige Geistesabwesenheit wieder und wusste so, dass da die Unmenschlichkeit herkommt – doch zusätzlich sträflich schien es, dass manche Lehrpersonen wohl zeitlebens nicht einmal von einer Ahnung angeflogen wurden, was ein Kind ist. Sie redeten mit ihm – stimmlos; betrachteten es – blicklos; und ihre Ruhe und Geduld mit allen war bei dem Einzelnen nur Teilnahmslosigkeit.« (Peter Handke: Kindergeschichte)

In der Praxis der Schulentwicklung geht es darum, welches Ethos denn die eigene Schule bestimmt, worin es sich äußert und wie daran gearbeitet werden kann. Eine Annäherung an dieses sensible Thema, die sich in der Praxis vielfach bewährt hat, ist die Erstellung der Goldenen Schul-Regeln:

Die Goldenen Regeln

Schritt 1: Einzelarbeit
Welchen 5 »Goldenen Regeln« müsste sich ein/e neu an die Schule kommende/r Lehrer/in unterwerfen, wenn sie/er dem herrschenden Ethos der Schule gerecht werden soll?

Schritt 2: Gruppenarbeit
Die Lehrer/innen vergleichen die Ergebnisse aus Schritt 1 und diskutieren über die (ähnlichen? sehr unterschiedlichen?) Aussagen.

Zur Illustration dessen, was wir hier unter Goldenen Schul-Regeln verstehen, zwei Beispiele:

Eine erfahrene Lehrerin, die ihren Wohnort und damit auch ihre Dienststelle gewechselt hatte, formulierte nach ein paar Monaten an ihrer neuen Schule auf einer schulinternen Fortbildungsveranstaltung zum Thema Schulklima u.a. die folgende »Goldene Regel«:

- Gleichgültig, wie erfahren im Schuldienst du bist, gib dich den Mitgliedern der Schulleitung als lernwilliges Greenhorn zu erkennen und lass sie spüren, dass du ihre Organisationskompetenz bewunderst (einen Tausch von Unterrichtsstunden nicht zusammen mit den Tauschpartner/innen selbst planen, sondern *zuerst* die Schulleitung um Rat fragen!)

Ein gerade von der Universität kommender Unterrichtspraktikant (entspricht ungefähr dem Status eines Referendars) schrieb bei derselben Veranstaltung zwei Ratschläge auf das Plakat seiner Gruppe:

- Auch wenn die Alltagsroutine dieser Schule für dich als Anfänger/in ein Schock ist, verfolge hartnäckig die Umsetzung deiner kreativen Ideen, du wirst sehen, erstaunlich viele davon lassen sich hier verwirklichen!
- Sag von Anfang an, was du willst, sonst wirst du es nicht bekommen – aber achte darauf, dass du es *den richtigen* Leuten sagst!

Das Erarbeiten und Diskutieren »Goldener Regeln« empfiehlt sich besonders dann, wenn es tatsächlich um die Integration von Neueinsteiger/innen geht (in eine Klasse, in ein Kollegium, in Lehrerteams, in bereits etablierte Gruppen bei Fortbildungsveranstaltungen etc., aber auch in Schulpartnerschaftsgremien). Wir haben diese Methode auch schon in interkulturellen Kontexten erfolgreich eingesetzt, zum Beispiel, als es bei einem internationalen Treffen von Schulberater/innen darum ging, wie die aus Österreich angereiste Berater/innengruppe und die aus Nordrhein-Westfalen stammende einander ihre Selbstbilder präzise und zugleich lustvoll vermitteln sollten. Bei einem Schulentwicklungsprojekt in Tschechien schlugen wir als Leitungsteam den Teilnehmer/innen diese Übung mehr aus eigennützigen Motiven vor, um einen ersten Einblick in die dortige Schulszene zu erhalten.

Das vierte Axiom

Die Lernende Schule schöpft umso mehr aus ihrem Entwicklungspotenzial, je bewusster sie sich aus dem *Problemraum* in den *Lösungsraum* begibt.

Leitfrage: Was muss die Schule tun, um die Lösung ihrer Probleme dort zu finden, wo sie sie nicht vermutet?

Auf dem Weg vom Problemraum zum Lösungsraum ist es hilfreich, die Energie bewusst auf die positiven Entwicklungspotenziale zu richten. Sie sind dort zu finden, wo sich Lösungsorientierung mit Ressourcenorientierung paart (Quadrant I in Abb. 7). Das heißt, es werden in der jeweiligen Situation die vorhandenen Stärken genutzt, um in den Lösungsraum einzutreten. Für die Bearbeitung eines Problemfalles bedeutet dies beispielsweise, nicht einfach die Schuldigen eines Vorfalls zu suchen und zu bestrafen, sondern gemeinsam Lösungen für künftige Vorfälle zu beraten. Für die Entwicklung der ganzen Schule heißt dies, nicht nur die Schwächen zu bearbeiten, sondern die Stärken zum Ausgangspunkt zu nehmen, um neue Lösungsräume zu erkunden. Die

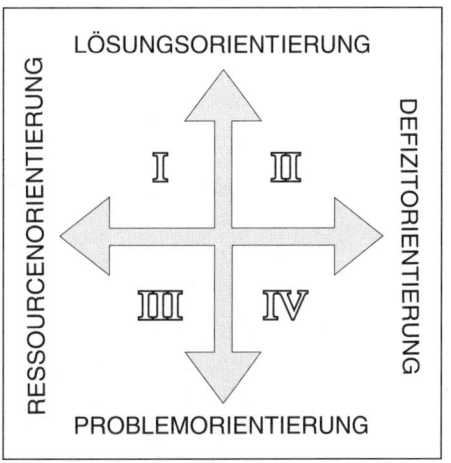

Abbildung 7: Entwicklungspole der Lernenden Schule

Leitung einer Lernenden Schule schafft die Voraussetzungen dafür, dass die Ressourcen der Schule von den Betroffenen selbst für innovative Lösungen genutzt werden können, ansonsten landen alle Probleme bei ihr. Eine Schulleiterin erzählte uns, wenn Lehrer/innen mit einem Problem zu ihr kämen, sei ihre erste Reaktion gewöhnlich die Frage: »Welche Schritte hast du bereits gesetzt, um das Problem zu lösen?« Damit hat sie im Kollegium eine Orientierung in Richtung Quadrant I in Gang gebracht. (Dass dies in der Folge auch Konsequenzen für den Umgang mit den Schüler/innen haben kann, wird im fünften Axiom näher beschrieben.)

Was geschieht, wenn die Individuen, aber auch die Gruppierungen innerhalb der Schule und somit die Schule selbst den Quadranten IV nicht verlassen? Dann kommt es zu einem Teufelskreis
der Verschärfung der Probleme, was sich mit folgendem Schema
(nach Krüger/Ebeling 1991) gut veranschaulichen lässt (siehe
Abb. 8).

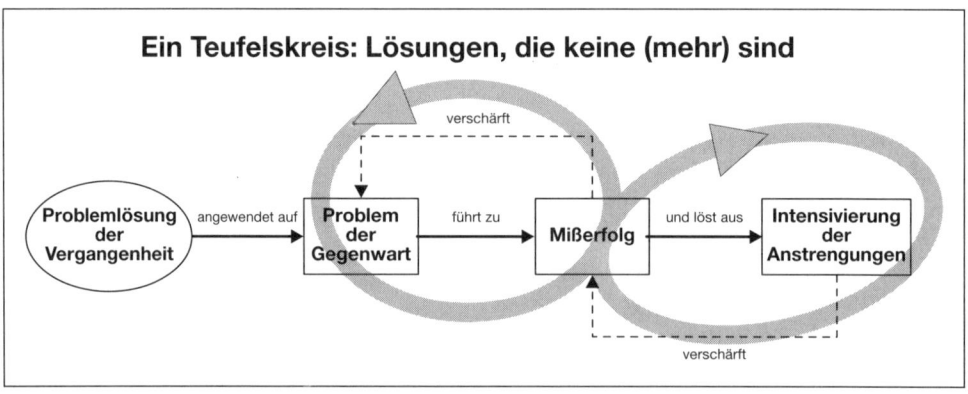

Abbildung 8: Teufelskreis alter Lösungsansätze (nach Krüger/Ebeling 1991)

Werden die Lösungsansätze aus der Vergangenheit auf Probleme
der Gegenwart angewendet, führt das zum Misserfolg und löst eine
Intensivierung der Anstrengungen aus, womit der Misserfolg noch
deutlicher wird und sich das ursprüngliche Problem verschärft. Ein
Teufelskreis, der oft dadurch »durchbrochen« wird, dass die Leh-
rer/innen gemeinsame (Schulentwicklungs-)Aktivitäten meiden
und sich in die Rolle des/der Einzelkämpfer/in in der Klasse zurückziehen, was dem Paradigma »*Ich und meine Klasse*« entspricht.

Als Beispiel für die Verschärfung eines Problems durch einen
ungeeigneten Lösungsansatz, dessen Auswirkungen wir an mehreren Schulen miterlebt haben, wollen wir einige Etappen des in
zahlreichen österreichischen Schulen tobenden »Raucherkrieges«
schildern: In grauer Vorzeit, als man in den österreichischen Schulen noch fast überall rauchen konnte, fühlten sich die Nichtrau-
cher/innen durch die rauchenden Kolleg/innen beeinträchtigt und
sozial diskriminiert. Die Ad-hoc-Lösung: die Einrichtung von Rau-
cherzimmern. Auf Grund der knappen Raumressourcen an der
Schule wurde dafür des Öfteren die »Kaffeeküche« hergenommen.
Sie wurde auch bald von den Raucher/innen in Beschlag genommen und entwickelte sich, da es sich zwar um einen kleinen, zugleich aber um einen der wenigen »gemütlich« eingerichteten
Räume handelte, zum sozialen Zentrum der Schule. Die Nichtrau-

cher/innen, welche im Gegenzug dazu etwa die Benützung der Lehrerbibliothek als Aufenthaltsraum zugesprochen erhalten hatten, waren dadurch zwar vom Rauch getrennt, dafür aber vom sozialen Zentrum der Schule ausgeschlossen – und damit neuerlich – und auch »mikropolitisch« – diskriminiert. Das soziale Klima im Lehrkörper hatte sich durch diese »Lösung« eher verschlechtert. Die Schulleitung wagte es oft nicht mehr, an der räumlichen Trennung abermals zu rütteln. Eine dramatische Kräfteverschiebung trat erst dadurch ein, dass das österreichische Parlament das Rauchen in öffentlichen Einrichtungen überhaupt verbot (übrigens eine Entscheidung, die inzwischen wieder durch Ausnahmeregelungen »entschärft« worden ist …)!

Da Schulentwicklung auf den Paradigmenwechsel zum *»Wir und unsere Schule«* angewiesen ist, benötigt die Schule neue Formen der Problemlösung, welche nicht mehr auf ministerielle Erlässe oder sonstige Konflikt-Lösungs-Regularien von oben hofft, umso mehr, als die zunehmende Autonomisierung des Bildungswesens Entscheidungen wie Stundenorganisation, Lehrplanerstellung, Finanzierung an die Basis verlagert. Die Lernende Schule schöpft infolgedessen umso mehr aus ihrem Entwicklungspotenzial, je bewusster sie sich aus dem *Problemraum* in den *Lösungsraum* begibt (siehe Abb. 9).

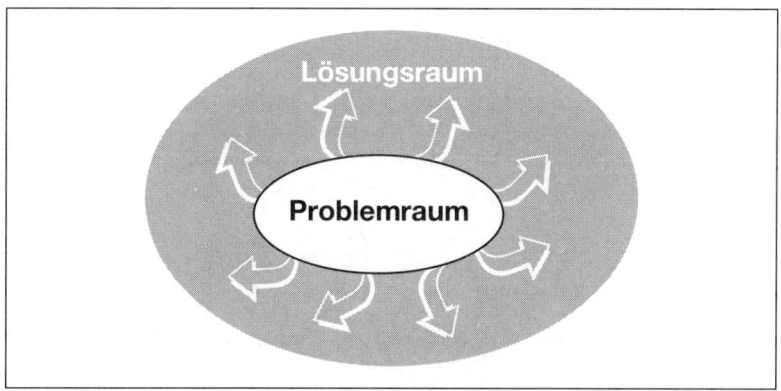

Abbildung 9: Vom Problemraum in den Lösungsraum

Der Lösungs*raum* kann zunächst wörtlich genommen werden, etwa dadurch, dass sich das Kollegium anlässlich einer Klausur an einen Ort der Muße zurückzieht, um neue Lösungsformen zu entwickeln. Darüber hinaus verstehen wir darunter aber alle Bemühungen, welche *neue* Denkmöglichkeiten für die Entwicklung der Schule in die Zukunft eröffnen. Gerd Gerken und Gunther

Luedecke geben Manager/innen in der Wirtschaft zur Überwindung von Erstarrungstendenzen folgenden Rat: »Bauen Sie sich eine innere Programmatik auf, die davon ausgeht, dass im Prinzip alles, was neu ist, gut ist, dass alles, was progressiv und irritierend ist, von Ihnen vorbehaltlos geliebt wird.« (Gerken/Luedecke 1990, S. 49)

Provokant formuliert, gewiss, aber wir sehen keinen Grund, warum das für die Entwicklung von Schule oder die fruchtbare Auseinandersetzung mit individuellen Problemen nicht gelten soll. Das heißt noch lange nicht, dass alles Neue tatsächlich auch gut ist, doch erst, wenn man etwas oder jemanden ins Herz (der Schulentwicklung) schließt, kann man sich ernsthaft damit auseinandersetzen. Und dabei findet man sich bereits im Lösungsraum, der neue, vorher ungeahnte Lösungen wie einen Schatz bergen kann. Der bekannte Kreativitätsforscher Edward De Bono (1972) hat herausgefunden, dass die Lösung eines Problems nicht in einer (fiktiven) Linie der Projektion der bisherigen Lösungsansätze in die Zukunft liegt, sondern sich in einer Schleife davon wegbewegt (siehe Abb. 10). Diese grafische Darstellung zeigt auf, dass das Auffinden von Lösungsansätzen es verlangt, bisherige (Denk-)Bahnen, das heißt den gewohnten Problemraum, zu verlassen. Der Aha-Effekt schafft eine neue Richtung, welche neue Perspektiven eröffnet.

Einen Schritt weiter geht Johannes Gruntz-Stoll. Er stellt in seinem Lei(d)tfaden zur Theorie und Praxis des Problemlösens eine

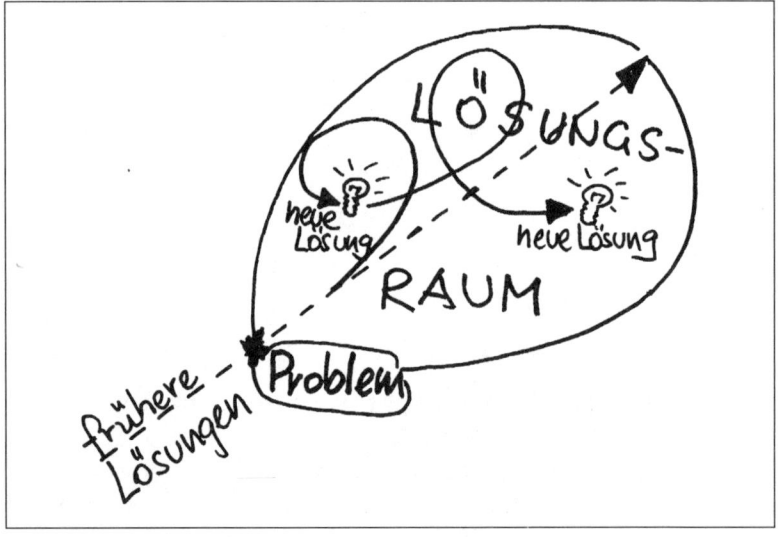

Abbildung 10: Innovationsschleifen im Lösungsraum

Frageheuristik vor, in der der Prozess der Problemlösung vom Problem über die Problem-Lösung führt. Das heißt, dass der Lösungsraum sogar mit dem Problemraum identisch sein kann, sofern man diesen als Lösungsraum definiert, um »Energieressourcen aus der Problemsituation für deren Bewältigung nutz- und fruchtbar zu machen«. Wie de Bono warnt er vor dem geraden Weg: »Nicht geradlinig, sondern spiralförmig führen Denk- und Handlungsschritte vom Problem über die Problem-Lösung zur Lösung.« (Gruntz-Stoll 1994, S. 77)

Dies kann beispielsweise dadurch erfolgen, dass dem Problem das »Problemhafte« genommen wird, etwa dadurch, dass die »positive Absicht« dahinter gesehen wird. Aus Forschungserkenntnissen zur Stigmatisierung wissen wir, dass negative Zuschreibungen nachhaltige Effekte auf das Fühlen, Denken und Handeln von Menschen haben können. Aus der Literatur, welche dies besser vermitteln kann als wissenschaftliche Befunde, fällt uns dazu Andri in Max Frischs Parabel *Andorra* ein, der ab einem gewissen Zeitpunkt selbst glaubt, ein Jude zu sein, nachdem er von den anderen für einen solchen gehalten wird. Ob allerdings ein von Lehrer/innen als verhaltens*originell* bezeichneter Schüler als weniger störend wahrgenommen wird als derselbe Schüler, wenn er »verhaltens*auffällig*« genannt wird, darüber sind wir uns nicht einig.

Anlässlich eines Pädagogischen Tages probierte das Kollegium eines Gymnasiums die Tragfähigkeit eines solchen hier vorgeschlagenen Ansatzes aus, der den Problemraum zum Lösungsraum umdefiniert.

Der externe Psychologe und Beratungslehrer B. war eingeladen worden, auf dem Pädagogischen Tag ein Referat über »verhaltensauffällige Schüler/innen« zu halten. Als er um die kurze Schilderung eines konkreten, gerade aktuellen Beispieles bat, nannte ihm eine Mathematiklehrerin, unterstützt von zwei weiteren Kollegen, »den Fall Alexander«: Alexander, ein Schüler der 9. Schulstufe, mathematisch sehr begabt, sei völlig unfähig und unwillig, sich alltägliche Dinge zu merken, habe nie seine Sachen in Ordnung, mache nie Hausaufgaben, könne nicht ruhig sitzen bleiben, brauche 90% der Zuwendung der Lehrkraft, gebe Mitschüler/innen und Lehrer/innen immer wieder äußerst aggressive, auch persönlich verletzende Antworten; die Situation im Elternhaus sei nach Recherche der Klassenlehrerin ähnlich wie in der Schule (Gefühle der Hilflosigkeit der Eltern gegenüber ihrem Sohn). Bisher hätten zahlreiche kurze und längere Gespräche mit Alexander, aber auch mit den Eltern stattgefunden, alle Versprechungen seinerseits, sich bessern zu wollen, hätten nicht einmal 5 Minuten lang »gehalten«. Was solle also weiter geschehen?

B.s erste Frage lautete: »Was können Sie alles Positives über Alexander sagen?« Zunächst formierte sich Widerstand (»*Will sich der über uns lustig machen?*«), immerhin hatten die direkt betroffenen Kolleg/innen schon viel Energie, Zeit und guten Willen in die Auseinandersetzung mit Alexander gesteckt. Sie waren daran gewöhnt, den »Fall« des Schülers Alexander im Sinne der »Kybernetik erster Ordnung« zu sehen (der/die Beobachtende sieht sich selbst nicht als Teil des Systems), und hatten ihn bisher ausschließlich als Produkt seines eigenen Fehlverhaltens »behandelt«.

Dann, nach Wiederholung der Frage und nach einigem Zögern, fanden die Lehrer/innen nach und nach in Alexanders Verhalten auch positive Mosaiksteinchen. An mathematisch beeindruckende Lösungen wurde erinnert, die er in den seltenen Momenten, in denen er seine ungeteilte Aufmerksamkeit dem Unterricht widmete, vorgeschlagen hatte, Szenen wurden geschildert, in denen er es geschafft hatte, eine Metaposition seinem eigenen Verhalten gegenüber zu erklimmen, und plötzlich meldete sich der Kunsterzieher zu Wort, der bis dahin schweigend zugehört hatte: In seinem Fach sei Alexander eindeutig der beste Schüler, den er habe …

Als Nächstes richtete B. nun den Fokus direkt auf die als störend empfundenen Verhaltensweisen des Schülers (Was sei daran »das Gute im Schlechten«?), und dann ging es darum, was denn für Alexander attraktive Tauschwerte im Sinne von Verhaltensänderungen *der anderen*, der Lehrer/innen, Mitschüler/innen, Eltern, sein könnten, die es ihm *seinerseits* ermöglichen würden, sein Verhalten in der »Ernstsituation« zu verändern.

Leider können wir »den Fall Alexander« hier nicht als abgeschlossene Erfolgsstory wiedergeben, weil sich gerade erst das Einstiegskapitel ereignet hat, doch die Beteiligten finden nun nach eigener Aussage leichter Zugang zum Lösungsraum, weil sie ihn ja als Problemraum schon gut kennen.

Aus der Systemtheorie können wir lernen, dass das eigentliche Problem nicht das Problem ist, sondern unsere Problemsicht und die damit verbundene Interpretation. Allein schon die Sichtweise, dass eine Schule – nach dem alten Fehler-Vermeide-Paradigma – kein Problem haben darf, hat entlang der Leitdifferenz *richtig/falsch* eine fraktale (zugleich fatale) Konsequenz: Probleme werden unter den Teppich gekehrt, damit man nach außen hin nicht als »Problemschule« dasteht, und mit fraktaler Konsequenz (siehe Das fünfte Axiom) funktioniert der Problemverdrängungsmechanismus nach demselben Muster auf der Ebene individueller Probleme – etwa bei Konflikten zwischen Lehrer/innen und Schüler/innen: Ein/e gute/r Lehrer/in hat ebenso wenig Probleme wie eine gute Schule. Dass auch ein guter Direktor »keine Probleme« haben darf, illustriert das folgende Beispiel.

Eine sehr große technische Schule zeigte Interesse, an einem größeren Schulentwicklungsprojekt mitzuarbeiten, und kontaktierte einen externen Berater. Der kam an die Schule, um mit Schulleitung und Kollegium anlässlich einer pädagogischen Konferenz die Möglichkeiten der Zusammenarbeit zu klären. Als nähere Details über die Interessen des Kollegiums an der Mitarbeit besprochen wurden, nahmen zwei Lehrerinnen die Anwesenheit eines externen Beraters zum Anlass, ihr Problem mit dem Schulleiter zu thematisieren. Obwohl dieser selbst von dem Problem wusste, war er über dessen Öffentlichmachung so erzürnt, dass er seine von allen erhoffte Mitarbeit am Schulentwicklungsprojekt absagte.

Die Schule hätte gerade durch die Unterstützung einer externen Moderation die Chance erhalten, an ihrem Problem zu arbeiten und (neue) Lösungsmöglichkeiten zu entwickeln. Solange Führungskräfte den Übergang von der Verwaltung zur Gestaltung nicht vollziehen, werden Schulen den Schritt von der Lehr-Lern-Schule zur Lernenden Schule nicht machen können. In unseren Seminaren zum Konfliktmanagement ist uns besonders deutlich bewusst geworden, wie angstbesetzt für viele Schulleiter/innen die Begriffe Veränderung und Entwicklung sind. Der Lösungsraum liegt demnach in einer Neubewertung dieser Begriffe. Genau davon geht auch der Begriff *change management* aus, der nach Klaus Doppler und Christoph Lauterburg auf folgenden Erkenntnissen beruht:

- Das einzige, was tatsächlich Bestand hat, ist der Wandel. Veränderung ist im Grunde der Normalzustand.
- Nichts verändert sich um der Veränderung willen. Jede Veränderung eines Zustandes ist die Konsequenz entsprechender Kräfte oder Energiefelder.
- Veränderungen in einem sozialen Gefüge sind das Resultat divergierender Interessen und Bedürfnisse. Emotionen sind es, die in menschlichen Organisationen etwas bewegen: Liebe oder Hass, Geld oder Macht, Anerkennung oder Selbstverwirklichung.
- Notwendige Veränderungen finden immer statt – die Frage ist lediglich, auf welchem Wege. Der fatale Irrtum wäre zu glauben, man könne, wenn man es nur geschickt genug anstelle, jede beliebige Veränderung erzielen oder verhindern.
- Sinnvolle Einflussnahme bedeutet, notwendige Entwicklungen rechtzeitig zu erkennen, konsequent zu fördern und sozial ver-

Mit dem Analysegespräch in neue Lösungsräume vorstoßen

Vorbemerkung:
Das Analysegespräch wird in einer Gruppe von fünf bis zehn Mitgliedern durchgeführt. Die Teilnehmer/innen sollen eine Person (Problemträger/in) unterstützen, mit eigenen Ressourcen in neue Lösungsräume zu gelangen. Für die Durchführung des Analysegesprächs ist mindestens eine Stunde erforderlich.

Phase 1:
Person A, welche ihr Problem analysieren möchte, erhält fünf bis zehn Minuten Zeit, um den Sachverhalt so darzustellen, wie sie ihn wahrnimmt.

Phase 2:
Nachdem die Gruppenmitglieder aus Phase 1 einen groben Einblick in den Sachverhalt erhalten haben, versuchen sie durch Fragen zusätzliche Informationen zur Klärung zu erhalten. Wichtig sind dabei folgende

Regeln:
Keine mit Ja oder Nein zu beantwortenden Fragen (»*Hast du schon … versucht?*«), stattdessen z.B. mit »Wer?«, »Was?«, »Für wen?«, »Warum?«, »Seit wann?«, »Wie?«, u.s.w. fragen.
Keine Suggestivfragen (»*Wieweit fühlst du dich … schuldig?*«)
Keine Lösungsvorschläge (»*Warum machst du nicht einfach …?*«)

Achtung: Meist fällt es unerfahrenen Gruppen sehr schwer, diese Regeln selbst kritisch mit zu berücksichtigen, deshalb hat es sich bewährt, wenn jemand die Gesprächsleitung übernimmt. Person A beantwortet jeweils unmittelbar die von einem Gruppenmitglied gestellte Frage. Sie kann aber auch eine Antwort aus welchem Grund auch immer verweigern, etwa wenn damit ein Intimbereich berührt wird.

Nachbemerkungen:
- Durch die Fragen der übrigen Gruppenmitglieder wird Person A in unterschiedliche »Lösungsräume« geleitet, ohne dass sie dort auch gleich »ihre« Lösung suchen muss. Im Verlauf des Analysegesprächs zeigt sich allerdings, dass die Problemsicht von Person A – aus der ursprünglichen Enge heraus – einerseits gedanklich eine Systemerweiterung erfährt (etwa dadurch, dass neue Personen, Konstellationen, Sachverhalte in den Denkhorizont kommen), dass aber auch Einzelaspekte »systemverknüpft« gedacht werden. Den übrigen Gruppenmitgliedern ist dieser Prozess nicht einsichtig, sie wirken aber lösungsorientiert auf Person A und bauen auf deren eigene Ressourcen.
- Die oben genannten Regeln sollen eine Defizitorientierung des Gesprächs verhindern! Außerdem ist die Gesprächssituation für alle Teilnehmenden vertrauensbildend, zumal die Vorgehensweise sehr disziplinierend auf alle wirkt: keine vorschnellen Schlüsse, keine Verdächtigungen oder Beschuldigungen, dafür Ernstnehmen der anderen Person(en) und deren Äußerungen *(zuhören können!)*.

träglich zu gestalten. Führung als *change agent* sorgt dafür, dass die Organisation, in der Menschen tätig sind, als lebendiger Organismus gesund bleibt und in einem turbulenten Umfeld zu überleben vermag. (Doppler/Lauterburg 1994, S. 55–57)

All dies klingt vielleicht sehr theoretisch, und die vom *change management* erhobenen Forderungen muten teils utopisch, teils sehr allgemein an. Deshalb machen wir Sie mit einer ganz konkreten Strategie bekannt (siehe S. 70), mit der der Sprung vom Problemraum in den Lösungsraum in der Praxis unterstützt werden kann: das so genannte Analysegespräch (vgl. Altrichter/Posch 1990, S. 69–71; Fenkart/Krainz-Dürr 1996).

Einen ganz anderen Zugang zu hartnäckigen schulischen (und anderen) »Problemfällen« eröffnet eine Methode, die wir vor kurzem bei einem Workshop kennen gelernt und auch in schulischen Kontexten schon angewendet haben; dabei verlässt man den Problemraum gewissermaßen durch eine andere Türe; was uns von Anfang an fasziniert hat: Es stecken unendlich viele »Lösungen« in dieser Methode, und sie kann Fantasien als Ressourcen nützen, ohne dass die Fantasierenden mit dem Problem vertraut sein müssen. Ein weiterer Vorteil: Hierarchien innerhalb der Gruppe spielen kaum eine Rolle. Diese Konfliktlösung durch »*poetische Gesprächsführung*« ist von Alfred Drees ursprünglich als Alternative zur klassischen Balintgruppenarbeit entwickelt worden, weil dort in bestimmten Fällen stets Blockaden auftraten, zum Beispiel bei Sterbebegleitung, bei der Therapie von Folteropfern, aber auch bei Gruppen mit »hierarchischem setting« (Chefarzt fühlte sich durch Teilnahme der Stationsgehilfinnen an der Gruppensitzung durchgängig in der Artikulation seiner Emotionen gehemmt usw.). Drees' zugrunde liegender Gedanke ist nun der, dass die Aufmerksamkeit von den (üblicherweise im Vordergrund stehenden) *gerichteten* Gefühlen weg, zu den (einzig noch übrig bleibenden) *ästhetisch-poetischen* hingelenkt wird: Jedes Mitglied einer Gruppe lässt zu dem von einem Mitglied eingebrachten Fall in sich Bilder, Formen, Farben aufsteigen und teilt sie den anderen mit. Übrigens, obwohl Drees seine Methode *poetisch-prismatische Konfliktdezentrierung* nennt, ist sie in der Durchführung und in der Wirkung glücklicherweise einfach und praxistauglich! Das Aufsteigenlassen innerer Bilder und das Sich-Vertiefen in sie war für uns ein sehr lustvolles Erlebnis, und den Bildern der anderen zu »lauschen« war unglaublich spannend und bisweilen sehr vergnüglich, auch wenn der bildauslösende Anlass ein »Fall«, ein schwieriges, den/die Fallbringer/in schwer belastendes Problem, war.

Die Kraft von Metaphern für Problemlösungen nutzen

»Prismatische Konfliktlösungsgespräche« helfen nach Drees (1995, S. 99), »festgefahrene Team- und Institutionskonflikte auf eine Ebene zu heben, auf der das Zuhören wieder möglich wird und auf der die eigene Betroffenheit geäußert werden kann, ohne von den inzwischen eingefahrenen emotional aufgeladenen Konfliktantworten eingefangen und verletzt zu werden«.

1) Die Gruppenteilnehmer/innen werden mit dem Ablauf vertraut gemacht, grundlegende Regeln werden vereinbart, der/die Gruppenleiter/in klärt seine/ihre Funktion.

2) Der/die Fallbringer/in schildert kurz den Fall, das Problem, den Konflikt, während die anderen nur zuhören, ohne Fragen zu stellen.

3) Dann folgt die Phase der »Metaphernproduktion«, also einige Minuten des konzentrierten Imaginierens, alle »schauen« (horchen?) in sich hinein, welche Bilder zu dem gehörten Problem spontan in ihnen aufsteigen und nehmen möglichst viele Details davon bewusst wahr, auch die Stimmungen, die ein Bild als Ganzes oder bestimmte Einzelheiten davon in ihnen auslösen.

4) Dann beginnt irgendjemand in der Runde, diese inneren Bilder auszusprechen, der/die Fallbringer/in hört nur zu. Die Person, die die Gruppe leitet, fragt mitunter nach, um Unklares klarer herauszuarbeiten oder aber um die Diffusität von Bildern als eines ihrer Merkmale festzuhalten. Neue Qualitäten fördert es zu Tage, wenn nach der materiellen Beschaffenheit von Bildbestandteilen oder von Gefühlen gefragt wird, wenn zum Beispiel auf die Schilderung: »Ich sehe einen leeren Raum, nur in dessen Mitte steht ein ganz staubiger Tisch«, nachgefragt wird: »Wenn man diesen Staub anfasst, wie fühlt er sich an, eher wie trockener Sand oder eher wie Watte?« Eine Teilnehmerin formuliert: »Sobald S. (das Mädchen, von dem zuvor in der Falldarstellung von A. die Rede war) auf einen Hebel drückt, setzt sich ein maschinell getriebener Hammer in Bewegung. Der Kopf von A. bildet das Ende des Hammers, der wird immer auf den Amboss geschmettert. Ich spüre beim Zuschauen einen Klotz auf dem Magen.« – Darauf die Erkundung des »Materials« des Druckes: »Aus welchem Holz ist dieser Klotz?«, usw.
Wie auf Teilnehmer/innen reagieren, die, statt Bilder zu produzieren, eher rationalisieren (»Ja, für mich liegt die Ursache für den Misserfolg von A. in ihrem immer wiederkehrenden Verhalten!«), oder die angeben, die Falldarstellung hätte leider nicht eine Spur von Bild in ihnen hervorgerufen? Hier ist es Aufgabe der moderierenden Person, diese Aussagen »bildhaft« zu machen, z.B. indem sie vielleicht sagt: »Es gibt also da ein Plakat, das in die Höhe gehalten wird und auf dem steht: *In der Analyse der immer wiederkehrenden Verhaltensmuster liegt die Lösung!* Welches Gefühl löst es in Ihnen aus, wenn Sie das Plakat sehen?«, bzw.: »Aha, Sie suchen verzweifelt nach einem Bild, wo suchen Sie denn überall?«
Am Ende der Runde reagiert der/die Fallbringer/in auf die vorgestellten Bilder (deren grenzenlose Vielfalt, Tiefe und Intensität uns immer wieder verblüfft!) und sagt, welche Metaphern was in ihm/ihr ausgelöst haben, welche Bilder ihn/sie am meisten angesprochen haben und was das bzgl. der konkreten Problemsicht bedeutet.
Der/die Gruppenleiter/in bittet nun zu einem 2. Durchgang mit der Fragestellung an die Runde: »Was hat sich in Ihnen verändert? Kehren Sie zum alten Bild zurück, wollen Sie es gleich lassen/ausbauen, sollen Anwesende ins Bild aufgenommen werden?«

Dann gibt es eine abschließende Reaktion des/der Fallbringer/in, und meist zeigt es sich spätestens dann, dass allein das ungeheuer breite Spektrum an »Bildangeboten« und mittransportierten und verbalisierten Stimmungen eine Erweiterung der Problemsicht, ein emotionales Umschwenken des/der Fallbringer/in etc. bewirkt hat.

Was man bei der Anwendung noch beachten sollte:

Da in einem solchen Gespräch alle Beteiligten eines institutionellen Konflikts anwesend sind (also auch die Vertreter/innen unterschiedlicher Hierarchieebenen), wird eine Gruppenleitung benötigt, die sich für eine strikte Einhaltung der vorgegebenen Gesprächsregeln einsetzt. Diese sind:

1) Jede/r Teilnehmer/in des Gesprächs muss sich *aktiv* beteiligen. Er/sie sollte dabei vor allem über seine Befindlichkeit und sein/ihr Erleben in dem zu bearbeitenden Konflikt sprechen. (Meinungen, Vorwürfe und Anklagen werden sich dabei nicht vermeiden lassen.)
2) *Reaktionen* auf die Vorwürfe, Meinungen und Erlebnisdarstellungen sind in diesem Setting *nicht erlaubt*. (Gesprächsleiter/in muss hier gleich eingreifen!)

Zeitrahmen: ca 1 ½ Stunden

Die Gruppenleitung hat vor allem die Aufgabe, konsequent die Entfaltung des sinnlichen Mitschwingens über die Fantasien der Teilnehmer/innen der Gruppe zu fördern. Die Entwicklung von Fantasien und Vorstellungsbildern gewinnt dabei eine besondere Bedeutung. Verblüffen werden die auffallenden Unterschiede im Erleben sowie in den damit verknüpften unterschiedlichen Fantasien und Vorstellungsbildern bei den einzelnen Gruppenmitgliedern in einer bestimmten Gruppensituation. Es sind besonders dieses unterschiedliche Erleben durch die Teilnehmer/innen und die unterschiedlichen Fantasien, die zu einer Lösung beziehungsweise zu einer Verbreiterung des (Lösungs-)Raumes führen.
Weitere von der Leitung im Auge zu behaltende Faktoren: die Stimmung in der Gruppe; ein Gesamtüberblick über die Bilder; Umwandeln von Störungen (z.B. Lärm draußen) ebenfalls in Bilder etc.

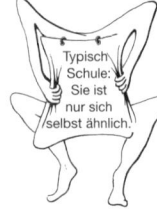

Das fünfte Axiom

**Die Lernende Schule bedient sich ihrer *fraktalen Struktur*
und setzt die Strategien ein, die die größte Hebelwirkung
erzielen.**

**Leitfrage: Wo müssen die am Schulentwicklungsprozess
Beteiligten, insbesondere die leitenden Personen, den Hebel
ansetzen, um diese Struktur *als positive Verstärkung* zu
nutzen?**

*Warnung! Wenn Sie weiterlesen, werden Sie bestätigt bekommen,
was Sie immer schon befürchtet haben, aber sich selbst nie eingeste-
hen wollten: Wohin man auch blickt, die Schule ist durch und durch
sich selbst ähnlich ...*

Michael Barnsley, Mathematiker und einer der führenden Forscher auf dem Gebiet der fraktalen Geometrie, beschönigt nichts,
wenn er Neueinsteiger über die Folgen aufklärt, mit denen sie
beim Eindringen in diese geheimnisvolle Welt rechnen müssen:
»Die fraktale Geometrie wird Ihre Sicht der Dinge grundlegend
verändern. Es ist gefährlich weiterzulesen. Sie werden es riskieren,

Ihre kindliche Auffassung von Wolken, Wäldern, Galaxien, Blättern, Federn, Blumen, Felsen, Gebirgen, Teppichen und vielen anderen Dingen zu verlieren. Niemals werden Sie zu den Ihnen vertrauten Interpretationen dieser Dinge zurückkönnen.« Seine Warnung (zit. nach Jürgens u.a. 1989, S. 106) nimmt darauf Bezug, dass traditionelle mathematische Glaubenssätze durch die Erkenntnisse auf den Gebieten der Fraktale zertrümmert werden; für unsere »kindliche Auffassung« von Schule bedarf es aber nicht unbedingt einer solchen Warnung, denn die (zugegebenermaßen »mathematisch anfechtbare«, eher bildhafte) Anwendung der Theorie der Fraktale auf das soziale System Schule wird keinen so großen Schock auslösen. Sie passt in mancherlei Hinsicht genau zu dem, wovon wir immer schon überzeugt waren und was in alten Bauernregeln enthalten ist: »Wie der Herr, so 's Gscherr.«

Es reicht für unsere Zwecke aus, wenn wir die Wirkungsweise fraktaler Muster anhand *einer* Metapher darstellen, und zwar anhand der Mehrfach-Verkleinerungs-Kopiermaschine. Gehen wir davon aus, dass eine »Anweisung in mathematischer Form« wie eine solche Kopiermaschine funktioniert: Sie bildet bestimmte Punkte in einer Ebene (die gemeinsam etwa einen Kreis oder ein Quadrat oder aber einen Schriftzug bilden) auf neue Punkte dieser Ebene ab; das Ergebnis dieser ersten Operation ist dann eine Kombination von drei Objekten statt dem einen ursprünglichen, dafür jedes in der Größe nur ein Drittel vom Ausgangs-

Abbildung 11: Auch das Ausgangselement »Schule« erzeugt nach drei »Kopiervorgängen« als Limesbild das gleichseitige Sierpinski-Dreieck.

objekt. »Denken wir uns nun die Kopiermaschine als Bestandteil einer Rückkoppelungsschleife; dann kopiert sie ihre Vorlage (Input) und benutzt die Kopie (Output) als neue Vorlage (Rückkoppelung zum Input) und so fort« (Jürgens u.a. 1989, S. 108). Spannend für uns als Nichtmathematiker ist daran, dass es gleichgültig

ist, mit welchem Element der Kopierprozess beginnt, es ergibt sich
(unter Anwendung derselben Anweisung) immer dasselbe *Limesbild*, »das gleichseitige Sierpinski-Dreieck« (vgl. Jürgens u.a. 1989,
S. 108). Die Abbildung 11 (S. 75) zeigt das anhand des Schriftzuges
»Schule«.

In Alltagssprache übertragen heißt das demnach, dass sich das
Grundmuster eines Systems auf jeder Ebene, in jedem Teilbereich
wiederholt und dass Musteränderungen – von einem Ausgangspunkt aus – das ganze System erfassen. Der systemische Ansatz im
Sinne der Forderung einer geänderten Kausalitätssicht ist dabei
u.E. nur scheinbar ein Widerspruch zur fraktalen Struktur von
Schule, die wir in diesem Axiom postulieren: Für konkrete Einzel-
probleme ist es durchaus sinnvoll, nach »dem Hebelpunkt« (also
nach dem Element am Ausgangspunkt) zu suchen bzw. zu fragen,
was denn solche Aktivitäten mit großer Hebelwirkung sind und
wie die fraktale Struktur genützt werden kann, etwa für die Förderung von Teamarbeit und Selbstverantwortung.

Aus der Selbstähnlichkeit folgt wie gesagt, dass *ein* geändertes
Basiselement sich selbst automatisch reproduziert und so das
»Muster« des ganzen Systems ändert. Man spricht von *re-entry*,
wenn innerhalb eines Systems wiederum Systeme mit ähnlichen
Eigenschaften und in diesen Subsystemen Subsubsysteme existieren etc. etc., und insofern ist das Schulsystem »selbstähnlich«. Seine
Fraktalstruktur wird aber (wie in jedem sozialen System) überla-
gert von anderen wohl bekannten Strukturen: von Hierarchien,
von gesetzlichen Vorschriften, vom so genannten Dienstweg, von
komplexen   innerschulischen   Ursache-Wirkungszusammenhän-
gen, von den Wechselbeziehungen zwischen System(en) und Um-
welt(en), von vielen Zufällen (oder »Zufällen«, wie die Chaos-
Theorie es formulieren würde).

Exkurs: Schule zwischen Chaos und Kosmos

Treiben wir das Gedankenexperiment zwischen Mathematik und
Schulentwicklung noch ein kleines Stück weiter und fassen wir diese *anderen* schulischen Einflüsse in ihrer Gesamtheit als chaotische Phänomene im Sinne der Chaos-Theorie auf, wie das in naturwissenschaftlichen Zusammenhängen nahe liegend wäre. Die Gegenwart von »Chaos«, in der griechischen Philosophie als
Gegensatz zu »Kosmos« = »Ordnung« definiert, bedeutet, dass
kleinste Unterschiede in den Ursachen zu größten Unterschieden
in den Wirkungen führen können (der berühmte Flügelschlag des
asiatischen Schmetterlings, der den amerikanischen Wirbelsturm

auslösen kann). Somit ist die Nichtvorhersagbarkeit von bestimmten dynamischen Prozessen nicht eine Folge der mangelnden Fähigkeiten der Vorhersagenden, sondern eine Eigenschaft des Systems selbst (vgl. Jürgens u.a. 1989, S. 7). Ein tröstlicher Gedanke, nicht nur für Meteorologen, er schließt aber mit ein, dass viele Elemente des sich als Gesamtheit chaotisch verhaltenden Systems Schule als einzelne analysierbar und in ihrer Wechselbeziehung verstehbar sind! Auch Trond Alvik kommt in seiner kritischen Auseinandersetzung mit den Grundannahmen gängiger Schulentwicklungstheorien zu dem Schluss, dass sich die Chaos-Theorie gerade auf schulische Entwicklungsprozesse mit Gewinn anwenden lasse. Alvik beschreibt die an vielen »erneuerungswilligen« Schulen übliche linear-kausale Vorgangsweise (vom Analysieren des Ist-Zustandes und Orten des Handlungsbedarfes über das Festlegen der geeigneten Änderungsmaßnahmen und das Durchführen dieser Maßnahmen bis zur Evaluation, zur Überprüfung des Erfolges) und merkt kritisch an, dabei vergesse man ganz auf die wichtigsten bei diesem Vorgehen wirksam werdenden Kräfte, auf die unberechenbaren, »chaotischen«. Insbesondere die Phasen der Analyse und Reflexion würden nicht in ihrem Eigen-Sinn akzeptiert und somit die (Selbst-)Evaluation nicht als in sich selbst zweckhaft erkannt, was sich bitter räche, indem durch die gesetzten Maßnahmen bloß eine episodenhafte, oberflächliche Veränderung bewirkt werde (vgl. Alvik 1996, S. 15)!

Was bringt die Anwendung der Denkmodelle Fraktale und Chaos auf das System Schule? Wir wollen das an einigen konkreten Beispielen für die Ausprägung eines bestimmten Musters bzw. für eine Musteränderung darlegen:

Beispiel 1

Dem System Schule, nach dem klassischen Bürokratiemodell organisiert, haftet immer noch der Geruch einer *Misstrauensorganisation* an (vgl. dazu Bleicher 1982; Krell 1988; Laske 1991), ein untrügliches Zeichen dafür ist das herkömmliche System der externen Überwachung durch die Schulaufsicht. Die bisher übliche Form der Aufsicht, die Inspektion, diente eher der Kontrolle einer festgelegten Vorgabe und ging davon aus, dass als Ziel die Aufrechterhaltung des Status quo anzupeilen sei. Eine Veränderung dieser Vorgabe, etwa das Erproben neuer Konzepte, Methoden und Verfahren, die die Schule mehr zu einer *Vertrauensorganisation* machen sollten, wurde folgerichtig eher mit Skepsis und Ablehnung denn mit wohlwollender Neugierde bedacht.

Das »Lebensgefühl« derer, die in der Misstrauensorganisation
Schule lehren und lernen, haben besonders zwei Regelungen
geprägt, für die sich zweifellos auch viele gute Gründe anführen
lassen. Eine davon, der ausdrückliche Ausschluss aller »schul-
fremden« Personen vom Schulleben (gemäß der so genannten
Schulveranstaltungsverordnung), ist in Österreich erst seit 1994
aufgehoben, die zweite Regelung, die Aufsichtspflicht (die lü-
ckenlose Überwachung aller schulpflichtigen Schüler/innen) ist
nach wie vor in Kraft. Die Regeldichte im Schulwesen ist insgesamt sehr hoch, und den Mechanismus, der sie immer noch höher
werden lässt, könnte man mit »Feuerlöschen nach dem Brand«
umschreiben: Es geschieht irgendwo im Geltungsbereich der
Schulgesetzgebung ein Unfall, ein folgenschweres Missgeschick,
ein Missbrauch, und flugs werden die geltenden Regelungen über-
arbeitet (also die Gesetzesmaschen enger geknüpft), »damit so etwas nie mehr passieren kann«; so wurden beispielsweise in Österreich Radwandertage nach einem tödlichen Unfall zwar nicht völlig verboten, aber mit einer solchen Fülle von einschränkenden
Bestimmungen belegt, dass viele Lehrer/innen unter diesen Bedingungen lieber gleich von Radwanderungen Abstand nahmen;
ähnliche Einschränkungen gab es »mit gutem Grund« für Skiwan-
derungen auf Wintersportwochen und fürs Baden und Bootfahren
bei Schulausflügen. Aber auch der Alltag im Schulhaus wird von
unzähligen Schutz-, also Verbotsbestimmungen beeinträchtigt,
etwa dass Fenster während der Pause geschlossen zu halten sind,
es sei denn, eine Lehrkraft befindet sich im Raum usw.

Misstrauen als Basis wird auch bei sämtlichen Vorkehrungen
gegen das »Vortäuschen von Leistungen« im Rahmen der verschiedenen Prüfungsbestimmungen offenkundig, aber es geht in
der Praxis über die deklarierten Prüfungssituationen hinaus. Wie
reagieren zum Beispiel Lehrer/innen, wenn sich in den Heften von
zwei oder drei Schüler/innen identische Fehler bei der Hausaufga-
be finden? »Abgeschrieben natürlich …!« Diese Vermutung mag
in vielen Fällen richtig sein, aber eben nicht in allen. Eine Mutter
schilderte uns dazu folgende Episode: Ihre Tochter und zwei ihrer
Freundinnen, alle Schülerinnen einer 1. Klasse Hauptschule, erle-
digten, so wie aus der Grundschule gewohnt, ihre Hausaufgaben
gemeinsam – leider nicht ohne einen (bzw. dreimal denselben) Re-
chenfehler, wie sich in der nächsten Mathematikstunde bei der
Kontrolle durch die Lehrerin herausstellte. Die Rechtfertigung der
drei Mädchen, sie hätten »wie immer« ihre Aufgaben gemeinsam
gemacht und nicht einfach abgeschrieben, stieß bei der Mathematiklehrerin auf taube Ohren, und auch die zur Bestätigung der
Schüleraussage aufgebracht in die Schule eilende Mutter konnte

an der Überzeugung der Lehrerin nicht viel ändern; deren Tipp für die Zukunft: »Halten Sie doch Ihre Tochter dazu an, ihre Aufgaben alleine zu machen, dann kann so etwas nicht mehr passieren!«

Strategien, die dazu beitragen, die für den Typus Misstrauensorganisation konstitutiven Kontrollfunktionen zu erfüllen, sind also vielfältig und weisen deutlich fraktale Strukturen auf. Dazu gehören in logischer Konsequenz der Umgang mit der Leitdifferenz »richtig/falsch« im Allgemeinen, der in sämtliche fraktalen Schul-Strukturen hineinspielt (siehe auch Systemtheorie, Kapitel 3), und der *back-wash*-Effekt im Besonderen (die Lehrer/innen – und in der Folge die Schüler/innen halten ausschließlich jene Bereiche des Unterrichts für relevant, die abgeprüft werden; vgl. dazu Schratz 1996).

Wir gehen von der Grundannahme aus: Wie der Umgang der Schulleitung/Administration mit Fehlern oder Unzulänglichkeiten von Lehrer/innen, so der Umgang der Lehrer/innen mit den Fehlern und Versäumnissen von Schüler/innen!

Beispiel 2

Aus eigener schmerzlicher Erfahrung wissen wir, dass fraktale Muster dann besonders deutlich zu erkennen sind, wenn sie sich negativ auf das Schulklima auswirken: Lehrer/innen, die vom Verhalten eines diktatorischen, unberechenbaren Direktors verschreckt und in ihrem Selbstwertgefühl beeinträchtigt sind, werden einiges davon an die Schüler/innen weitergeben, sodass auch deren Selbstwertgefühl zu leiden hat. Dazu noch ein praktisches Beispiel: Ein Mitglied der Schulleitung hatte die Gewohnheit, in der Versetzungskonferenz die Unfähigkeit jener Klassenlehrer/innen, die ihm falsch ausgefüllte Statistikblätter abgeliefert hatten, öffentlich anzuprangern, und ahndete Terminverzögerungen prinzipiell in der Art eines Anklägers vor einem Kriegsgericht; die Lehrer/innen gaben diesen Druck an die Schüler/innen (und deren Eltern) weiter, sodass zu Hause vergessene Rückmeldeabschnitte zu Katastrophen wurden.

Die extreme Form, in der hier über die für Organisationen unverzichtbaren Verwaltungsakte kommuniziert wird, führt einem vor Augen, wie stark gerade solche Aspekte die Schulkultur prägen. Nicht auszuschließen, dass selbst ein schulisches »Weihnachtsgrußformular« nebst Ausfüllanweisung für bare Münze genommen wird, weil es so perfekt dem Muster entspricht …

Auf dieses Juxformular sind wir anlässlich einer Lehrerfortbildungsveranstaltung in Nordrhein-Westfalen gestoßen:

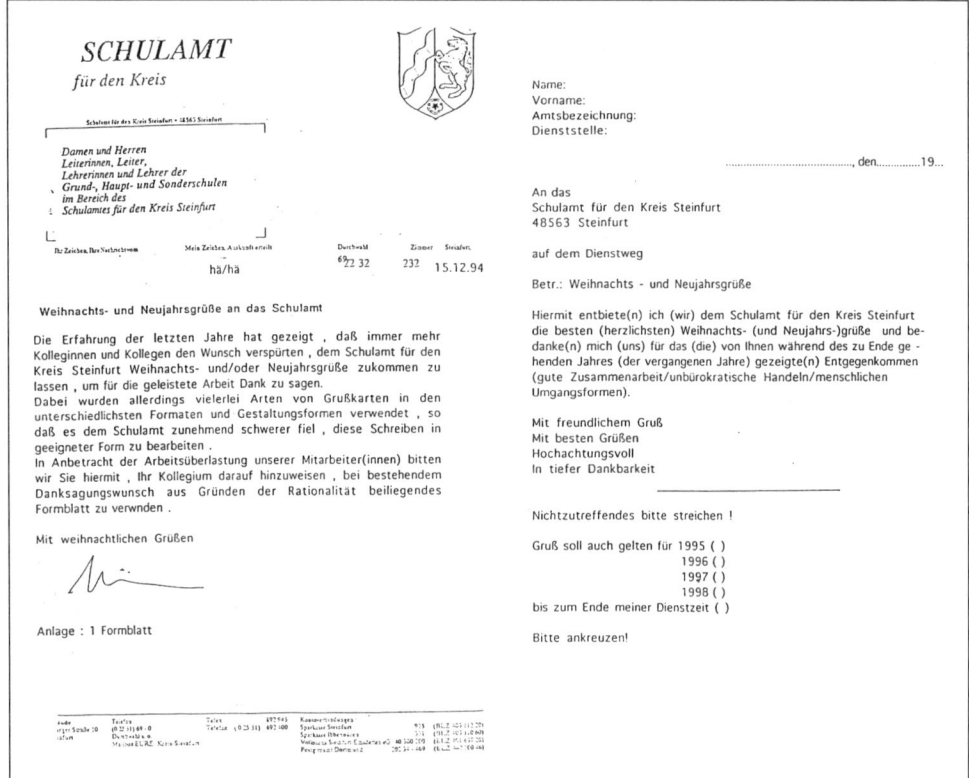

Beispiel 3

Wir halten es deshalb für sehr aufschlussreich, die üblichen Schul-Kommunikationsmuster, insbesondere die Wege der Informationsweitergabe, einmal in Bezug auf fraktale Strukturen genauer zu analysieren (chaotische Phänomene finden sich dabei »automatisch«). Recht verbreitet dürfte etwa das Muster »Entwertung des Etiketts *Sehr wichtig* durch zu häufigen Gebrauch« sein, das wir anhand der Entwicklung in einer kleinen berufsbildenden Schule illustrieren wollen: Viele Lehrer/innen dort kümmerten sich einfach nicht um die Informationen, die die neue Schulleiterin vorsorglich in einer Mappe (Aufschrift: *»Aktuelle Informationen – bitte verlässlich zur Kenntnis nehmen!«*) im Konferenzzimmer auflegte. Bald türmten sich die von der Schulleitung durchnummerierten Mitteilungen, die von sämtlichen Mitgliedern des Kollegiums hätten signiert werden sollen, aber weiterhin kaum wahrgenommen wurden. Zur leichteren Überprüfbarkeit der »Unterschreib-Disziplin« erfand die Direktorin einen Raster, dessen Zeilen die Namen der Kolleg/innen, die Spalten die Nummern der verschiedenen Informationsblätter enthielten. In der Folge konnte man beobach-

»... muss ich Ihnen leider mitteilen ...«
oder: Nach welchen Mustern funktioniert die schriftliche Kommunikation in der Schule?

Das ist ein LeSchu-Werkstatt-Tipp nur für die wenigen Menschen, für die der Kommunikationsfluss an der Schule ein wichtiges Thema ist ...

Sind Sie davon überzeugt, dass Sie selbst, aber auch alle anderen an der Schule über alles Wichtige immer ausreichend, rasch genug und in der angemessenen Weise informiert werden? Dann bitten wir Sie dringend um eine detaillierte schriftliche Darstellung, wie dieses Wunder möglich wurde! Falls Sie aber meinen, die eine oder andere Verbesserung der Kommunikation wäre noch denkbar, dann schauen Sie doch auf einen Teilbereich einmal ganz genau hin: Wie fließen Informationen an Ihrer Schule?
Lenken Sie dabei Ihre Aufmerksamkeit erstens auf das Identifizieren von fraktalen Mustern und zweitens auf das Wahrnehmen von »chaotischen Einflüssen«!

- Wie informiert die Schulleitung das Kollegium über bedeutsame Neuigkeiten?
- Auf welchem Wege kommuniziert die Schulleitung mit den Eltern?
- Wie tritt die Elternvertretung an die Lehrer/innen heran?
- Wie gehen die Klassenlehrer/innen vor, wenn sie den Schüler/innen etwas ganz Wichtiges mitteilen wollen? etc.
- Wie werden die Schüler/innen von anfallenden Vertretungsstunden und kurzfristigen Stundenplanänderungen informiert?

ten, dass immer wieder ein/e Lehrer/in mit schuldbewusster Miene zur Mappe eilte, die Seite mit dem Raster aufklappte, in Windeseile dort alle offenen Felder in der eigenen Namenszeile voll kritzelte und den Deckel erleichtert zuschlug. Der Unterschriftenraster war jetzt stets ausgefüllt, bloß der tatsächliche Informationsstand des Kollegiums hatte sich kaum verändert.

Das Pendant dazu lässt sich an einer anderen Stelle des Fraktals Schule miterleben, an der Schnittstelle zu den Eltern (siehe auch Axiom 7!): Eine Papierflut (Informationen über Impfungen, Wandertagsprogramme, Anmeldungen für Spezialkurse, Unterstützungsbriefe für humanitäre Aktionen der Schule, offizielle Schreiben der lokalen Behörde anlässlich des Schulanfangs, Aufforderungen zur Kenntnisnahme von Stundenplanänderungen etc.) schwappt über die Schultaschen der Kinder bis nach Hause, und wenn dann in der Masse der zu leistenden Unterschriften einzelne »heiße« versteckt sind – etwa Prüfungstermine –, dann besteht die Gefahr, dass sie in der Flut einfach untergehen ... Leidtragende sind dann meist die Schüler/innen.

Beispiel 4

Wir wollen aber auch ein Beispiel anführen, das zeigt, wie sich die fraktale Struktur bewusst als *positive* Verstärkung nutzen lässt: das oft beschworene »Soziale Lernen«, ein Lernbereich, der die soziale Kompetenz der Schüler/innen stärken soll, also ein Ziel (bzw. ein Lerninhalt), um dessen Vermittlung sich die Schule zu bemühen hat. Solange die Anstrengungen in diese Richtung aber Sache einzelner Lehrkräfte im Sinne des »Ich und meine Klasse« bleiben, wird der Erfolg eher beschränkt sein. Erst wenn's um »Wir und unsere Schüler/innen« geht, lässt sich mehr ausrichten. Hier knüpft ein in Österreich seit Jahren erfolgreich laufendes Lehrer/innen-fortbildungsprojekt an:

Wenn sich alle Klassenlehrer/innen einer ersten Gymnasial-klasse dazu entschließen, am Lehrer/innen-Projekt »Soziales Lernen« (Dauer: zwei Jahre, angeboten und zentral organisiert von der lokalen Schulbehörde) teilzunehmen, heißt das folgendes: Sie machen ein Teambildungsseminar, erlernen gemeinsam Teamarbeitstechniken, entwickeln ihre persönlichen Kompetenzen weiter, absolvieren im 2. Jahr ein Auffrischungsseminar; parallel dazu treffen sie sich mindestens einmal pro Monat einen Nachmittag lang, um sich über die gemeinsame Klasse auszutauschen, Projekte vorzubereiten, ihre eigene Situation zu reflektieren.

Für die *Schüler/innen* dieser Klasse sind *als Teil des Projekts* keinerlei Maßnahmen vorgesehen; die Hoffnung der Erfinder/innen dieses Projekts ist es vielmehr, dass sich die Lerneffekte *vom Lehrerteam* (via Unterrichtssituation) *auf das Klassenklima* übertragen. Diese Hoffnung erfüllt sich in der Praxis auch, denn durch die Veränderung des Arbeitsmusters der Lehrergruppe (vom Einzelkampf zur Teamarbeit) verändert sich offensichtlich auch das Arbeitsmuster im Unterricht merklich, und das nicht nur alle heiligen Zeiten wie in der berüchtigten Feiertagspädagogik; es findet sehr häufig Zusammenarbeit der Lehrer/innen im Unterricht statt, die Vorgangsweise bei Disziplin- oder anderen Problemen ist gut koordiniert, von einem Team wurde ein monatliches Treffen der Lehrer/innen mit den Schüler/innen und Eltern der Klasse angeregt, das sich auch ein Jahr nach dem Ende des offiziellen Projekts noch großer Beliebtheit erfreut; von einem anderen Team wurde für die Schüler/innen als Zusatzangebot ein Kurs »Kommunikation & Kooperation« konzipiert.

Es lässt sich also allgemein feststellen, dass sich als Konsequenz der Lehrerteam-Entwicklung das Klima in der Klasse und der Umgang der Kinder miteinander nachhaltig verbessern und dass auch der »gewöhnliche« Unterricht eine neue Qualität bekommt.

Wir denken deshalb, dass sich *Schüler/innen und Eltern* mit gutem Grund vehement für die Weiterführung des *Lehrer/innen*projekts »Soziales Lernen« eingesetzt haben, als es auf Grund von

Budgetkürzungen in Gefahr war, gestoppt zu werden. Die »Strickmusteränderung« erfasste hier das ganze Subsystem.

Beispiel 5

Fraktale Strukturen haben wir auch im Umgang von Schulen mit neuen Technologien schon entdeckt: Verschiedene Schulen, auch solche des gleichen Typs und vergleichbarer Größe, unterscheiden sich extrem bzgl. ihres Zugangs zu den neuen Technologien, unabhängig von der persönlichen Vorerfahrung der dort Arbeitenden. *Innerhalb* ein und derselben Schule haben wir dagegen viele Parallelen festgestellt zwischen der Art, wie an die Verwendung des Computers für Verwaltungsarbeiten herangegangen wird und der Annäherung an den Computer als Medium und Lehrinhalt im Unterricht.

Auf der Suche nach fraktalen Mustern im Umgang mit Innovationen

Wir schlagen vor, einmal einen Bereich von Innovationen unter die Lupe zu nehmen, der wohl für jede Schule relevant ist, und zwar die elektronische Datenverarbeitung. Beantworten Sie bitte die folgenden Fragen zunächst für sich selbst und diskutieren Sie sie dann mit anderen, die an der Frage interessiert sind:

- Nach welchem Muster wurden/werden neue Technologien an Ihrer Schule eingeführt bzw. wird Vorhandenes umstrukturiert?
- Gibt es Parallelen zwischen der Einführung des Computers in der Verwaltung der Schule (etwa Einsatz von Software für das Anlegen des Kataloges oder zum Ausdrucken der Zeugnisse) und im Unterricht? Gab oder gibt es zum Beispiel Personen, die Neueinsteiger/innen auf beiden Schauplätzen des EDV-Einsatzes als Expert/innen, als Freunde und Helfer zur Verfügung stehen und die eine optimistische Botschaft vermitteln (*»Keine Angst, gemeinsam schaffen wir das!«*)? Oder handelt sich's eher um Geheimwissen einer Technikerlobby?
- Welches Bild haben Sie persönlich vom Computer in der Schule? (*Blackbox*? Launische Prinzessin? Arbeitstier? Böser Zauberer? Gute Fee?…) Welche Bilder haben Ihrer Meinung nach die anderen (in der Gruppe, in der Schule)?
- Ist es an Ihrer Schule in der Praxis möglich, der Verwendung von Computern (für Verwaltungsaufgaben und im Unterricht) ganz aus dem Wege zu gehen, wenn man dies wünscht?
- Wie gehen Sie/andere mit Schüler/innen um, deren EDV-Kompetenz Ihre eigene/die der anderen deutlich *übersteigt*?
- Gibt es geschlechtsspezifische Unterschiede im Zugang zu neuen Technologien unter den Mitgliedern des Kollegiums, unter den Schüler/innen, beim nicht-lehrenden Personal? Ist das EDV-Kustodiat in männlicher oder in weiblicher Hand?
- Welche Rolle spielt die Schulleitung in diesem Zusammenhang?
- Welches Muster im Umgang mit Innovationen ergibt sich aus der Beantwortung der hier aufgelisteten Fragen für die Entwicklung Ihrer Schule? Welche Schlüsse ziehen Sie daraus bzgl. der fraktalen Verknüpfung?

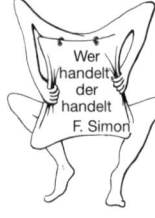

Das sechste Axiom

Die Qualität der Lernenden Schule ist abhängig von der Qualität der Kooperation ihrer Mitglieder, diese wiederum von der Qualität der Kommunikationsprozesse zwischen ihnen.

Leitfrage: Wie kann die Schule den Traum »Betroffene zu Beteiligten machen« verwirklichen?

Gilt heute die alte Regel noch, die die Tätigkeit des Verhandelns als eine der Schule und ihren Vertreter/innen nicht würdige aus der Schule verbannte? Sie beruhte im Wesentlichen auf zwei weit verbreiteten Überzeugungen: Verhandeln – gleichgültig um welche Sache – rücke die Bildungsstätte Schule in gefährliche Nähe zur Wirtschaft, in der per definitionem das Geld regiere und in der daher menschliche Werte wenig Bedeutung hätten, zum anderen müsse man die Bereitschaft einer Autorität, über irgendetwas zu verhandeln, als Eingeständnis ihrer Schwäche werten. (Ein solches Eingeständnis ist besonders dann ein Gesichtsverlust, wenn man das Rechthaben als ureigensten Zweck der Institution Schule definiert ...) Wir kennen aber auch Lehrer/innen und Direktor/innen, die die Situation an der Schule völlig anders einschätzen. Sie haben eher den Eindruck, in der Schule werde heute über *alles* verhandelt, *nichts* sei mehr außer Diskussion gestellt, und manche Lehrer/innen würden aus Bequemlichkeit, Unsicherheit und Schwäche den Schüler/innen keine festen Rahmenbedingungen als Orientierungshilfen mehr vorgeben.

Wir meinen, beides trifft gleichzeitig zu, denn die Unterschiede – zwischen Schulen, jedoch auch zwischen Lehrer/innen innerhalb einer einzelnen Schule – sind größer geworden und damit auch die Bandbreite der im System Schule möglichen und auch akzeptierten Verhaltensweisen.

Bevor wir auf Forschungsansätze näher eingehen, deren Modelle u.E. die Verbesserung schulischer Kommunikation und Kooperation in der Praxis erleichtern, lassen wir die Praxis selbst zu Wort kommen. Ein Lehrer hat uns nämlich von einer Initiative zur Verbesserung der Kommunikation an seiner Schule erzählt; was wir daran so beeindruckend fanden, war das Mitverfolgen, wie mühevoll, aber auch wie lohnend der Lernprozess dieser

Schule war, in dessen Mittelpunkt ein gelungener Aushandelungs-
prozess stand. Dabei ging es um die Aufstellung eines Getränke-
Automaten in einem Gymnasium, aber eigentlich ging es um viel
mehr:

Es war ein lang gehegter Schülerwunsch, einen Cola-Automaten in der Pausenhalle aufstellen zu dürfen. Aber Jahre hindurch
blockierte die Lehrer/innenvertretung den Wunsch in den offiziellen Sitzungen des drittelparitätisch besetzten Verhandlungsaus-
schusses (bestehend aus je drei Vertreter/innen der Lehrkräfte, der
Schüler/innen und der Eltern, den Vorsitz – ohne Stimmrecht – hat
die Schulleitung inne). Überhaupt waren die Sitzungen dieses ge-
setzlich vorgeschriebenen Gremiums von Schuldzuweisungen der
Eltern- und Schüler-Vertreter/innen gegenüber den Lehrer-Ver-
treter/innen und von Enttäuschung bzw. Abblocken seitens der
Kollegiumsvertreter/innen gelähmt; der Umschwung kam, als die
frustrierten Lehrer/innen parallel zu den offiziellen Sitzungen einen *Lehrer/innen-Schüler/innen-Jour fixe* ins Leben riefen. Einer
der Erfinder der Gesprächsplattform, Bernd Kern, dem wir hier
für seine Bereitschaft, »aus der Schule zu plaudern«, herzlich danken, sagte uns über die Hintergründe der Aktion:

> *»Es geht atmosphärisch und kulturell um einen Qualitätssprung,*
> *wir haben uns deshalb bemüht, Dinge auf die Beine zu stellen,*
> *die dazu beitragen, dass die Leute nicht gegeneinander reiben,*
> *sondern miteinander arbeiten können. Wir haben immer gesagt,*
> *wir wollen gern eine neue Gesprächskultur erreichen, haben da-*
> *bei die Ohren weit aufgesperrt, weil die Defizite vor allem auf*
> *Schülerinnen- und Schüler- und auf Elternseite sehr groß sind,*
> *Informationsdefizite usw., aber auch unser (= Lehrer/innen)*
> *Frust, weil wir immer die Angegriffenen waren.«*

Klar wird aus seinen Schilderungen u.a., dass ein solcher Prozess
viel Zeit braucht. Der Gesprächsrahmen ist zwar eine notwendige
Ausgangsbedingung, sie allein bringt aber noch lange keinen Ab-
bau asymmetrischen Kommunikationsverhaltens, das schafft erst
die Atmosphäre in der Gruppe:

> *»Ich hab die Schülerinnen und Schüler unheimlich lieb gewon-*
> *nen, die da beteiligt sind, und das ist auch umgekehrt irgendwie*
> *so, wir reden sehr offen, können direkt zum Punkt kommen,*
> *können sagen, was uns stört, was wir für möglich und unmöglich*
> *halten, können daher endloses Herumreden nicht nur abkürzen,*
> *sondern Probleme auch viel tiefer ausgraben, also man redet*
> *dann nicht formalistisch herum, der Rolle entsprechend, sondern*

eher so, wie ich mit einem Menschen reden möchte ... die Gruppe
ist sehr konstant, es ist deshalb Vertrauen da, auch für heiklere
Themen, die Schülervertretung hat heuer unheimlich viel mehr
Dinge durchgebracht, von dem, was sie immer wollte, weil ich
wirklich das Gefühl gehabt habe, sie haben uns erstens Ängste
genommen, und auf der anderen Seite haben sie gelernt, dass
man, wenn man etwas will, auch etwas geben muss, also zu
schauen, was ist denn euch [Lehrer/innen] wichtig? ... das ist
ihnen viel leichter gefallen.«

Deshalb erklärten sich die Lehrervertreter/innen dazu bereit, sich
auf eine Aufstellung des Cola-Automaten auf Probe einzulassen,
und siehe da, die Selbstverantwortung der Schüler/innen bewährte
sich, auch als der Anfangsbetrieb des Automaten große Probleme
verursachte:

»... die Kinder waren nicht mehr rechtzeitig im Unterricht, das
ganze Schulhaus hat gepickt [geklebt], die Flaschen waren zer-
brochen, es hat Scherben gegeben usw., die Schülervertretung hat
aber ... immer wieder neue Vorschläge zur Reinigung und zur
Verbesserung gebracht, hat sich persönlich unheimlich eingesetzt,
ist selber aufwischen gegangen, sodass wir Lehrervertreter/innen
den Schülern geschlossen unsere drei Stimmen gegeben haben
dafür, dass wir den Cola-Automaten behalten, denn wir fanden,
wir müssten das Gut der Demokratie, der Mitbestimmung, des
Eigenengagements in dem Fall höher bewerten als das gesund-
heitliche oder ökologische Gut, das vielleicht durch einen Cola-
Automaten mit Füßen getreten wird, und es ist ein Lernfeld der
Demokratie ...«

Diese neue Art des Umgangs miteinander erlaubte in der Folge
sogar eine sachliche Diskussion über bisher streng tabuisierte Themen, etwa über den Wunsch der Schülervertretung nach Verteilung von Gratiskondomen durch die Schulärztin.

Eine Erfolgsstory, aber die Mühen der Ebene bleiben auch den
kooperationserprobten Schulpartner/innen dieser Schule gewiss
nicht erspart! Was die Beteiligten als Wesentliches gelernt haben,
ist eine Haltung, die wir als »uneingeschränktes gegenseitiges
Ernstnehmen« bezeichnen wollen. Durch das Attribut »uneinge-
schränkt« unterscheidet sich diese Haltung vom bloß theoretischen, »vorschriftsmäßigen« Ernstnehmen. (Welches Mitglied eines Kollegiums oder einer Schulleitung würde wohl von sich behaupten, es nähme die ihm anvertrauten Schüler/innen *nicht*
ernst?!) Zwischen diesen beiden Arten von Ernstnehmen liegen

oft Welten, und es hat den Anschein, als ob der schulische Alltag manchmal »am Bewusstseinsstand der handelnden Personen vorbei« ablaufe. So drückt die Leitdifferenz *richtig/falsch* dem Schulleben immer noch ihren Stempel auf, selbst wenn der eine oder die andere schon vom Konzept »Lob des Fehlers« (vgl. auch *Das vierte Axiom!*) gehört hat und es im Prinzip für gut hält und selbst wenn die alte Forderung der Organisationsentwicklung »Die Betroffenen zu Beteiligten machen!« im Schulprogramm/Schulprofil nachzulesen ist.

Parallel zu diesen heterogenen Entwicklungen in den Schulen haben sich bekanntlich das Autoritätsgefüge und damit die Kooperationsformen in den Familien geändert, wobei der Wandel hier durch die geringere Regeldichte des häuslichen Alltags und die wenigen beteiligten Personen vielleicht nicht so stark gebremst wurde wie in der Schule. Mit Erwachsenen über Regelungen zu diskutieren ist für die meisten unserer Kinder also etwas ganz Natürliches. Was erleben jedoch diese Kinder, die es gewohnt sind, mit ihren Eltern über wichtige Dinge (Wie lang darf ich am Abend fernsehen?) zu verhandeln, in vielen Schulen bzw. bei einzelnen Lehrkräften? Plötzlich wird das bloße Ansinnen, über irgendeine relevante Frage zu verhandeln, als Sakrileg, bestenfalls als Ungezogenheit geahndet, denn es existiert gar kein Verhandlungsspielraum. Die Folge ist Frust auf beiden Seiten. Um es nochmals klarzustellen, wir diskutieren hier nicht die inhaltliche Sinnhaftigkeit von Schülerforderungen, sondern die grundsätzliche Bereitschaft der institutionell Stärkeren, mit den Schwächeren in einen echten Dialog über Inhalte einzutreten. Das ist ein wichtiger Schritt, aber eben nur *ein* Schritt auf dem Weg zu einer neuen Qualität von Kooperation!

Die Kommunikation von Lehrer/innen untereinander leidet unter anderen »Hindernissen«: Sie ist scheinbar nur in Ausnahmefällen (wenn Schüler/in stört) notwendig, für den Regelbetrieb reicht es, freundlich in alle Richtungen zu grüßen, wenn man das Lehrerzimmer betritt oder verlässt, und in abgewandelter Form gilt das auch für die Kooperation zwischen Lehrkräften und Eltern. Was die Kooperation von Schüler/innen betrifft, ist die Lage differenzierter: im »Normalfall« herrscht während des Unterrichts striktes Kooperationsverbot, Ausnahmen von dieser Regel wie Gruppenarbeiten werden extra angesagt und unter einen eigenen Verhaltenskodex gestellt; aber je wertvoller eine Leistung innerhalb des schulischen Beurteilungssystems, umso strenger wird das Kooperationsverbot überwacht. Eine Abkehr davon wird nicht selten von der Schulaufsicht durch Disziplinarmaßnahmen geahndet (vgl. Awecker 1988).

Soweit eine erste gewiss sehr subjektive Bestandsaufnahme der häufig in Schulen anzutreffenden Kooperationsmuster. Sie hat ergeben, dass es offenbar dreier Voraussetzungen bedarf, damit die Lernende Schule die Qualität ihrer Kooperation verbessern kann:

1) der generellen Akzeptanz des Verhandelns als Erfolg versprechenden Problemlöseverhaltens, und das nicht nur zwischen Personen, die in der Hierarchie gleichgestellt sind,
2) Strukturen und Methoden, die die Kommunikation, besonders die der Lehrer/innen untereinander, nicht dem Zufall überlassen,
3) und das lässt sich nicht leugnen – sie braucht Zeit, sogar viel Zeit, um die Punkte 1 und 2 umzusetzen.

Welche theoretischen Ansätze können in der Schulpraxis nun Impulse für erfolgreicheres Kommunizieren (=Verhandeln) geben? Vielleicht zunächst ein Blick über den Zaun in einen Nachbarbezirk der Schule, in die Psychiatrie. Dort wird etwa von Deissler kritisch »Klientenorientierung ohne Einbeziehung des Klienten« geortet (Deissler 1997, 158), wobei wir es durchaus legitim finden, Parallelen zu unserem Schulwesen zu ziehen. Werden nicht auch in der Schule – trotz Schülerorientierung – die von ihr Betroffenen zuwenig einbezogen? Was kann also Schulentwicklung von Deisslers Alternativ-Modell lernen? Vor allem das Bedachtnehmen auf die »*kooperations-ethische Form*« von Gesprächen, was unserer Meinung nach oft vernachlässigt wird. Kennzeichen einer solchen Gesprächspraxis sind »*schöpferische Dialoge*, in denen jeder Beteiligte *sich selbst erfinden* kann und in denen *Verständigung* zwischen den Gesprächspartnern ermöglicht wird« (Deissler 1997, 170). Demnach wird das, was für die am Gespräch Beteiligten gut ist, gemeinsam verhandelt und ist niemals endgültig, denn den »Erfindungsprozeß und damit auch das Regelwerk selbst betrachten wir nicht als endgültig oder abschließbar; sie befinden sich in ständiger Fortentwicklung und bringen ständig Neues hervor. ›Der Weg ist also das Ziel.‹« (Deissler 1997, S. 176-177)

Die Überzeugung der (Therapie- bzw. Lehr-)Profis, selbst am besten zu wissen, was für andere gut ist, ist wohl im schulischen wie im therapeutischen Kontext weit verbreitet, aber die Vorteile einer solchen alternativen Methode, die neue Qualität von Lösungen, die durch gemeinsame Konstruktion der Welt durch Miteinander-Sprechen entstanden sind, leuchten ein. Allerdings, wozu sind dann die Berater/innen, die Gesprächsinitiator/innen da? haben wir uns gefragt, wozu bedarf es all des Aufwandes? Deren Aufgabe besteht nach Deissler darin, das Gespräch durch »KoOperative Ge-

sprächsModeration« mit den Klienten im Fluß zu halten, sie sind
somit Expert/innen für Gespräch-Influßhalten. Die Umsetzung
dieses Gedankens auf die Schulpraxis hat unsere Phantasie angeregt:

Einladung
zum 1. kooperations-ethischen Klassenelternabend

Liebe Eltern der 1A-Klasse!
Wir laden Sie zu einem Gespräch ein, von dem wir nicht wissen,
worüber es geführt werden wird und wozu es dienen soll, das wir
aber influsshalten wollen.

Wann und wo?
Am nächsten Montag, 18.30, im Klassenraum der 1A.

Auf zahlreiches Kommen freut sich

Wir haben selbst in einem außerschulischen Beratungskontext
miterlebt, wie wirksam dieser Weg sein kann, wir meinen aber, dass
bei der Nachahmung in schulischen Zusammenhängen Vorsicht
geboten ist, wenn es um Kooperation mit Schüler/innen und Eltern
geht. Da machen sich vor allem zwei Gegenkräfte bemerkbar, einerseits die Macht der Schule als staatliche Institution (zuständig
für Selektion und Berechtigungsvergabe) und andererseits eine
Expertenorientierung, die gleich doppelt wirksam wird. Expertenorientierung ist ja gar nichts Schulspezifisches, gehört vielmehr
zum Grundkonsens einer so extrem arbeitsteiligen Gesellschaft
wie der unseren, in der Schule tritt sie aber zweifach auf, einmal in
der Ausrichtung an der Expertise der Lehrer/innen, betreffend
Unterricht, Lernen und Erziehung etc., und dann als die vorher
erläuterte Gesprächsführungs-Expertise im Rahmen des Arbeits-
bereiches »Krisenintervention« – und dieser Dynamik zum Trotz
wird nun von allen Beteiligten Kooperation verlangt. Auch Deissler weist ausdrücklich auf den Widerspruch hin: »In gewissem Sinne steht damit Kooperation in einem kritischen Verhältnis zur Expertenorientierung von Kunden bzw. zur komplementären Kundenorientierung von Experten: Da die Wechselseitigkeit der
Kommunikationspartner betont wird, werden alle am Gespräch
beteiligten Personen als Experten angesehen ...« (Deissler) Beide
Gesprächspartner/innen müssen also von ihrer Orientierung ein
Stück abrücken.
   Wendet man die Kooperationsmethode auf Konfliktfälle in
schulischen Kontexten an, tut man gut daran, das institutionalisier-
te Machtgefälle zwischen dem System Schule und seiner Umwelt

mit zu berücksichtigen: Die Schule *hat* nun einmal mehr Verfügungsgewalt über Schüler/innen und deren Eltern als umgekehrt, auch wenn ein Gesprächssetting gesucht wird, das diese Tatsache »aus kooperations-ethischen Gründen« ausblendet.

Mit der Diskrepanz zwischen demonstrativer Gleichheit und faktischer Ungleichheit müssen die Beteiligten erst umgehen lernen, das zeigen schulische Innovationsprozesse, in deren Verlauf das Prinzip der Gleichberechtigung leicht mit »Ungleichheitsregeln« in Konflikt gerät. Was die Situation dann so schwierig macht, ist die *Verquickung* von (durchaus legitimen) Wünschen/Forderungen an andere und von Begründungen für diese Forderungen, die in Deisslers Sinn objektivierende Sprachspiele sind: »Ich verlange von dir, soundso viele Übungsbeispiele zu rechnen ...« (Forderung), »... weil das die einzig richtige Methode ist, wie man Bruchrechnen lernt« (Objektivierung).

Erinnern wir uns an der Stelle nochmals an die Verhandlungen über die Aufstellung des Cola-Automaten zurück; jahrelang hatte in der Schule im offiziellen Verhandlungsgremium (Pseudo-) Gleichheit geherrscht, aber das oben zitierte Kriterium Deisslers für kooperations-ethisch akzeptable Settings wurde eben gerade nicht erfüllt, dass nämlich die Angemessenheit einer Vorgehensweise nicht nach theoretischen Vorannahmen, sondern in gemeinsamen Gesprächen zu entscheiden sei (vgl. Deissler 1997, S. 171). Darüber, was denn nun die angemessene Vorgehensweise in der Angelegenheit Cola-Automat sei, wurde eher »nach theoretischen Vorannahmen« und nicht »in gemeinsamen Gesprächen« entschieden (s.o.), denn *in* den regelmäßig abgeführten Gesprächen wurde nichts entschieden, man tat bloß längst gefallene Entscheidungen kund. Die Schritte, die aus dem Dilemma geführt haben, waren erstens das Schaffen eines neuen, informellen Gesprächsforums und zweitens Vertrauensbildung durch Knüpfen von tragfähigen persönlichen Beziehungen, erst auf dieser doppelten Basis wurde in den Sachfragen Konsens erzielt.

Das Setting ist also offensichtlich von großer Bedeutung, es allein garantiert aber noch lange keine ethisch akzeptable Form der Kooperation! Diejenigen, die da kooperieren wollen oder müssen, sind Individuen mit ihren jeweils eigenen Wirklichkeiten (vgl. auch Kapitel 3!), und deshalb genügt es nicht festzustellen, *dass* diese Wirklichkeiten verschieden sind. Statt die Aufmerksamkeit auf die unüberbrückbar scheinenden Unterschiede in der Beurteilung derselben Situation zu fixieren, halten wir es für zielführend, die eigenen Wahrnehmungsbrillen und die Wirklichkeitskonstruktionspläne anderer möglichst genau kennen zu lernen. So gewinnt man eine bessere Orientierung als Ausgangsbasis für gemeinsames

Handeln. Was aber macht die Perspektivenänderung durch »die Brillen der anderen« aus?

Seit der Antike kreisen die Fragen der Menschen um diese Problematik. *Wodurch* unterscheiden wir uns im Gebrauch der »Werkzeuge«, mit denen wir unsere Realität(en) konstruieren? Anhand welcher Kriterien lässt sich die ungeheure Komplexität all dieser verschiedenen Realitätskonstrukte reduzieren? Es sind immer neue Antworten gefunden, wieder verworfen, manche wieder aufgegriffen worden. Wir stellen hier *ein* solches Modell der Komplexitätsreduktion (ursprünglich von C. G. Jung, aktualisiert u.a. von Morgan 1997) vor und ersuchen Sie, selbst auszuprobieren, was sein Nutzen für das bessere Verständnis eigener und fremder Reaktionen in schulischen Kontexten ist. (Den Nutzen anderer komplexitätsreduzierender Modelle für die Schulentwicklung, z.B. des Innovationswürfels oder des auf Riemanns »Grundformen der Angst« fußenden Kreuzes, behandeln wir in Kapitel 4, wo es um Impulssetzung geht, bzw. in Kapitel 5, das das »Leben mit Widerständen« zum Thema hat.)

Jungs dynamische Einheit der psychischen Grundfunktionen

C. G. Jung (1969) stellte fest, dass wir uns zur Information über die Außenwelt entweder stärker von *Sinneswahrnehmungen* oder von *innerer Intuition* leiten lassen; wenn wir aus den gewonnenen Daten dann Handlungen ableiten, Entscheidungen fällen, Urteile abgeben, so steht bei manchen mehr *das Fühlen* als »Handlungsanweiser« im Vordergrund, bei anderen *das rationale Denken*. Durch Kombination der beiden Dimensionen *Sinneswahrnehmung – Intuition* und *Denken – Fühlen* ergaben sich für Jung daher vier Typen, die »objektiv gleiche« Situationen sehr unterschiedlich wahrnehmen und zu ganz unterschiedlichen Entscheidungen gelangen.)

Aus Jungs System der psychischen Grundfunktionen lassen sich vier Quadranten ableiten:

1) Zwischen Denken und Sinneswahrnehmung ergibt sich der Quadrant, in dem sich das empirisch-analytische Denkmuster ansiedeln lässt. Die Interpretationen erfolgen hier immer über die Überprüfung der Wahrnehmung mittels empirischer Methoden.

2) Zwischen Denken und Intuition ist das intellektuell-abstrakte Denken angesiedelt. Hier geht es um das theoretische Auseinandersetzen mit Neuerungen, welche nicht dem Test der Praxis ausgesetzt sind.

3) Im Quadranten Sinneswahrnehmung und Fühlen ist das emo-
   tional-gefühlsmäßige Handeln anzusiedeln. Entscheidungen
   werden vorwiegend durch emotionale Reaktion auf persönliche Erfahrungen getroffen. Goleman (1996) spricht in diesem
   Zusammenhang von der »emotionalen Intelligenz«.

4) Im letzten Quadranten zwischen Intuition und Gefühl findet
   sich das Mythisch-Intuitive. Hier geht es mehr um das, was Dör-
   ner die »operative Intelligenz« nennt: Entscheidungen müssen
   visionär getroffen werden, nicht bloß aus einer Einschätzung
   von Erfahrungswerten.

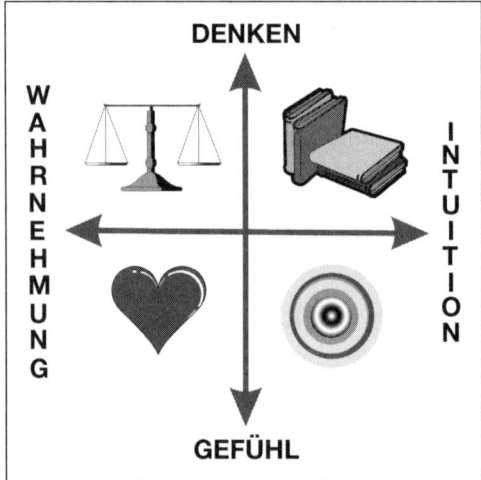

Abbildung 12: Aus der Verbindung der beiden Dimensionen Wahrneh-mung (W) – Intuition (I) und Denken (D) – Ge-fühl (G) entstehen vier unterschiedliche Typen der Realitätskonstruktion

Die *individuell verschiedenen* Zugänge zu den Informationen, die
von der Außenwelt geliefert werden, und die unterschiedliche Art
und Weise, wie dann auf diese persönlich gefilterte »Datenaus-
wahl« reagiert wird, prägen also das Entscheidungsverhalten von
Menschen, als Privatpersonen ebenso wie als Mitglieder von Organisationen; die Kombination der beiden Dimensionen ist in der
Managementliteratur mehrfach aufgegriffen worden, um unterschiedliche Stile der Entscheidungsfindung zu erfassen (vgl. Morgan 1997, S. 232) und für die Qualität des Kooperierens in Organisationen nutzbar zu machen.

Was bringt's für die Schule, wenn man sich dieser Dimensionen
bewusst ist? Festigt es die Vertrauensbasis zwischen der Kollegin
A., einem ausgeprägten *IG-Typ*, für die nach der Devise *Einsichten
und Gefühle* als wesentlich erkannte Werte wichtiger sind als alle
Fakten, und dem Schulleiter, für den als *Empiriker* (WD) eben diese »objektiven Tatsachen« die einzig gültige Entscheidungsgrund-
lage darstellen? Was hat der Kollege B. (WG) von diesem Eintei-

Das gemeinsame Aufbauen von Realität leidet unter der Verwendung abweichender Baupläne

Wir schlagen Ihnen zwei Schritte vor:

1) Denken Sie an ein Ereignis in Zusammenhang mit Ihrer Schule, das Ihnen noch genau in Erinnerung ist (positiver Impuls, gemeinsames Projekt, Innovation, eskalierende Alltagsprobleme, Konflikt durch Druck von außen …), und vergegenwärtigen Sie sich die Hauptbeteiligten:
   - Finden sich in deren damaligem Verhalten bzw. in ihren Äußerungen Trends zu einem der 4 Quadranten der Abbildung 12? (Natürlich sollen auch Schüler/innen, Eltern, nicht-lehrendes Personal usw. in Ihre Überlegungen eingeschlossen werden.)
   - Was war Ihre eigene Rolle dabei? Welche Position nahmen/nehmen Sie in dieser Sache ein?

2) Bitten Sie drei Personen, die Sie im Arbeitskontext, aber auch privat gut kennen, Ihnen bei einer Erkundung behilflich zu sein:
   - Ersuchen Sie diese Bekannten, Sie in einen der vier Quadranten einzuordnen bzw., falls das nicht möglich erscheint, in Ihrem Verhalten Tendenzen in Richtung eines oder zweier Bereiche festzustellen.
   - Weisen Sie sich, bevor Sie die Rückmeldung von den anderen erhalten, selbst einen Platz in dem Quadrantensystem zu.
   - Gibt es Diskrepanzen in der Selbst- und Fremdwahrnehmung? Welche Verhaltensweisen wurden da verschieden interpretiert?

lungsschema? Er, der ganz Aug und Ohr ist, um ein authentisches Bild von einer Situation zu bekommen, der sich tief in eine Problematik einlässt und die wichtigen Entscheidungen dann »aus dem Bauch heraus« trifft. Pech, wenn er auf eine Schulinspektorin trifft (ID), die eher dazu neigt, der Realität der anderen die eigenen Ideengebäude entgegenzusetzen und die auch von ihrer Umgebung einen Umgang mit den Fakten erwartet, der für sie selbst kreativ, für andere vielleicht schon beinahe fahrlässig ist … Machen Sie die Probe aufs Exempel!

Auch bei diesen vier Grundtypen lässt sich übrigens feststellen, dass die Sehnsucht nach dem jeweils »ganz anderen« Typus in uns schlummert. Wie gerne wäre die uns bereits bekannte Kollegin A. (IG), wenn's darauf ankommt, so kühl beobachtend und rational abwägend wie ihr Direktor (WD). Und der? Hat er nicht angesichts des unwiderstehlichen Engagements von A., die sich durch reale Schwierigkeiten niemals aufhalten lässt, wenn sie etwas erreichen will, hin und wieder auch das Bedürfnis, aus seiner positivistisch-rationalen Haut zu schlüpfen? Bestimmt wünscht sich dafür unsere Inspektorin (ID) des Öfteren, sie könnte ihren hoch strebenden Vorstellungen über die heute zu schaffende Schule von morgen entkommen und ganz einfach »naiv« und spontan ins Schulleben eintauchen. Ja, und last but not least Kollege B. (EG): Er wäre froh, wenn er einmal nicht so hoffnungslos in den Niederungen eines Problems festsäße und wenn er sich wie seine Inspektorin über Schwierigkeiten innerlich souverän hinwegsetzen könnte ...

Einmal in des anderen Schuhe schlüpfen

Vergegenwärtigen Sie sich doch noch einmal die Resultate Ihrer Recherchen bei der LeSchu-Werkstatt auf S. 93. Wir bitten Sie, dazu zwei weitere Überlegungen anzustellen:

- Welche Verhaltensoptionen sind den Beteiligten auf Grund ihres Typs praktisch *nicht* zur Verfügung gestanden? Was ist deshalb an Handlungspotenzial *nicht* genutzt worden?
- Vielleicht haben Sie selbst schon öfter mit Bedauern oder Ärger festgestellt, dass Sie sich zwar viel lieber so verhalten hätten, wie es einem anderen Typus entspräche, dass Sie dies aber unter dem Druck der Situation nicht schaffen. (Wären Sie als SF-Typ etwa in manchen Situationen gern »ID«, weil Sie da die einer Situation innewohnenden Möglichkeiten freier nutzen könnten, ohne durch die »Gefühlsfalle« gleich eingeschränkt zu werden?) Angenommen, eine solche Erweiterung Ihres Verhaltensspektrums gelingt Ihnen, was können Sie dabei gewinnen? Verlieren Sie selbst etwas dabei? Was würde sich für andere, die mit Ihnen kooperieren, ändern?

Von der individuellen »Brille« zurück zum Hauptthema dieses Axioms, zur Kooperation. Wir stellen abschließend zwei Verhandlungsstrategien vor, die im Sinne der Gesprächs-Ethik objektivierende Sprachspiele vermeiden. Sie faszinieren uns deshalb, weil sie durch formale Strukturen Freiräume für inhaltliche Auseinandersetzungen schaffen. Sie sind dann einsetzbar, wenn es um eine für die Betroffenen sehr bedeutsame Sache geht; der Grad der Formalisierung ist relativ hoch, und die Beteiligten sind – unabhängig von der sonst geltenden sozialen Hierarchie – gleichgestellt.

Zunächst die Gruppenbildung mittels Schiedsrichterkarten: Sie eignet sich auch für erste Versuche mit Gruppenarbeit in neu zusammengesetzten Klassen, in denen sich manche Schüler/innen gut kennen und andere gar nicht. Anschließend stellen wir das »Rollenverhandeln« vor.

Wir haben festgestellt, dass das Hantieren mit Schiedsrichterkarten durch die Formalisierung des Widerstandes sehr entlastend für diejenigen ist, die mit der Gruppenzusammensetzung nicht zufrieden sind, es ermöglicht ihnen ein Stück Distanzierung; außerdem wiegen die einzelnen roten Karten zumindest auf der formalen Ebene gleich viel, ob sie nun von *opinion leadern* oder von Außenseitern kommen. Andererseits ist die Phase der Selbstoffenbarung (siehe Punkt 6), wenn die Gründe für das Kartenheben erklärt werden müssen, natürlich sehr sensibel und setzt ein Mini-

Eine rote Karte für diese Gruppe!

Sie hat u.E. einen großen Vorteil: Sie gewährleistet, dass *alle* Beteiligten eine faire Chance haben, auf den Gruppenbildungsprozess Einfluss zu nehmen. Sie ist zugegebenermaßen zeit- und energieaufwändig, sodass sich ihr Einsatz vor allem dann empfiehlt, wenn Gruppen sich für eine längere Periode konstituieren sollen, wenn die gemeinsam zu leistende Aufgabe emotional besondere Anforderungen an die Gruppen stellt und wenn der Bekanntheitsgrad der Beteiligten zu Beginn sehr unterschiedlich ist. Das Vorhandensein einer Moderatorin/eines Moderators erleichtert den Prozess sehr.

Folgende Vorgehensweise hat sich bewährt:

- Zunächst wird die *ungefähre* Gruppengröße festgelegt (abhängig von der Zahl der Beteiligten und von den Erfordernissen der zu leistenden Arbeit).
- Der Moderator/die Moderatorin erklärt das Prozedere.
- Jede/r erhält eine gelbe Karte und eine rote Karte, somit wird jede/r Teilnehmende zugleich zum Schiedsrichter des Geschehens.
- Nun folgt »spontan« die erste Runde der Gruppenbildung, eventuell unterstützt durch Hinweise der Moderatorin/des Moderators auf sachliche Kriterien (»Überlegen Sie, von wem Sie sich eine Ergänzung Ihrer eigenen Stärken im Hinblick auf die zu erfüllende Gruppenaufgabe erwarten!« etc.).
- Haben sich Gruppen und Grüppchen gefunden, wird die erste Zwischenbilanz gezogen: Wer mit der Zusammensetzung der eigenen Gruppe *nicht ganz* zufrieden ist, hebt die gelbe Karte, für wen die Zusammensetzung *inakzeptabel* ist, zückt die rote Karte.
- Nun werden der Reihe nach sämtliche »Karten« geklärt, wobei Rot Vorrang hat: Wer die rote Karte gehoben hat, nennt den Grund der Unzufriedenheit und macht konkrete Vorschläge für Veränderungen der Gruppenzusammensetzung; daraufhin beraten sich die vom jeweiligen Änderungsvorschlag betroffenen Gruppen intern, nehmen den Vorschlag entweder an oder machen einen Gegenvorschlag, von dem sie glauben, er könnte die Ursache der roten Karte ebenfalls aus der Welt schaffen. (Diese alternativen Vorschläge können auch andere, bisher nicht involvierte Gruppen in die Verhandlungen hineinziehen.) Am besten übernimmt dabei jeweils *ein* Mitglied der vorläufigen Gruppen die Rolle eines Verhandlers/einer Verhandlerin.
- Es folgt die nächste Zwischenbilanz: Die »alten« roten Karten müssten nun verschwunden sein, aber natürlich können neue auftauchen, mit denen wiederum so verfahren wird, wie wir es in Punkt 6 beschrieben haben, und so weiter … man kann sich leicht vorstellen, dass diese Phase des Verfahrens mitunter mühsam ist, aber schließlich ergibt sich eine Einteilung, die niemanden mehr zum Heben der roten Karte veranlasst.
- Als Nächstes wendet man sich den gelben Karten zu: Welche davon lassen sich ohne großen Aufwand, bzw. ohne dass wieder neue Unverträglichkeiten entstehen, »auflösen«? Das Ziel dieses Schrittes ist nicht die Vermeidung sämtlicher gelber Karten, sondern deren Reduzierung. (Möglicherweise sind also einige Teilnehmer/innen nicht hundertprozentig zufrieden, aber immerhin sind ihre Bedenken ernst genommen worden, und alle haben sich um das Anliegen gekümmert.)
- Der letzte Schritt sollte eine kurze Reflexionsrunde sein.

Achtung! Keine Gruppe verlässt den Verhandlungsraum, bevor nicht alle das Ergebnis akzeptieren, denn bis dahin kann sich die Zusammensetzung *jeder* Gruppe noch jederzeit ändern.

»Es würde mir helfen, wenn du das mehr, weniger, anders tun würdest!«

Als Gebrauchsanweisung geben wir den so genannten Rollenverhandlungszirkel hier nach Rauch (1996) leicht verändert wieder.

Erster Schritt = Diagnose

Die Teilnehmenden teilen sich gegenseitig Rollenwünsche mit, wobei sie folgende Formulierungen zu Hilfe nehmen:

- »Mit folgenden Verhaltensweisen hast du mir geholfen, meine Effektivität zu steigern, und ich hoffe, dass du sie in Zukunft beibehältst: ...«
- »Es würde mir helfen, meine Effektivität zu steigern, wenn du Folgendes mehr oder besser/weniger oder nicht mehr machen würdest: ...«

Das Austauschen der Botschaften kann in einer Gruppe erfolgen, indem jede Person sich an jede wendet, entweder mündlich oder auch in Form eines Briefes, der dann vorgelesen wird. Im Anschluss an die Übermittlung der Botschaften können Verständnisfragen gestellt werden, diskutiert wird darüber aber noch nicht!

Zweiter Schritt = Verhandlung

Sie erfolgt in Paaren; die Bereiche, um die es gehen soll, werden vorher anhand der Botschaften festgelegt, sodass niemand Angst haben muss, dass sich das Gespräch »vom Hundertsten ins Tausendste« verliert. Sind die Änderungswünsche sehr tief gehend bzw. umfassend, ist bei diesem Schritt externe Moderation von Vorteil. Erfahrungsgemäß ist nämlich die häufigste Falle in der Verhandlungsphase die Automatik von Schuldzuweisung und Verteidigungshaltung, deshalb lautet die oberste Regel: die Verhandlung so gestalten, dass sich der/die Verhandlungspartner/in nicht in eine Verteidigungsposition gedrängt fühlt! »Leichter gesagt, als getan!«, werden Sie jetzt einwenden. »Wenn ich Verhaltensänderungen einfordere, so eben deshalb, weil ich mit dem Ist-Zustand unzufrieden bin und mein Gegenüber dafür verantwortlich mache.« Das klingt zunächst logisch, aber wenn Sie den Fokus Ihrer Aufmerksamkeit nicht vom Problemraum – mit seinen Schuldzuweisungen und seiner Vergangenheitsperspektive – zum Lösungsraum verlagern können, werden sich die Verhandlungen im Kreis drehen (siehe dazu Axiom 4, S. 64!)! Als sehr hilfreich hat es sich dabei in der Praxis erwiesen, sich als Wünschende/r die beiden folgenden von Fatzer und Eck (1990) vorgeschlagenen Fragen zu stellen (vgl. Rauch 1996, S. 55f.):

- Wie kann ich meine Botschaft so konkret wie möglich ›hinüberbringen‹? und
- Was kann ich selbst dazu beitragen, dass mein Gegenüber sein Verhalten in der von mir gewünschten Weise ändert?

Der/dem Empfänger/in der Botschaft empfehlen Fatzer und Eck, sich zu überlegen,

- ob man tatsächlich genau begriffen hat, welche Verhaltensänderung erwartet wird (sonst unerbittlich= nachfragen!) und
- wie man die eigene Reaktion in einer der folgenden Formen ausdrücken kann »Gute Idee, werde ich tun.« – »Kann ich tun, wenn du mir dabei hilfst.« – »Kann ich unmöglich tun, aber ich kann etwas anderes tun, das unser Problem löst.«

Als Moderator/in sollte man die Partner/innen zur Behandlung von Konflikten eher ermutigen und – natürlich – den Prozess in Gang halten (ähnlich wie Deissler das in seinem kooperations-ethischen Konzept von den Gesprächs-Expert/innen verlangt; siehe S. 88).

Ob und wie detailliert die anderen Gruppenmitglieder über die einzelnen Ergebnisse informiert werden, muss in der Gruppe bzw. von den einzelnen Paaren entschieden werden. Und noch ein Hinweis: Ganz wichtig für das Gelingen dieser Phase ist es, dass genug Zeit zur Verfügung steht.

> **Dritter Schritt = Schriftliche Vereinbarung**
> Ein heikler Punkt angesichts unserer »Unverbindlichkeitskultur«, aber von gro-
> ßer Bedeutung für die Nachhaltigkeit des initiierten Prozesses; festgehalten wird
> nicht nur der Inhalt, sondern auch der Zeitplan zur Umsetzung und die Kriterien,
> an denen der Erfolg abgelesen werden soll.
>
> **Vierter Schritt = Evaluation**
> Es geht um einen Erfahrungsaustausch, wie die praktische Umsetzung der Ver-
> einbarung gelungen ist, und um eine Reflexion des ganzen Verfahrens.

mum an Vertrauen und *good will* unter den Teilnehmer/innen voraus.

Auf eine viel spätere Phase von Kooperationen bezieht sich das
zweite Verhandlungsverfahren, das wir hier beschreiben, das Rollenverhandeln. Es eignet sich für Gruppen, die ihre Konstituierung
hinter sich haben und die bereits zusammengearbeitet haben. Auf
Organisationsentwicklungstechniken aus der Wirtschaft basierend, ist das Rollenverhandeln als Klärungshilfe für Arbeitsteams
gedacht (vgl. Harrison 1977, zit. nach Rauch 1996, S. 55), also etwa
für *team teaching*-Partner/innen. Ähnlich der Schiedsrichterkarten-Methode (siehe LeSchu-Werkstatt S. 95) stellt das Verfahren
sicher, dass *alle* Mitglieder der Gruppe ihre Wünsche artikulieren
können und dass die Qualität der Zusammenarbeit sich aus der
Perspektive der Beteiligten verbessert. Dabei wird »unter ›Rolle‹
nicht nur eine formale Tätigkeitsbeschreibung verstanden, sondern auch informelle Übereinkünfte, Erwartungen und Abmachungen mit anderen, die bestimmen, wie sich die Arbeit einer Person oder einer Gruppe auf die einer anderen auswirkt« (Rauch
1996, S. 55). Besonders gut lassen sich mit dieser Methode schwelende Konflikte bearbeitbar machen, weil die Emotionen kontrol-
liert ins Spiel kommen dürfen.

Noch eine abschließende Bemerkung zu den beiden zuletzt
vorgestellten Methoden aus der LeSchu-Werkstatt: Während bei
der Schiedsrichterkarten-Methode der Interventionscharakter bezüglich der Gesamtgruppe auf den ersten Blick klar wird, bleibt er
beim Rollenverhandeln eher verdeckt. Dennoch oder gerade deshalb sollte man ihn nicht unterschätzen! Rollenverhandeln ist jedenfalls eine massive Intervention, nicht nur in der primär beabsichtigten Richtung, also bezogen auf die Arbeitsbeziehung der
beiden Verhandlungspartner/innen, sondern hinsichtlich des ganzen Umfeldes (vgl. dazu auch Rauch 1996, S. 57–58); auf die hier
wirksam werdenden Mechanismen zwischen System/en und Um-
welt/en, welche sich am besten mit dem Begriffsinventar der Systemtheorie darstellen lassen, gehen wir anschließend in Kapitel 3
gleich ausführlicher ein.

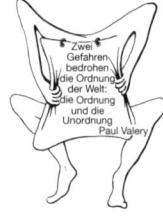

Das siebente Axiom

**Das System Lernende Schule geht bewusst mit seinen
»Schnittstellen« um: Es schafft klare Rahmenbedingungen,
wo ihm dies möglich ist, und schöpft Potenzial aus
der »*fuzziness*« des Ungeklärten.**

**Leitfrage: Wie kann Schule lernen, auf operationaler
Geschlossenheit aufbauend, bewusst mit ihren Umwelten zu
kommunizieren?**

Während wir uns im sechsten Axiom die Aufgabe gestellt haben,
Kommunikationswege aufzuzeigen, die erfolgreiche Kooperation
ermöglichen – WIE kommunizieren? –, setzen wir uns im sieben-
ten Axiom mit Denkmodellen auseinander, die die Komplexität
von Schule als kommunizierendem System im System erklären
und damit reduzieren wollen (WARUM läuft Kommunikation innerhalb der Schule und an ihren Schnittstellen so und nicht anders?). Dafür benötigen wir zunächst einige systemtheoretische
Grundbegriffe.

Systemtheoretische Annäherung

Wozu das, werden Sie fragen, zumal die beiden Wortteile System
und Theorie bei den meisten Lehrer/innen eine Ablehnung hervorrufen (»Das System ist schuld!«). Wir finden es herausfordernd,
sich in einer Zeit von einschneidenden Veränderungen im Bereich
des Schulsystems·im Allgemeinen und in dem von Schule im Speziellen mit Fragen der Systemtheorie zu befassen. Umso mehr, als

---

Was ist überhaupt ein System?

»Um eine Unterscheidung zu machen, müssen wir 1) aus der Gesamtheit gege-
bener Elemente einige herausnehmen oder *selegieren* und 2) diese Elemente in
einer bestimmten Art und Weise untereinander ordnen oder *relationieren*. Erfüllt
man diese zwei Bedingungen, dann hat man ein System. Ein System also besteht aus *Elementen*, die in bestimmten *Relationen* zueinander stehen, welche
Relationen dann 3) bestimmte *Operationen* oder *Prozesse* auf Grund von *Steuerung* ermöglichen.« (Krieger 1996, S. 12)

sie uns helfen kann, den Blick auf die Zusammenhänge der Prozesse innerhalb der Schule und die Beziehung der Schule zu ihrem Umfeld genauer zu erkunden und daraus neue Erkenntnisse zu gewinnen.

Diese Definition macht bereits deutlich, dass es in der Systemtheorie nicht um die Personen als individuelle Akteure geht, sondern um deren Stellung zueinander und die Prozesse, welche sich daraus für die Steuerung der Schule ergeben. Wer es gewohnt ist, von Schüler Martin, Kollegin Beate und Schulleiter Bergk zu reden, wird über diese »Entpersonalisierung« in der beschreibenden Sprache der Systemtheorie zunächst irritiert sein. Dies ist uns zunächst auch so gegangen. Als wir aber zu erkennen begannen, dass unser individuelles Verhalten als Lehrerin und Hochschullehrer in hohem Maße von der jeweiligen Systemwelt (Schule und Hochschule) bestimmt wird, ohne dass wir als einzelne Personen Einfluss darauf haben, waren wir froh, in einem Organisations-Entwicklungs-Lehrgang mehr über EOS (Entwicklung, Organisation und System) zu erfahren und die systemischen Wirkungsweisen kennen zu lernen.

Wenn man ein System definiert, muss sich dieses von etwas anderem unterscheiden, nämlich von dem, was außerhalb des Systems ist. Was außerhalb des Systems liegt und damit nicht dazugehört, wird in der Systemtheorie als *Umwelt* bezeichnet. Niklas Luhmann, der »Vater« der Systemtheorie: »Als Ausgangspunkt jeder systemtheoretischen Analyse hat, darüber besteht wohl fachlicher Konsens, die *Differenz von System und Umwelt* zu dienen. Systeme sind nicht nur gelegentlich und nicht nur adaptiv, sie sind strukturell an ihrer Umwelt orientiert und könnten ohne Umwelt nicht bestehen. Sie konstituieren und sie erhalten sich durch Erzeugung und Erhaltung einer Differenz zur Umwelt, und sie benutzen ihre Grenzen zur Regulierung dieser Differenz.« (Luhmann 1984, S. 35) Diese Abgrenzung spielt für uns eine bedeutende Rolle, da sie die »Schnittstelle« zwischen System (innen) und Umwelt (außen) darstellt, die allerdings nicht sichtbar ist wie in Abbildung 13.

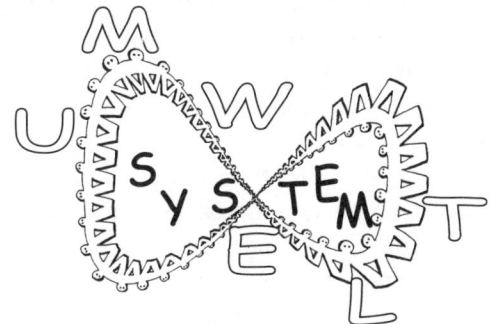

Abbildung 13: Differenzierung zwischen System (innen) und Umwelt (außen)

Jede Schule bildet so betrachtet ein System, das sich von seiner Umwelt unterscheidet. Die Grenzen eines Systems werden nicht von der Umwelt vorgegeben, sondern systemimmanent über entsprechende Operationen definiert. Das benötigt aber ein entsprechendes (Vermittlungs-)Medium. Das Medium der elementaren Operationen von *psychischen* Systemen (Individuen) ist das Bewusstsein, bei *sozialen* Systemen ist es die Kommunikation. Für unsere Zwecke sind beide wichtig, sodass wir sie gemeinsam sehen müssen: »Psychische und soziale Systeme sind über das Medium Sinn, das sowohl im Bewusstsein wie in der Kommunikation beansprucht wird, koevolutionär miteinander verbunden.« (Königswieser/Pelikan 1990, S. 75) Der »Sinn« stellt demnach ein wichtiges Steuerungskriterium eines komplexen Systems wie Schule dar. Der Sinn ergibt sich allerdings erst über die Interaktionen der Mitglieder eines Systems, das heißt, »intersubjektiv geteilter Sinn grenzt systemspezifisch ab, was als sinnvoll und was als sinnlos zu gelten hat« (Willke 1993, S. 44).

Die Durchführung dieser Aufgabe macht deutlich, dass nicht alles, was für den einen Sinn macht, auch für die anderen sinnvoll ist. Den intersubjektiv geteilten Sinn in einer komplexen Organisation wie der Schule herzustellen, das ist erfahrungsgemäß nicht einfach, da er von sehr unterschiedlichen Werten, Zielen und Strategien bestimmt wird. Am ehesten ergibt er sich in einer Art Schulterschluss anlässlich einer Bedrohung (oder »Bedrohung«) von außen, wie dies beispielsweise zu beobachten war, als sich das System Schule gegenüber den finanziellen Beschneidungen durch Budgetkürzungen zu wehren begann. Hier wurde rasch Einigkeit hergestellt. Zu einem »Gemeinsinn« an einer Schule kommt es auch, wenn ein Standort in der Öffentlichkeit negativ dargestellt wird. So bewirkten die von einigen österreichischen Zeitschriften und Zeitungen vor kurzem veröffentlichten Besten-Listen *(Rankings)* bei Schulen, die in dieser Fremdeinschätzung schlecht abgeschnitten hatten, eine starke Solidarisierung zwischen Lehrer/innen, Eltern und Schüler/innen – gemeinsam wehrte man sich gegen diese (aus interner Sicht) falsche Einschätzung. Was diese Beispiele verbindet, ist die Heraufbeschwörung einer zuvor selten erlebten Geschlossenheit innerhalb der Schule auf Grund der Infragestellung dessen, was die einzelnen Gruppierungen als pädagogische Identität empfanden; sie wurden aktiv, sobald ihnen der mit dieser Identität verbundene Gemein-Sinn bedroht schien.

Wenn ein solcher Gemein-Sinn ausgeprägt ist, spricht man in der Systemtheorie von »operationaler Geschlossenheit«, die ihren Ursprung in der Hirnforschung hat: »Das Nervensystem hat also am Operieren eines Vielzellers Anteil als ein Mechanismus mitei-

Systemgrenzen erkunden

Finden Sie die Grenzen zwischen System und Umwelt an Ihrer Schule. Welcher im Kollegium geteilte Sinn grenzt Ihre Schule systemtheoretisch von dem ab, was nicht mehr Sinn macht und daher für Ihr System Schule sinnlos ist. Wir stellen einige Aussagen zur Einleitung der Diskussion im Kollegium vor.

Die Aussage ...	...wird an unserer Schule geteilt von		
	niemandem	einigen	allen
Die Schule hat heute die Pflicht, einen Teil der Erziehungs- aufgaben zu übernehmen.			
An der Schule gelten hohe und allen bekannte Leistungsstandards.			
Die Schüler/innen müssen sich in der Schule wohl fühlen.			
Geschlechtsspezifische Förderung ist notwendig, um die künftige Koexistenz der Geschlechter zu erleichtern.			
Lehrer/innen haben die Aufgabe zu unterrichten, Schüler/innen müssen das Gelehrte lernen.			
Die Schule ist lernfähig.			
Die Schule ist mit den »Zuliefer-« und »Abnehmerschulen« in engem Kontakt.			
Konflikte werden an der Schule offen ausgetragen.			
Die Schule benötigt ein gemeinsames Ziel (Programm), an dem sich die einzelnen Lehrer/innen ausrichten.			

nander vernetzter Kreisläufe, der jene inneren Zustände, die für die Erhaltung der Organisation als Ganzes wesentlich sind, konstant hält. Man kann also sagen, dass das Nervensystem in diesem Sinn durch operationale Geschlossenheit charakterisiert ist. [...] Das Nervensystem funktioniert also als ein geschlossenes Netzwerk von Veränderungen der Aktivitätsrelationen zwischen seinen Komponenten.« (Maturana/Varela 1987 [Orig. 1984], S. 179–180) In Anlehnung an diese Erkenntnisse sieht Niklas Luhmann (1984) die »operationale Geschlossenheit« autopoietischer (das sind selbsterhaltende und selbststeuernde) Systeme als Bedingung dafür an, dass Systeme gegenüber der Umwelt überhaupt offen sein können! Daraus ergibt sich die paradox anmutende These:

Je (operational) geschlossener ein System ist,
umso besser kann es mit seiner Umwelt kommunizieren.

Luhmanns Einschätzung lässt sich am System Schule leicht nachvollziehen: Eine Schule, die ein operational geschlossenes Weltbild vertritt, etwa eine Waldorfschule oder eine Montessorischule, kann ihre Schulphilosophie gut nach außen kommunizieren. Die Eltern wissen, was ihr Kind erwartet, wenn es eine dieser Schulen besucht. Der (Eigen-)Sinn der Schule ist für die Lehrer/innen klar (vielleicht manchmal schon zu unhinterfragt klar!), sodass auch Schüler/innen und Eltern wissen, womit sie zu rechnen haben. Die Kommunikation und Zusammenarbeit zwischen Elternhaus und Schule ist in derartigen (»Sonder«-)Schulen meist intensiver als an »gewöhnlichen« Schulen.

Viel schwieriger ist es für Eltern an Schulen, die keine standortspezifische Philosophie nach außen kommunizieren, zu erkennen, was der (Eigen-)Sinn der jeweiligen Schule ist. Kommunikation findet selten statt, sodass Eltern, die an der Schullaufbahn ihrer Kinder Anteil haben wollen, sich anderweitig informieren (müssen). Im urbanen Bereich ist das Kriterium dann oft, wie viel »Ausländer«-Kinder in der Schule sind, im ländlichen bzw. kleinstädtischen Bereich erkundigt man sich bei anderen schon schulerfahrenen Eltern, um die Kinder in die »richtige« Schule zu schicken. Ein einheitliches Bild von Schule besteht in derartigen Fällen selten, eher eine diffuse Einschätzung von »guten« oder »schlechten« Lehrer/innen bzw. Schulen. Wir nennen diese Diffusität im systemtheoretischen Kontext *fuzziness* – und wer mit dem System Schule eigene Erfahrungen gemacht hat, wird uns bestätigen, welch große Rolle *fuzziness* in der Schule spielt ...

Da sich jedes System seiner Umwelt gegenüber autonom verhält, entwickeln sich die einzelnen Elemente von Schule – Sie erinnern sich, in der Systemtheorie geht es nicht um Personen – im Rahmen der Selbstorganisation über Relationen, in denen sie zusammenwirken (operieren). Aus diesen Relationen ergeben sich die Prozesse, mit denen eine Schule ihre eigene Problemlösung strukturiert und steuert. Ein Beispiel für die Visualisierung dieser Relationen zeigen wir in der Abbildung auf S. 103, die aus einem Lehrgang zur Ausbildung von Berater/innen für Schulentwicklung stammt; der systemtheoretische Ansatz stellte darin ein wichtiges Thema dar (vgl. Ender/Schratz/Steiner-Löffler u.a. 1996).

Visualisierung von System und Umwelt

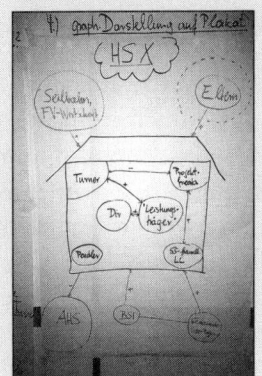

Wenden Sie die Grundannahmen der Systemtheorie an Ihrer Schule an, indem Sie die Beziehung zwischen System und Umwelt visualisieren. Stellen Sie dabei die Relationen zwischen den einzelnen Systemelementen her.

Vergleichen Sie die Ergebnisse innerhalb des Kollegiums, und leiten Sie daraus ab, was die »operationale Geschlossenheit« Ihres Systems an der Schule ist, d.h. was macht die Schule zu »Ihrer« Schule? Wie grenzt sie sich nach außen ab? (vgl. Abbildung)

Die Systemtheorie geht weiters davon aus, dass es zwischen der Umwelt und einem selbstbezüglichen System keine instruktive Kommunikation geben kann. »Geschlossene Systeme sind durch Systeme ihrer Umwelt irritierbar, wenngleich nicht determinierbar«, argumentiert Luhmann (1996, S. 285). Das System »gerät in eine Krise und verlässt den Ruhezustand. Jede derartige Krise ist ambivalent, sie kann negativ wie auch positiv bewertet werden. Alte Strukturen, Verhaltensmuster und Problemlösestrategien verlieren ihre Nützlichkeit, was zunächst nur negativ erscheint. Es sind Störungen von Ruhe und Ordnung. Doch ergibt sich aus solchen Störungen auch die Notwendigkeit zur Weiterentwicklung, neue Strukturen und Verhaltensmuster werden nötig und möglich. Ein System, das in eine Krise gerät, muss sich verändern, wenn es überleben will. Ohne Krisen und Perturbationen, ohne Störungen von Ruhe und Ordnung gibt es keine Entwicklung. Sie sind aber stets Störung und Anregung, Chance und Gefahr, da das Ergebnis solch einer Entwicklung positiv wie negativ sein kann.« (Simon 1993, S. 81) Das bedeutet, dass man weder einen Menschen (ein psychisches System) noch eine Organisation (ein soziales System) von außen gezielt steuern kann. Es kann von außen bestenfalls irritiert werden, wodurch sich das System dieser Störung aus der Umwelt anpassen muss.

Orientierung an den Schnittstellen

Diese Erkenntnisse haben sich auch im Schulsystem ausgewirkt. Bei zunehmender Komplexität des Gesellschaftssystems kann eine zentrale Steuerung beabsichtigte Wirkungen nicht mehr auf direktem, linearem Wege erreichen. Daher wurde im Zuge der Autonomisierung des Schulwesens in vielen Ländern die zentrale Steuerungsmacht abgegeben. Die damit verbundenen Maßnahmen stellen für die einzelne Schule aber eine Irritation für die bisherigen Strukturen, Verhaltensmuster und Problemlösungsstrategien dar. Das – systemtheoretisch – autonome System Schule wird dadurch irritiert, dass am Ruhezustand seiner bisherigen Autonomie gerüttelt wird, in dem sich die einzelnen Systemelemente so eingerichtet hatten, dass sie ihre Tagesgeschäfte nach eigenen Vorstellungen erledigen konnten. Wir haben in einer Studie zur Auswirkung der autonomen Gesetzgebung auf den einzelnen Schulstandort herausgefunden, dass solche Irritationen von denjenigen Schulen positiv bewertet werden, die schon immer an der (Weiter-)Entwicklung interessiert waren – zum Teil geht diesen der (neue) Autonomierahmen sogar zu wenig weit –, während sie von jenen eher negativ bewertet werden, die von außen initiierte Aktivitäten innerhalb der Schule als Bedrohung des inneren Friedens sehen (vgl. Krainz-Dürr u.a. 1997).

Die Irritation an der Schule besteht vor allem darin, dass die Schule nun ihren eigenen Sinn definieren muss, indem sie an einem Leitbild und in der Folge an einem Schulprogramm arbeitet. Eine gut funktionierende Schule war bislang diejenige, die als bürokratische Organisationseinheit nach der Vorgabe des Ministeriums funktionierte. Als Direktor bewährte sich vorwiegend ein guter Befehlsempfänger und -weitergeber im Sinne einer reibungslosen Verwaltung von Schule, die hierarchisch von oben nach unten organisiert war. Die Rahmenbedingungen der zentral gesteuerten Schule waren klar (d.i. hierarchisch) strukturiert und über den Verordnungsweg »von oben nach unten« reguliert. Daraus ergab sich die in Abbildung 14 links dargestellte Hierarchie-Pyramide, nach der Schulleiterhandeln als exekutiv bezeichnet werden kann, da es sich eine möglichst exakte Ausführung der vorgegebenen Gesetze zum Ziel setzt; von den Lehrer/innen wird diese Herangehensweise – ganz im Sinne des fraktalen Systems (vgl. *Das fünfte Axiom*) analog aufgenommen und an die Schüler/innen weitergereicht.

Verlagert sich im Zuge der Autonomie von Schule die Steuerungsmacht lediglich auf eine darunter liegende Ebene, so ändert sich wenig, wenn die Schulaufsicht oder Schulleitung weiterhin monokratisch agiert. Ein derartiges Führungsverständnis wird – systemisch gesehen – wenig Wirkung haben, was wir anhand des Innovationswürfels (vgl. Seite 144ff.) noch ausführlich darstellen werden.

Im TQM *(Total Quality Management)* wird die klassische (Führungs-)Pyramide dagegen auf den Kopf gestellt, um die Bedeutung eines neuen Führungsverständnisses zu signalisieren (vgl. Abb. 14).

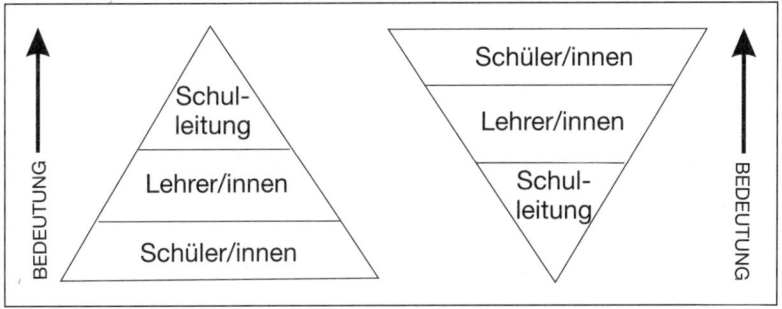

Abbildung 14: Die Umkehrung der Pyramide im TQM (nach Murga-troyd/Morgan 1993)

Im TQM gilt der Leitspruch »Die Kunden sind das Wichtigste«, weshalb sie in der Hierarchie »oben« angesiedelt sind. Das Zweit-wichtigste sind die Mitarbeiter/innen, und dann erst kommt das Management. Für die Schule würde die Umkehrung der Pyramide heißen, dass in der Bedeutung zuerst die Schüler/innen kämen, dann die Lehrer/innen und als Letztes die Schulleitung. In diesem Falle würden die Schüler/innen als Kunden von Schule gemäß ih-ren Wünschen bestimmen, was geschieht. Wir sind allerdings nicht der Meinung, dass der Kundenbegriff aus der Wirtschaft ohne wei-teres auf die Schule übertragbar ist, da sich Wissen, Fähigkeiten und Fertigkeiten nicht als »Ware« deklarieren lassen, welche (au-ßerhalb der Schule?) produziert und in der Schule »verkauft« wird.

Vor einer derartigen Bankiers-Erziehung hat bereits der be-kannte Befreiungspädagoge Paulo Freire eindringlich gewarnt, welcher er folgende Einstellungen und Praktiken zuschreibt:

»*a) Der Lehrer lehrt, und die Schüler werden belehrt.*

b) Der Lehrer weiß alles, und die Schüler wissen nichts.

c) Der Lehrer denkt, und über die Schüler wird gedacht.

d) Der Lehrer redet, und die Schüler hören brav zu.

e) Der Lehrer züchtigt, und die Schüler werden gezüchtigt.

f) Der Lehrer wählt aus und setzt seine Wahl durch, und die Schüler stimmen ihm zu.

g) Der Lehrer handelt, und die Schüler haben die Illusion zu handeln durch das Handeln des Lehrers.

h) Der Lehrer wählt den Lehrplan aus, und die Schüler (die nicht gefragt werden) passen sich ihm an.

> *i)   Der Lehrer vermischt die Autorität des Wissens mit seiner
>   eigenen professionellen Autorität, die er in Widerspruch setzt
>   zur Freiheit der Schüler.*
>
> *j)   Der Lehrer ist das Subjekt des Lernprozesses, während die
>   Schüler bloße Objekte sind.«* (Freire 1973, S. 58)

Für Freire muss Bildungsarbeit bei der Lösung des Lehrer-Schü-
ler-Widerspruchs ansetzen, »sodass beide gleichzeitig Lehrer und
Schüler werden. [...] Wissen entsteht nur durch Erfindung und
Neuerfindung, durch die ungeduldige, ruhelose, fortwährende, von
Hoffnung erfüllte Forschung, der die Menschen in der Welt, mit
der Welt und miteinander nachgehen.« (Freire 1973, S. 58) Im Ge-
gensatz zu Service-Leistungen in der Wirtschaft sind pädagogische
Prozesse substanziell von der Beteiligung und Mitgestaltung der
Schüler/innen abhängig. In dieser Hinsicht sind Schüler/innen Co-
Produzenten von Wissen oder wie bereits erwähnt *ProSumer*, eine
Verschmelzung von *Pro*ducer und Con*sumer*. (Hier schließt sich
der Kreis zum dritten Axiom, in dem wir aufgezeigt haben, dass
eine Lernende Schule daran erkennbar ist, wie das Ethos der Schule und der pädagogische Eros zusammenwirken.)

Die Diskussion um die »Kundenorientierung« im Bildungsbereich macht aber eines deutlich: Schulen müssen sich bewusster
mit ihrer Umwelt auseinander setzen und dadurch ihre *»Wir sind
wir und bestimmen«*-Mentalität überdenken. Auf Grund der ver-
änderten gesellschaftlichen Situation ist es beispielsweise in der
Grundschule nicht mehr möglich, bei einem Stundenausfall die
Kinder einfach früher aus der Schule zu entlassen, wo einst damit
gerechnet werden konnte, dass die Mutter ohnehin zu Hause sei.
Hier kann sich die Schule nicht mehr der vereinbarten Aufsichtspflicht entledigen, sondern es muss das System Schule die Um-
weltanforderungen mitdenken, will es nicht die Anschlussfähigkeit
verlieren.

Ein Beispiel für die erforderliche Berücksichtigung der »Kun-
denwünsche« an Schule zeigt sich auch im fachlichen Bereich: Die
Eltern haben es in Österreich durchgesetzt, dass das Angebot von
Französisch als zweiter Fremdsprache am Gymnasium in der dritten Klasse (7. Schulstufe) de facto in das Regelschulwesen überge-
führt wurde, während vorher die Schulen um die entsprechende
ministerielle Erlaubnis bangen mussten. Ähnliche Entwicklungen
zeichnen sich auch im Bereich der Integration von so genannten
»Behinderten« in das Regelschulwesen ab: Eltern haben sich dagegen zu wehren begonnen, dass ihre Kinder »vom System« ausge-
sondert wurden. Gerade in diesem Bereich sind uns viele Schilderungen von Eltern bekannt, die sich als Anspruchsberechtigte von

(Schul-)Verantwortlichen eher als Bittsteller denn als mündige Gesprächspartner/innen behandelt fühlten.

Schule als Dienstleistungsunternehmen?

Die Schule wird heute oft mit einem Dienstleistungsunternehmen verglichen, für das Steuerzahler gewisse Leistungen erwarten.

- Welche Leistungen kann Ihre Schule vorweisen?
- Wen würden Sie als »Kunden« Ihrer (Dienst-)Leistungen ansehen?
- Welchen Stellenwert haben diese »Kunden« in Ihrer Schulphilosophie und in der Praxis?
- Wie geht die Schule mit »Kunden«-Wünschen und -Beschwerden um?
- Welche (Kommunikations-)Mittel setzt die Schule ein, um mit ihren »Kunden« in Beziehung zu treten?

Auch wenn der Kundenbegriff sich für den Kernbereich der schulischen Arbeit, den Unterricht, nicht anwenden lässt, kann man es den Eltern nicht verwehren, dass sie von der Schule einen »Service« erwarten, wie sie es als Kunden anderer Organisationen gewohnt sind – von denen sie möglicherweise verwöhnt werden. Wirtschaftsbetriebe wissen, was treue Kunden für ihr ökonomisches Wohlergehen bedeuten, und sehen Kundenorientierung als »Bringschuld«. Demgegenüber leben staatliche Einrichtungen noch oft nach dem Motto: *»Wenn die was wollen, müssen sie sich rühren!«* Wenn Eltern am ersten Schultag ihres Kindes um 7.45 Uhr zur Informationsveranstaltung ins Gymnasium geladen werden und dort im engen Korridor vor der versperrten Klassentüre warten müssen, bis die Klassenlehrer/innen diese um 8 Uhr aufsperren, erinnert das eher an eine Befehlsausgabe als an einen sanften Einstieg in die weiterführende Schule, den sich die Eltern für ihre Kinder nach der Grundschule erwarten. Dass sie bei der Ankunft an der Schule am Eingang zwar einen Aushang mit der Zuordnung der Schüler/innen zu den einzelnen Klassen vorfanden, aber keinen Hinweis darauf, wo sich diese befinden, passt in das Bild einer Organisation, welche auf sich selbst, das heißt auf die Systemmitte, bezogen ist und damit die Systemgrenze aus den Augen verliert (vgl. Abb. 15, S. 108).

Im fraktalen Sinn von Schule lässt sie auch wenig Schülerorientierung vermuten, zumal das Denken aus der Systemmitte einem Zentralismus entspricht, der auf Durchsetzung angewiesen ist: Wer etwas will, muss sich selbst ins Zentrum begeben *(Holschuld)*, wenn wir etwas wollen, wird es exekutiert *(Durchsetzungsstrategie)*. Da das Medium eines Systems die Interaktion ist, kommt es

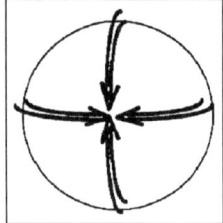 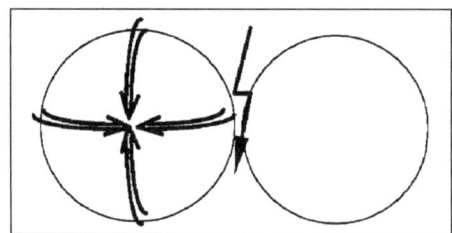 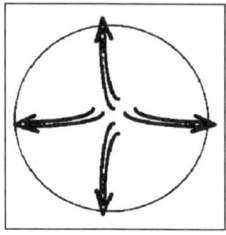

Abbildung 15:   *Abbildung 16:*   *Abbildung 17:*
Tendenz zur   *Schnittstellenkonflikt*   *Schnittstellen-*
Systemmitte   *orientierung*

bei einer derartigen Fokussierung auf die Systemmitte an den Schnittstellen zwischen System und Umwelt zu Störungen bzw. Konflikten (vgl. Abb. 16).

Da der bewusste Umgang mit den Schnittstellen innerhalb und außerhalb des Systems ein wichtiges Qualitätsmerkmal der Lernenden Schule darstellt, benötigt sie diesbezüglich eine operationale Geschlossenheit, das heißt einen vereinbarten und von allen getragenen Gemein-Sinn. Je klarer die Nahtstellen der möglichen Interaktionen definiert sind, umso besser können sich die Betroffenen orientieren und damit interagieren (vgl. Abb. 17).

Wählt man dagegen bewusst die *fuzziness* als Grundlage des Handelns an den Systemschnittstellen, mag das zwar im Moment für das (Innen-)System Vorteile haben, auf Dauer zahlt aber immer irgendein Systemelement die Rechnung für Unverbindlichkeit und Trübheit.

Die Beobachtung, dass das Verharren in der Unverbindlichkeit für viele verlockend ist, hat dabei keineswegs erst die moderne Systemtheorie gemacht:

> Martin Heidegger in *Sein und Zeit* zum Problem der auf *fuzziness* beruhenden Unverbindlichkeit, in seiner Sprache »das Man« genannt:
>
> *Das Man ist überall dabei, doch so, dass es sich auch schon immer davongeschlichen hat, wo das Dasein auf Entscheidung drängt. Weil das Man jedoch alles Urteilen und Entscheiden vorgibt, nimmt es dem jeweiligen Dasein die Verantwortlichkeit ab. Das Man kann es sich gleichsam leisten, dass »man« sich ständig auf es beruft. Es kann am leichtesten alles verantworten, weil keiner es ist, der für etwas einzustehen braucht. Das Man »war« es immer, und doch kann gesagt werden, »keiner« ist es gewesen …«*

Maßnahmen und Möglichkeiten

Ein Denken, das auf die Nahtstellen des Systems fokussiert, schafft hingegen Klarheit und setzt dadurch Energie frei für die Inhalte, die kommuniziert werden. Diese Klarheit wird über entsprechende Verfahrensregelungen hergestellt, die von den Beteiligten auch ernst genommen werden. Wenn sie bloß mündlich festgelegt werden, besteht die Gefahr, dass sie rasch an Verbindlichkeit verlieren. Werden sie schriftlich (etwa in einem Schulprogramm) kommuniziert, können die Anspruchsberechtigten[1] ihre jeweiligen Rechte einfordern, aber auch an ihre Pflichten erinnert werden. Als Beispiel dafür zitieren wir einen Ausschnitt aus dem Schulprogramm der Wieschhofschule Olfen, in der der Rahmen für die Belastung der Kinder mit Hausaufgaben vereinbart wird.

Wie stark dürfen Hausaufgaben Kinder belasten?

Der zeitliche Rahmen für Hausaufgaben ist klar festgelegt:
Klasse 1 und 2 bis zu 30 Minuten.
Klasse 3 und 4 bis zu 60 Minuten.

Aus der täglichen Beobachtung im Unterricht wird deutlich, dass manche Schüler sogar fünfmal so viel Zeit brauchen wie ihre »schnellen« Mitschüler. Hausaufgaben müssen so gestellt werden, dass jeder sein Pensum in dieser Zeitvorgabe schaffen kann.

Was ist zu tun, wenn das Kind diese Aufgaben in dieser Zeit nicht schafft? Hausaufgaben abbrechen und den Lehrer/die Lehrerin bitte kurz schriftlich informieren. Er/sie weiß dann, dass das Kind weitere Hilfe braucht oder neue Aufgaben, an denen es mit Erfolg lernen kann.

Hausaufgaben unter Druck und Tränen prägen sich ein – sie fördern Lernblockaden und bringen keinen Lernerfolg. Wenn Eltern die Schwierigkeiten des Kindes bei Hausaufgaben vor dem Lehrer verstecken wollen, beginnt für das Kind der Teufelskreis der Lernstörungen. Hier ist das offene Gespräch mit dem Lehrer/der Lehrerin erforderlich, er/sie berät im Einzelfall.

(Schulprogramm Wieschhofschule Olfen 1994, S. 24–25)

Über diese Vereinbarung im Schulprogramm wird eine wichtige Schnittstelle zwischen Schule und Elternhaus geregelt. Hausaufgaben sind meist nicht nur für Schüler/innen ein leidiges Thema, sondern oft auch für Eltern. Auf Grund der Unklarheit der Ausgangslage fühlen sich Eltern oft in einem Konflikt: Sollen sie ihren Kindern aufwändige Nachhilfe geben (lassen), damit diese die

---

1 Wir verwenden dieses Wort als Übersetzung des englischen *stakeholders*.

Hausaufgaben schaffen, oder sollen sie sich bei der betreffenden Lehrperson beschweren, was ihrem Kind möglicherweise Probleme schafft? Der abgedruckte Text bringt Klarheit und macht Eltern nicht zu Bittstellern oder Kritikern, wenn sie diesbezüglich mit der Schule Kontakt aufnehmen. Umgekehrt stehen die Lehrer/innen nicht unter Druck, sich für ihre pädagogische Arbeit rechtfertigen zu müssen. Klare Vereinbarungen an den Schnittstellen erleichtern daher den gemeinsamen Schritt vom Problem- in den Lösungsraum (vgl. *Das vierte Axiom*).

Zur weiterführenden Diskussion über das System Schule, aber auch zur Diskussion über die »Haltbarkeit« unserer Axiomatik in der täglichen Bewährungsprobe des Schulalltags erscheint uns die folgende Aussage eines Psychiaters von Bedeutung, der viel mit den Folgen der Schnittstellenproblematik zu tun hat. Er hat die Schwierigkeit der Konsensfindung bezüglich des Gemein-Sinns von Schule zum Anlass genommen, eine neue Auseinandersetzung über den Zweck von Schule anzuregen. »Welchen Zweck hat die Schule? Unter der Prämisse, dass Schule etwas Gutes ist, muss man damit leben können, dass ein Konsens darüber nur sehr schwer zu finden ist, jeder mit Recht einen anderen Zweck verfolgt. Was für mich den Schluss nahe legt, dass die Ziele nicht das Wichtigste sind. Es geht um Positionsfähigkeit. Es geht um den Prozess.« (Rudas 1996, S. 8)

Kapitel 3:
Über die Schwierigkeit gemeinsamer Realitätskonstruktionen

Die Lernende Schule aus systemischer Sicht

Ich bin einverstanden, dass unter dem Wort Glück sehr Verschiedenes zu verstehen ist …, eine kurze Definition möchte ich keinesfalls geben. Lassen wir das Wort offen, es soll seinen Sinn beziehen aus der jeweiligen Situation …
(Max Frisch)

Eine Hindufabel von den fünf Weisen, frei nacherzählt

Vor langer, langer Zeit waren die Menschen in Indien noch davon überzeugt, dass die Götter jenen Menschen, denen sie das Augenlicht genommen hatten, im Tausch dafür höchste Weisheit verliehen. Da geschah es einst in einem welt-abgeschiedenen Landstrich, dass zum ersten Male ein Elefant nahe einem Dor-fe auftauchte. Das Gerücht von der Anwesenheit des Wundertieres breitete sich aus, aber niemand war seiner bisher ansichtig geworden. Die Dorfbewohner, die eilends Rat hielten, was nun zu tun sei, baten die fünf blinden Weisen des Dorfes um Hilfe. Die Weisen ließen sich von ihren Führern dorthin bringen, wo man den Aufenthalt des Tieres vermutete, und bald schon wurden sie seiner gewahr. Während sie sich ihm mit Bedacht näherten, verweilten die übrigen Dorfbewoh-ner in sicherer Entfernung hinter einem kleinen Wäldchen und warteten, zu wel-cher Erkenntnis die fünf gelangen würden.

»Hört«, verkündete der erste, der den Rüssel gepackt hatte »ein Elefant ist wie eine dicke Schlange.« – »Ein Elefant ist wie eine Bürste, müsst ihr wissen!«, sagte der zweite, der bis zum Nacken des Tieres emporgekrochen war. »Glaubt mir«, rief der dritte, der unterhalb des Tieres auf der Erde kauerte und einen der mächtigen Füße mit seinen Fingern abtastete, »der Elefant ist einfach ein dicker Baumstamm!« Der vierte, der den Schwanz des Tieres zu fassen bekommen hatte, schüttelte den Kopf und verkündete mit lauter Stimme: »Ein Elefant ist wie ein Seil, darüber besteht kein Zweifel.« Schließlich erhob der fünfte seine Stim-me; er war am langsamsten herangekommen und suchte hinter dem Elefanten den Boden ab: »Vernehmt die Wahrheit, der Elefant ist warm und weich wie Brei, und er verbreitet einen üblen Geruch.«

Grafik: Petra Happacher

Leider ist nicht überliefert, was in jenem indischen Dorf weiter geschah und wie die Dorfgemeinschaft mit den unvereinbar scheinenden »Sicht«-Weisen der Elefantenwirklichkeit umging. Aber angenommen, die fünf hätten zusammen die Aufgabe übernommen, den Elefanten zu zähmen oder gar die Qualität seiner Arbeit als Lasttier zu prüfen, dann stellt sich die Frage, zu welcher gemeinsamen Arbeitshypothese sie wohl gelangen würden. Begibt man sich von dem indischen Dorf zurück in die Schulwirklichkeit, dann erkennt man in bestimmten Schulsituationen unschwer Parallelen zum Elefanten-Phänomen. Das soll anhand der Schilderung eines u.E. typischen Konflikts unter Lehrer/innen dargestellt werden, wie wir ihn selbst schon in mehreren Schulen miterlebt haben (vgl. auch die Ausführungen zum dritten Axiom!):

Im Konferenzzimmer einer Schule (über welche die dort Beschäftigten natürlich viel bessere Informationen haben als die Weisen über das geheimnisvolle Wesen Elefant) herrscht in der Beurteilungskonferenz gespannte Atmosphäre, da sich drei Lehrkräfte in eine heftige Debatte über Schüler M., einen so genannten Problemschüler, eingelassen haben. Für den Mathematiker ist M. ein präpotentes Monster, das Lehrer grundsätzlich als Feinde ansieht, er sei »*unendlich faul, keine Arbeitshaltung, keine Moral, keine Chance für die Zukunft!*« Die Kunsterzieherin sieht M. eher als verkapptes Genie, »*ein wenig scheu vielleicht, aber er wird sich glänzend entwickeln*«. Kollegin B., Klassenvorstand (= Klassenlehrerin), unterrichtet Deutsch in dieser Klasse, lässt sich in ihrer Einschätzung von Hintergrundinformationen über die bevorstehende Scheidung von M.s Eltern beeinflussen, außerdem ist sie immer wieder fasziniert von seiner Sprachkraft, die allerdings durch keinerlei orthografische Fesseln gebändigt wird: »*Also schreiben kann er, der M., und die moralische Seite, mein Gott, die anderen benehmen sich ja auch nicht so einwandfrei, und zu mir war er noch nie frech, Herr Kollege ...*«. Angesichts dieser Diskussionsbeiträge fragt die Schulleiterin verwundert, mit leicht ironischem Unterton: »*Pardon, sprechen Sie überhaupt von demselben Schüler?*«

Die drei Kolleg/innen urteilen tatsächlich über »denselben« Schüler, nur nehmen sie ihn anders wahr. Sie bilden über ihn völlig unterschiedliche Hypothesen, das heißt, sie gehen einfach von anderen Wirklichkeitsdimensionen aus, wie es auch die fünf Weisen mit dem Elefanten taten. Heinz von Foerster (1981) beschreibt solche Konstellationen als »Kybernetik zweiter Ordnung«, die die beobachtende Person selbst in den Beobachtungsprozess miteinschließt und von ihr eine Erweiterung der Sichtweise verlangt. Wenn sich nun auch noch die Komplexität des »Objekts« erhöht, wenn es nicht um ein Tier oder einen Menschen, sondern um ein soziales System wie eine ganze Schule geht, dann nähert sich die Anzahl der darin repräsentierten Wirklichkeiten dem Unendlichen. Möglicherweise können alle recht gut damit leben, solange die eigene Wirklichkeitswahrnehmung keine Konsequenzen für andere hat. (Der Lehrer oder die Lehrerin als Einzelkämpfer/in in der Klasse erlebt die Notwendigkeit des Aufeinanderabstimmens nur in Ausnahmesituationen, wie etwa bei der oben beschriebenen Notenkonferenz.)

In dieser Auseinandersetzung im Konferenzzimmer treffen zwei kybernetische Systeme aufeinander: Einerseits ist es das triviale System der schulischen Leistungsbeurteilung von Schüler/innen, das durch eine festgelegte Input-Output-Beziehung im Sinne der »Kybernetik erster Ordnung« entlang der Leitdifferenz *richtig/falsch* organisiert ist (vgl. v. Foerster 1985; Schratz 1994; Luhmann 1996; siehe auch Kap. 1 und 2!).

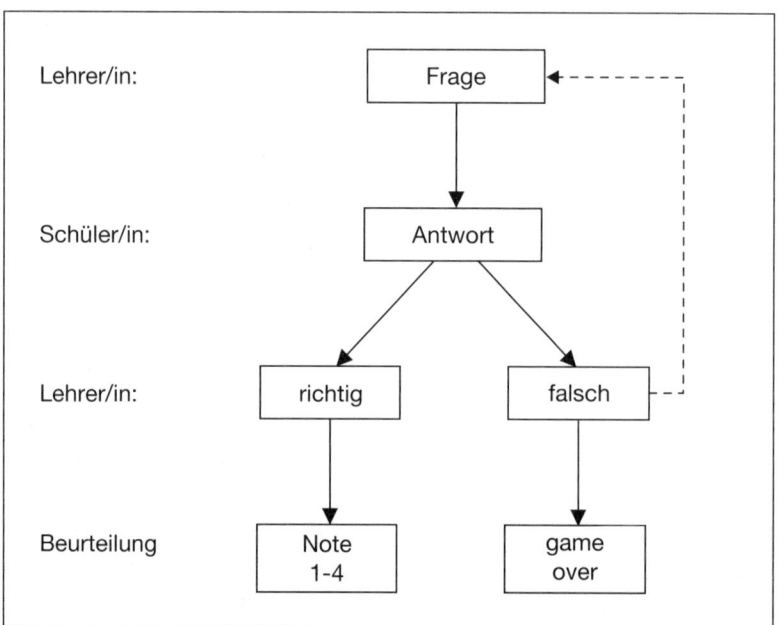

Abbildung 18: Leistungsbeurteilung nach Kybernetik erster Ordnung

Dem entgegen steht das vielschichtige System der unterschiedlichen Einschätzungen (das wie gesagt eine »Kybernetik zweiter Ordnung« braucht) im Setting der Konferenz. Hier fordert das Gesetz von den einzelnen Gesprächsteilnehmer/innen eine gemeinsame Einschätzung des Schülerverhaltens, und unter dem Druck, zu einer kompatiblen »Lösung« zu kommen, bereitet ihnen die Zirkularität des aktiven Erkennens fast unüberwindliche Schwierigkeiten. Gerade in derartigen schulischen Situationen prallen dann die unterschiedlichen Wertvorstellungen deutlicher aufeinander als sonst. Anschließend kann man (bzw. konnte man bisher) erleichtert wieder zur Tagesordnung, also zum »Einzelkünstlertum«, übergehen, ein Rückzug, der in Zukunft möglicherweise nicht mehr so einfach sein wird.

Eine Schule = viele Schulen

Seit Schulen als Konsequenz gesetzlicher Veränderungen größere Freiräume zur autonomen Gestaltung gewährt werden, steht die Einzelschule vor neuen Aufgaben. Sie kann sich eigene Ziele setzen, diese an regionalen Gegebenheiten ausrichten und – in derzeit noch bescheidenem Rahmen – auch eigene Fächer(kombinationen) mit dazugehörigen Lehrplänen konzipieren. Diese Herausforderung öffnet den Blick von der *Unterricht*sgestaltung zur Gestaltung der *Schule*, was nicht nur einen Perspektivenwechsel darstellt, sondern neue Formen der (Zusammen-)Arbeit notwendig macht. Weder die Schule noch die Lehrer/innen (inkl. Schulleitung) besitzen jedoch gewöhnlich das nötige systemische Know-how dafür. Schulentwicklung meint nämlich nicht primär Maximieren der Unterrichtseffizienz in den einzelnen Klassen (im Regelkreis der Kybernetik erster Ordnung), sondern fordert Lehrer/innen und Schulleitung auf, die Schule insgesamt (im Sinne der Kybernetik zweiter Ordnung) neu zu denken (vgl. Hentig 1993).

Also genügt es heute nicht mehr, im Stadium des »We agree that we disagree« zu verharren. Stattdessen ist gemeinsames Vorgehen gefordert, was wiederum eine gemeinsame Analyse der eigenen Vorannahmen notwendig macht. Erst wenn die individuellen Sichtweisen, die jetzt meist nur unterschwellig wirken, um in Ausnahmesituationen wie etwa der geschilderten Beurteilungskonferenz »aufzublitzen«, endlich greifbar werden, findet über Werthaltungen und über Entwicklungsziele eine fruchtbare Auseinandersetzung statt. Wie kann nun sichergestellt werden, dass die am Prozess Beteiligten sich einem Zustand annähern, in welchem sie darüber Gewissheit erlangt haben, »denselben Elefanten« zu meinen? Der steht dann natürlich nicht für die objektive Wahrheit schlechthin, aber er bietet immerhin ein Konstrukt der (Schul-)Welt, das sich als Basis für gemeinsame Zukunftsvorstellungen und in der Folge für konkrete Planungen eignet. Denn es gibt keinen »allumfassenden, menschlichen Konsens, sondern lediglich Inseln der Übereinstimmung in einem Meer von Meinungsverschiedenheiten« (Simon 1993, S. 61).

Ein Fenster ist keine Türe – oder doch?

Zur Einübung des Findens der »Inseln der Übereinstimmung in einem Meer von Meinungsverschiedenheiten« (Simon) schlagen wir ein kleines Projekt vor, das an jeder Schule durchgeführt werden kann. Die simple Aufgabenstellung führt zu frappierenden Ergebnissen. Probieren Sie an Ihrer Schule die folgende Fragestellung aus:

→ Wie viele Fenster hat die Schule?

So einfach sich der Auftrag anhört, er schafft bald Probleme. Was heißt eigentlich »Fenster«? Zählt alles, was aus Glas ist und eine Durchsicht ermöglicht, als Fenster? Ist eine Glastüre ein Fenster? Wenn nicht, dann zumindest die Glasdurchsicht zwischen den Türen (vgl. Foto). Lassen sich Türen und Fenster überhaupt auseinander halten? Wie werden Fenster mit Sprossen gezählt – ein- oder mehrfach?

Fragen über Fragen tun sich auf, obwohl die Ausgangsfrage »Wie viele Fenster hat die Schule?« klar schien. Das Ergebnis wird wenig Übereinstimmung bringen, da die Interpretationen darüber, was ein Fenster ist, sehr unterschiedlich sein werden. »We agree that we disagree« ist als Ergebnis allerdings zu wenig. Erforderlich ist eine Auseinandersetzung über die unterschiedlichen Sichtweisen, um eine Basis für die gemeinsamen Zielvorstellungen und entsprechende Planungen zu erhalten. Das Schaffen von Inseln der Übereinstimmung im Meer von Meinungsverschiedenheiten ist ein wichtiger Schritt auf dem Weg zur Lernenden Schule.

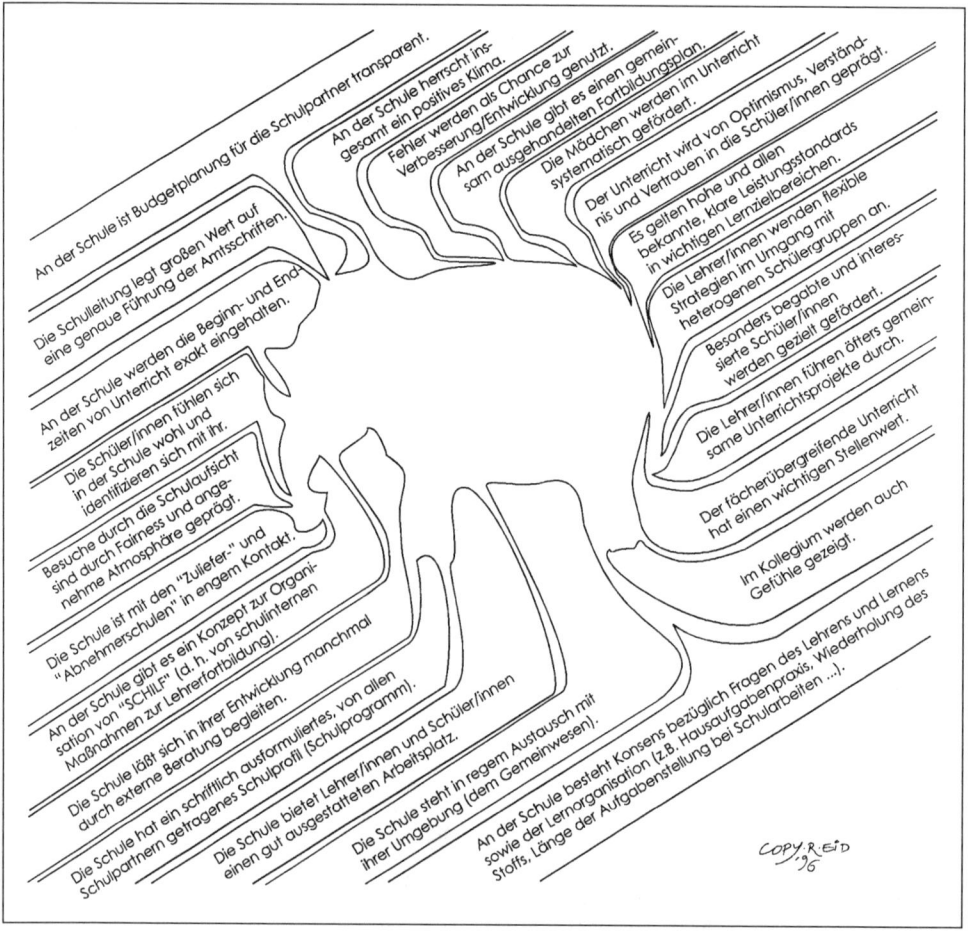

*Abbildung 19: Wie können sich die verschiedenen Perspektiven »dem Elefan-
ten« annähern? (Grafik: Ronald Eidenberger)*

Wir sehen einen solchen Zugang, der impliziert, dass alle (alle?) an
der Schule Beteiligten eine gemeinsame Entwicklung anstreben,
als Charakteristikum der »Lernenden Schule« (vgl. Meyer/Ulrich
1996); es signalisiert, dass Schule keine starre Organisation ist, sondern ein lebendiger Organismus, der in seiner Einmaligkeit, geprägt durch die Menschen, die dort arbeiten, und die damit verbundene Schulkultur seine eigene Entwicklung organisiert. Das
erfordert die bewusste Entscheidung der Individuen, sich auf die
Dichotomie zwischen Planbarkeit der Zukunft und Leben mit Unsicherheit einzulassen. In der Literatur ist von »Selbstorganisation« die Rede (vgl. Probst 1987; Rolff 1993), das heißt die Steuerung des Geschehens an der Schule erfolgt »von innen«. Humberto
Maturana (1982), der Begründer der Autopoiesis-Theorie, stellt

drei Elemente in den Vordergrund, die für eine solche Selbststeuerung bedeutsam sind:

- **Freiheit**, die sich in der Individualität der Lehrer/innen via Methodenfreiheit im Unterricht begründet, ihre Grenze aber in der Freiheit des anderen hat. In der Schulentwicklungsarbeit wird immer wieder die Grenze der individuellen Freiheit erlebbar, weshalb so genannte »Pädagogische« (Klausur-)Tage (vgl. Altrichter/Salzgeber 1996; Steiner-Löffler 1996) zur Initiierung von Entwicklungsprozessen oft zwischen Endlosdebatten mit vorprogrammiertem Abbruch durch Killerphrasen *(»Das haben wir alles schon längst versucht!«,* »Bei uns geht das nicht.«, *»Dafür gibt es keine Lösung!«* ...) und Selbstzerfleischung schwanken.

- **Verantwortung:** Da es keine erkenntnistheoretisch »objektiven« Begründungen für menschliches Handeln gibt, sondern bloß subjektiv getroffene Präferenzentscheidungen, trägt jeder selbst die Verantwortung nicht nur für diese Entscheidung, sondern auch für die Eigengesetzlichkeit des sozialen Systems, in dem sie getroffen wird (vgl. Schumacher 1995, S. 39). Verantwortung ist dadurch nicht teilbar (etwa beschränkbar auf die eigene Unterrichtspraxis), sondern schließt die Selbstentwicklung der Schule als Ganzes mit ein. Dieses Bewusstsein für die Verantwortung der Selbstentwicklung ist in Schulen selten vorhanden, da auch die Lehrerausbildung oft nach dem Bauprinzip der Kybernetik erster Ordnung gestaltet ist.

- **Toleranz:** Den eigenen Wahrheitsanspruch auf den persönlichen Wahrnehmungskontext zu beschränken, das erfordert Offenheit gegenüber den Sichtweisen anderer. Die Schule bietet allerdings wenig Zeit und Raum für eine »Dissenskultur«, in der die unterschiedlichen Standpunkte so lange ausbalanciert werden könnten, bis sie entwicklungsrelevant würden. Stattdessen kommt es in Schulentwicklungsprojekten oft zur Bildung von *pressure groups*, welche ihren Ideen zum Durchbruch verhelfen, während die Standpunkte anderer auf der Strecke bleiben.

Vielleicht fehlt zuweilen auch das adäquate Instrumentarium, um drei so hohe Ansprüche zu erfüllen und derart komplexe Entscheidungsprozesse sensibel zu moderieren. Wie viel guter Wille, wie viel Engagement sind bei Konferenzen schon in oberflächlich abgeführten Diskussionen und scheindemokratischen Abstimmungen begraben worden! Nach unseren Erfahrungen wächst allerdings auch der Zeit- und Arbeitsaufwand beträchtlich, wenn Raum für einen systemischen Diskurs geschaffen werden soll, denn die dafür nötige offene soziale Architektur entsteht nicht von selbst.

In der Praxis bilden sich zudem gegen Initiativen, die einen solchen Freiraum schaffen wollen, Widerstände aus zwei entgegengesetzten Richtungen: Jene, die beim Herangehen an neue Aufgaben schon frustrierende Erfahrungen mit der Problemorientierung, ja mit der Problemverliebtheit mancher engagierter Kolleg/innen gemacht haben, fürchten *»endlose Problemanalysiererei, Reflexionssitzungen ohne Struktur«*, andere wehren sich wiederum dagegen, *»einfach so draufloszuplanen, ohne dem Problem auf den Grund zu gehen«*, weil sie das für eine *»primitive Methode«* halten, mit der man Schiffbruch erleiden müsse. Beide Strategien sind gefährlich, aber auch verlockend, sowohl sich in die Vergangenheit zu vertiefen, um die komplexen Wechselwirkungen möglichst vollzählig aufzuspüren, die zu einem bestimmten Ergebnis geführt haben, als auch kurzentschlossen den Schritt vom Problem am (unberührten) Problemraum vorbei in den Lösungsraum zu wagen. In der Praxis wird aber nicht das eine *oder* das andere erfolgreich sein, sondern ein Konzept, das situativ mit beiden Ansätzen arbeitet.

Systemisches Denken ist inzwischen in aller Munde. Ist es nur die neueste Heilslehre oder der Versuch, der Lernenden Schule auf den (System-)Grund zu gehen? Wir sehen darin die Möglichkeit, theoretische Ansätze daraufhin zu überprüfen, wieweit sie zum Verstehen der Lernenden Schule beitragen können. Wir stellen hier einige »Quellengebiete« des systemischen Denkens in Weiterführung von Königswieser/Pelikan (1990) zusammen, um zu zeigen, dass nicht alles, was glänzt, neu ist … (vgl. Abbildung 20).

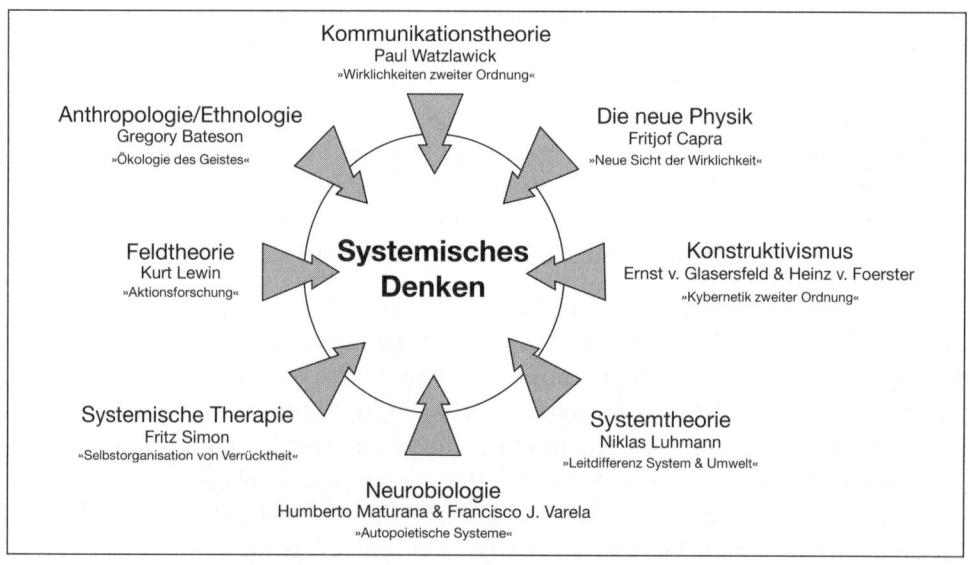

Abbildung 20: Wurzeln systemischen Denkens

Da es den Rahmen dieses Buches sprengen würde, die in Abbildung 20 angeführten Wurzeln systemischen Denkens im Einzelnen zu referieren, beschränken wir uns auf einige Kernsätze, die uns im Zusammenhang mit der Lernenden Schule bedeutsam erscheinen:

- Von Gregory Bateson (1985) haben wir gelernt, dass Schulentwicklung(sforschung) sich stärker auf die Kontexte bzw. die Beziehungsmuster, die den Kontext konstituieren, konzentrieren müssen. In der praktischen Arbeit hilft der Leitsatz: »Die Landkarte ist nicht die Landschaft.«

- Gemäß der Autopoiesis, einem Konzept aus der Neurologie, tragen Konzepte der Selbstorganisation dem Eigensinn und der Eigendynamik der Organisation Schule Rechnung: Die Menschen an der Schule (Lehrer/innen, Schüler/innen, Schulleitung ...) sind lebende Systeme, die autonom und selbstreferenziell (rückbezüglich) sind. Sie bilden einen »Mechanismus miteinander vernetzter Kreisläufe, der jene inneren Zustände, die für die Erhaltung der Organisation als Ganzes wesentlich sind, konstant hält. Man kann also sagen, dass das Nervensystem in diesem Sinne durch *operationale Geschlossenheit* charakterisiert ist.« (Maturana/Varela 1987, S. 179–180)

- Nach dem Konstruktivismus konstruieren die Menschen an der Schule (Lehrer/innen, Schüler/innen, Schulleitung ...) jeweils eine subjektive Wirklichkeit für sich – diese Konstruktionsweisen und Konstrukte bestimmen ihr Handeln mit. Die Menschen bilden als Beobachtende der Welt diese nicht einfach nach, sondern sie konstruieren und schaffen, was sie im Akt der Beobachtung selbst zu erkennen glauben. (»Objektivität ist nicht mehr das, was sie einmal war.«) Der/die Beobachtende ist immer auch Bestandteil der Welt, die er/sie beobachtet, so ... »dass die Beobachtung das beobachtete Phänomen erst schafft« (Ulrich/Probst 1991, S. 17). Daher ist Wissenschaft nur mehr als reflexive Erkenntnisform denkbar (vgl. Lenzen 1996) und möglich, weshalb die

- Aktionsforschung heute eine große Rolle spielt. Nach Kurt Lewin trägt sie als eine sozial eingreifende wissenschaftliche Vorgehensweise am ehesten zum reflexiven (rückbezüglichen) Lernen und damit zur Professionalisierung in der Lernenden Schule bei.

- Aus der Systemtheorie Luhmann'scher Prägung kennen wir die Leitdifferenz »richtig« – »falsch«, welche schulische Interaktionen (von der Selektionsfunktion von Schule bis zur Leistungsbeurteilung) bestimmt. Schule zeichnet sich durch selbstreferenzielle Geschlossenheit aus.

Durchführung von Konzepten der Organisationsentwicklung an Schulen

Zweimal dieselbe Schule betreten, das ist ebenso wenig möglich, wie zweimal in denselben Fluss steigen, oder anders ausgedrückt: Schulen entwickeln sich auf jeden Fall »unaufhaltsam« weiter, gleichgültig, ob die Beteiligten gemeinsame Anstrengungen zur Gestaltung der Zukunft unternehmen wollen oder nicht; die Frage ist eher, *wohin* sich Schulen entwickeln und wer auf welche Weise darauf Einfluss nehmen kann. Die folgende »Checkliste« (aus Schratz 1996a, S. 28) bietet einen Überblick über die Fragen, deren Beantwortung nötig ist, wenn man sich Klarheit über Entwicklungsprozesse an Schulen verschaffen will.

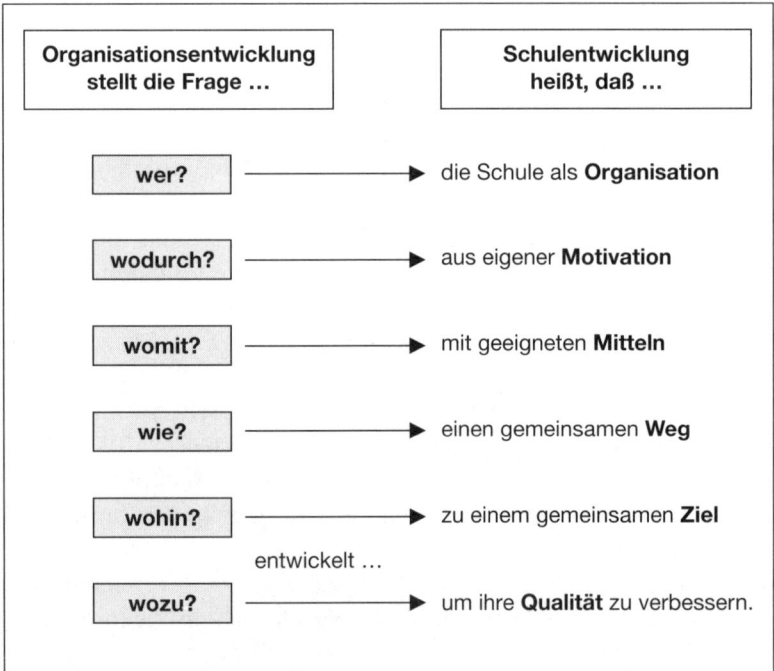

Abbildung 21: Was Organisationsentwicklung für Schulentwicklung bedeutet

Ob die Umsetzung dieses OE-Skeletts in eine längerfristige Schulentwicklungsarbeit gelingt, hängt davon ab, wie die Schule sich auf ein von allen getragenes Ziel, ein Leitbild *(wohin?)*, und auf einen Weg dorthin *(wie?)* einigen kann. Wie wir schon weiter vorne erläutert haben, stellen jedoch gerade Einigungsprozesse über so komplexe Fragen unseres Erachtens die größte Schwierigkeit dar, wenn sich Schulen auf den Weg machen, und das nicht nur als Folge des »Elefanteneffekts« (des Aufeinanderprallens extrem unterschiedlicher Wirklichkeitskonstrukte). Auch unvereinbare Auffassungen über den Zweck von Schule insgesamt oder über die Wertigkeit von bestimmten Fachgebieten erschweren die Konsensfindung innerhalb eines Kollegiums – oft sind da ganz massive Ängste im Spiel, die wie Barrieren gegen die Annäherung von Positionen und Personen wirken. Diese Ängste lauern jedoch, greift man das Eisbergmodell der Organisation (French/Bell 1990, S. 33) auf, unterhalb der Wasseroberfläche, weshalb sie im Normalfall kaum thematisiert werden; eher findet noch ein Diskurs über Sachfragen, also über die *formalen Aspekte* (Ziele, Stundenpläne, Fächer, Noten, Gesetze, Lehrpläne etc.), statt, die oberhalb der Wasserlinie angesiedelt sind (vgl. Abbildung 22).

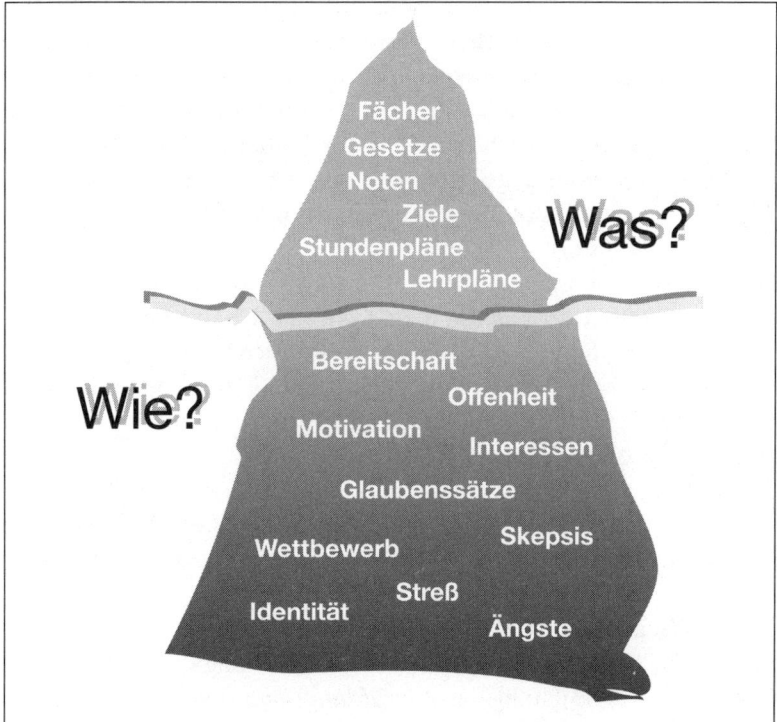

Abbildung 22: Der Organisationseisberg

Die *informellen* Komponenten hingegen (Bereitschaft, Motivation, Aufgeschlossenheit, Interesse, Konkurrenz, Ängste etc.) bleiben unsichtbar – je tiefer unter der Oberfläche, umso sorgfältiger werden sie verborgen. Wovon also nicht gesprochen wird, wenn erste Schritte von der Mikroebene *»Ich und meine Klasse«* zur Makroebene *»Wir und unsere Schule«* diskutiert werden, sind Bedenken wie diese: Wie viel Freiheit muss man aufgeben? Macht man sich nicht vom Wohlwollen bestimmter Kolleg/innen abhängig, von denen man auf keinen Fall abhängig sein will? Das Chaos wird ausbrechen, wenn man Schüler/innen auf einmal wie Erwachsene behandeln soll! Jetzt hätte man längst auf kritische Distanz zu dem Kollegen gehen müssen – oder hält man um des guten Klimas willen doch lieber still? usw. Wie wir immer wieder feststellen, spielt diese psychische Dynamik besonders dann eine große Rolle, wenn die »heilige Handlung der Notengebung« hinterfragt wird. Wo käme man da hin, wenn Schulnoten nicht mehr länger nur vor dem eigenen Gewissen zu verantworten wären, sondern gegenüber einer Gruppe von Kolleg/innen gerechtfertigt werden müssten, deren Ansichten man vielleicht sogar ablehnt?

In Schulberatungs- bzw. Evaluations- oder Moderationskontexten haben wir als Externe viele Einstiegssituationen erlebt, für die Saint-Exupérys Worte aus dem *Kleinen Prinzen* galten: *»Das Wesentliche ist für die Augen unsichtbar.«* (Saint-Exupéry 1966, S. 72) Sichtbar ist zunächst nur das, womit man unmittelbar konfrontiert ist, also der sichtbare Teil des Eisbergs. (Im Erstkontakt mit Vertreter/innen der Schule ist etwa davon die Rede, dass die Schule ein Leitbild gestalten oder ein Schulprofil bzw. -programm im Rahmen autonomer Schulentwicklung erstellen möchte – oder es wird extra betont, man wünsche keine »Psychospiele«, sondern konkrete Arbeit an Sachthemen!) Nun will Saint-Exupéry aber keineswegs andeuten, dass dieses Wesentliche prinzipiell unentdeckt oder nur für Auserwählte zugänglich bleiben sollte, vielmehr verstehen wir seine Feststellung als Aufforderung, mit dem Herzen besser zu »sehen«. Solche Ziele lassen sich aber nur erreichen, wenn dem *»Wie?«* Rechnung getragen wird, das sich aus den Aspekten zusammensetzt, die im Eisbergmodell unter der Wasseroberfläche liegen, wie Bereitschaft, Interesse, Motivation, Glaubenssätze und Werte etc.

Der Weg vom *»Was?«* bzw. vom sichtbaren Teil des Eisbergs zum *»Wie?«* entspricht einer »Verinnerlichung«. Für Friedrich Glasl (1992, S. 39) stellt das *Einfühlungsvermögen*, die Fähigkeit der Empathie, das Verbindungsglied dar (vgl. Abbildung 23).

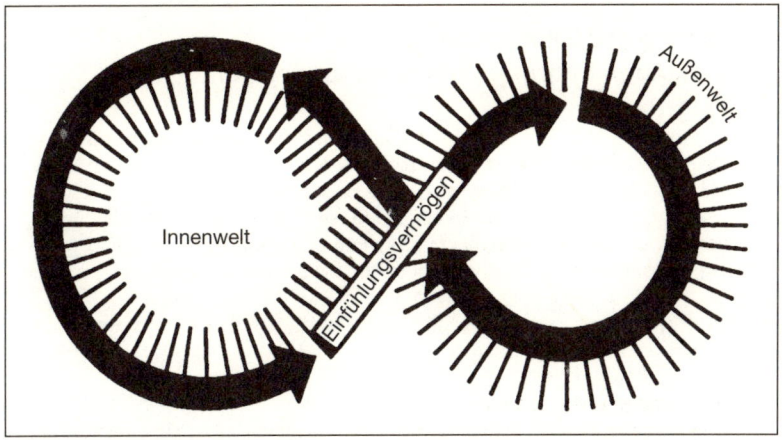

Abbildung 23: Einfühlungsvermögen zwischen Innenwelt und Außenwelt (aus Glasl 1992, S. 39)

Daher gilt es, adäquate Mittel *(womit?)* einzusetzen, die diesen Prozess des »Sehens mit dem Herzen« unterstützen, ohne deshalb auf rationale Zugänge zu verzichten. Gerade weil der Begriff Qualitätssicherung einen zentralen Stellenwert im Rahmen der zukünftigen Autonomisierung des Bildungswesens einnehmen wird, darf es nicht dem Zufall (oder irgendwelchen ausschließlich von ökonomischen Interessen geleiteten anderen Instanzen) überlassen bleiben, *wie* die Qualität von Schule gemessen wird. Es ist deshalb in jedem einzelnen Fall zu klären: Sind schulische Entwicklungsprozesse Themen der Evaluation, oder zählen ausschließlich »Produkte« wie Resultate bei nationalen Tests oder Rankings? Ist Platz für subjektive Wirklichkeiten, auch für die der Schüler/innen, oder wird vorgespiegelt, es gäbe eine einzige objektive Test-Wahrheit? Wir halten es für eine sehr wichtige (und zukunftsweisende) Entscheidung des einzelnen Schulstandortes, sich um Fragen seiner Evaluationskultur selbst zu kümmern, wie intensiv die Arbeit und wie störanfällig der Prozess auch sein mag. Sich darüber zu einigen, was eine »gute Schule« ausmacht bzw. in welche Richtung sich die eigene Schule entwickeln soll, ist zwar schwierig, aber unumgänglich. Da es vor allem Aufgabe der Schulleitung ist, Entwicklungsmaßnahmen zu initiieren, benötigt sie Mittel und Möglichkeiten, um das eigene Führungsverhalten im Hinblick auf seine systemische Qualität zu reflektieren. Dazu dient die folgende Le-Schu-Werkstatt.

Anleitung zur Erforschung des eigenen Führungshandelns an der Schule

Bevor Führungskräfte Entwicklungsmaßnahmen setzen können, ist es oft erforderlich, den *Ursachen* möglicher Probleme auf den Grund zu gehen. Im Laufe dieses Kapitels ist deutlich geworden, dass es stark von der jeweiligen Perspektive der betroffenen Personen abhängt, wie eine gemeinsame Erfahrung interpretiert wird. Dieser Umstand macht es im Führungshandeln so schwierig, Maßnahmen zu setzen, die von allen mitgetragen bzw. akzeptiert werden.

Zur Analyse der eigenen Praxis hat sich folgende Schrittabfolge bewährt, die ähnlich einem Forschungsprozess abläuft:

❶ Eingrenzen des Interesses
Der Aufgabenbereich der Führungsarbeit ist sehr komplex. Zur erfolgreichen Analyse des Führungshandelns ist es daher erforderlich, den Bereich einzugrenzen, den man gerne genauer erforschen möchte. (*Motto: »Wer alles will, erreicht gar nichts!«*) Hilfreich kann dabei das Auflisten von unterschiedlichen Problemen sein, für die man sich eine Lösung sucht.

❷ Formulieren einer Forschungsfrage
Je präziser eine Forschungsfrage formuliert wird, umso präziser sind die Antworten darauf. Zur Veranschaulichung zwei Beispiele:
- »Warum ersticken an unserer Schule alle Ansätze für Schulentwicklung im Keim?« (unpräzise Frage)
- »Nach unserem letzten Pädagogischen Tag waren alle Lehrerinnen und Lehrer sehr positiv eingestellt. Warum sind daraus – trotz vielfacher Interessenbekundung – keine weiterführenden Aktivitäten entstanden?« (präzise Frage)

❸ Finden einer geeigneten Methode
Es gibt zahlreiche Methoden, um die Forschungsfrage aus ❷ zu beantworten. Solche könnten sein: mündliche Interviews (evtl. auch durch eine dritte Person), schriftliche Befragung, Beobachtung, Analysegespräch, Brainstorming-Methoden (z.B. Kartenabfrage) usw. Der Kreativität sind hierfür keine Grenzen gesetzt, nur der Machbarkeit in der Durchführung. Wichtig für den Einsatz der gewählten Methode ist, dass die Fragestellung aus ❷ nicht aus den Augen verloren wird. (Motto: Lieber das Einholen von schriftlichen Aussagen auf *einem* Blatt, das brauchbare Daten liefert, als ein aufwändiger, vierseitiger Fragebogen, der schon beim Ausfüllen abschreckt.)

❹ Daten sammeln
Jede Methode, die wir für die Datengewinnung einsetzen, ist eine »Intervention«. Sie kann daher auch ungewollte Nebenwirkungen hervorrufen (*»Will der uns ausspionieren?«*) Hier ist es hilfreich, sich an einen klassischen Grundsatz der Organisationsentwicklung zu halten: »*Kooperation statt Intervention*«, was die Wahl, vor allem aber was den Einsatz der gewählten Forschungsmethode anbelangt! Wichtig bei der Datensammlung ist, dass den Beteiligten mitgeteilt wird, was das Anliegen (das Forschungsinteresse, vgl. ❶) ist. Dazu zwei Beispiele zum Abschrecken bzw. Anregen:

☹ »Wir müssen beim Führungskräfte-Lehrgang eine Befragung an unserer Schule durchführen. Lassen Sie mich bitte nicht hängen!«

☺ »Schon seit langem mache ich mir Gedanken, warum … (Forschungsfrage erläutern). Ich merke, dass meine eigene Einschätzung nicht ausreicht, um mir das hinreichend zu erklären. Ich benötige dazu noch weitere Informationen aus dem Kollegium (von den Eltern, Schülerinnen und Schülern …).«

❺ Auswertung der Daten

Die Art der Auswertung der Daten hängt von der gewählten Methode ab. Es geht vor allem darum, die Daten so aufzubereiten, dass sie in der folgenden Phase interpretiert werden können. Bei quantitativen Daten (z.B. Fragebogenergebnissen) ist eine Zusammenfassung einfacher als bei qualitativen (z.B. Ergebnissen aus mehreren Interviews, die mittels Kassettenrekorder aufgenommen wurden). Wichtig ist, dass die gewonnenen Daten noch nicht *interpretiert*, sondern nur für die nächste Phase aufbereitet werden. Dafür unbedingt Mitglieder des Kollegiums beiziehen, um Transparenz zu schaffen!

❻ Analyse der Daten

Da die Interpretation von Daten stark von den eigenen Hypothesen geleitet wird, ist es hilfreich, die Analyse nicht allein durchzuführen. Das Einbeziehen von interessierten Mitgliedern des Kollegiums ist hier besonders wichtig, um Einseitigkeiten aus der Sicht der Schulleitung zu vermeiden. Diese Kooperation wirkt sich auch positiv auf das Datenfeedback (vgl. ❼) aus. In kleinen Kollegien kann die Datenanalyse auch gemeinsam mit allen Lehrerinnen und Lehrern erfolgen, sodass die Hypothesen aller berücksichtigt werden können. Für größere Kollegien (bzw. Arbeit mit Eltern, Schülerinnen und Schülern …) muss das Ergebnis für das Datenfeedback im nächsten Schritt entsprechend aufbereitet werden. Die Analyse kann aber auch in Gruppen arbeitsteilig von den Beteiligten selbst vorgenommen werden.

❼ Datenfeedback

Auch das Datenfeedback stellt eine Intervention dar, die ungewollte Nebenerscheinungen erzeugen kann. Daher ist die Vorbereitung dafür sehr wichtig. Erfahrungen haben gezeigt, dass *zu* ausführliche Präsentationen (zum Beispiel die Darstellung der Ergebnisse eines umfangreichen Fragebogens) wenig motivierend für den nächsten Schritt sind. Daher Konzentration auf das Wichtigste! Keine Beschuldigungen o. Ä., wenn die Ergebnisse nicht den eigenen Vorstellungen entsprechen! Tragen Sie auch dafür Sorge, dass Zeit und Raum für eine förderliche Auseinandersetzung mit den Ergebnissen gegeben sind (vgl. auch Kapitel 7 über Evaluation).

❽ Maßnahmen setzen

Selbstanalysen der beschriebenen Art sollen nicht Selbstzweck sein, sondern entsprechende Konsequenzen zeitigen. Diese können sich auf einen (neuen) Verhaltensaspekt im Führungshandeln beziehen (möglicherweise die Neubewertung eines Glaubenssatzes), aber auch auf konkrete weitere Maßnahmen. Wichtig ist für alle, dass die Ergebnisse in irgendeiner Form auch Wirkung zeigen, sonst heißt es: *»Was solls?«* oder *»Außer Spesen nichts gewesen!«*

Auf Grund bisher gewonnener Eindrücke sind wir davon überzeugt, dass sich über Werthaltungen und Überzeugungen nicht bloß kurz diskutieren und dann zur Entscheidung abstimmen lässt; andererseits führt auch das kollektive Wühlen in offenen Wunden nicht zu einer tragfähigen Basis für die Weiterarbeit. Dabei wird oft übersehen, dass Verhaltensweisen nicht einfach verändert werden können. Sie »werden gewissermaßen zum Tausch angeboten und zu Markte getragen. Jeder Einzelne muss dann subjektiv die Verhaltensweisen seiner Mitmenschen bewerten und abwägen, nach welcher Kosten-Nutzen-Analyse er seine Gegenleistungen bemisst. Der ›Wechselkurs‹ bestimmt, ob die Beziehung zwischen irgendeinem A und irgendeinem B eine Ausbeutungsbeziehung ist oder nicht. … Wenn man davon ausgeht, dass jeder der beiden Partner auf einer Gefühlsebene eine Gewinn- und Verlustrechnung aufstellt, so werden derartige Verhaltensweisen leichter nachvollziehbar. Man muss dann nach der subjektiven Bedeutung und Bewertung fragen. Der Schluss, zu dem man kommt, ist, dass jeder der beiden Interaktionspartner aus irgendwelchen Gründen – seien sie nun bewusst oder unbewusst – sich zu diesem Geschäft entscheidet.« (Simon 1997, S. 111–112) Bourdieu (1992) argumentiert, dass es vor allem vier gesellschaftlich akzeptierte Währungen gibt, die in einem solchen Tauschgeschäft eine Rolle spielen (siehe Abb. 24).

Derartige Auseinandersetzungen anlässlich von »Pädagogischen Tagen« bzw. »Klausuren« haben in Kollegien schon tiefe Gräben aufgerissen. Welche Möglichkeiten haben also Schulen, sei es mit Einbeziehung externer Beratung

Abbildung 24: Gesellschaftliche Tauschmittel

oder ohne diese Form der Außenunterstützung (vgl. En-der/Schratz/Steiner-Löffler u.a. 1996), ihr »verborgenes Schulpro-gramm« (Philipp 1996, S. 56) zu entdecken, um eine ehrliche ge-meinsame Ausgangsbasis für die weitere Entwicklung zu erhalten? Dies kann sinnvollerweise durch die Analyse der Realsituation *»Wie wir (unsere) Schule jetzt sehen«* und der Idealperspektive *»Wie wir (unsere) Schule in Zukunft sehen wollen«* geschehen.

»Nicht schon wieder einen Fragebogen!«

Nun gibt es bereits zahlreiche Instrumente und Materialien, die in der Organisationsanalyse zur Erfassung des Ist-/Sollstands eingesetzt werden, etwa Fragebögen oder Raster unterschiedlicher Art, die von einem Lehrerkollegium auszufüllen sind, doch ist deren Einsatz oft nicht unproblematisch, was aus unserer Sicht zwei Hauptursachen hat: Zum einen häufen sich in den letzten Jahren die aus den verschiedensten Gründen von Lehrer/innen auszufüllenden Fragebögen (für Diplomarbeiten, die an der Universität entstehen, für Befragungen von Meinungsforschungsinstituten, für Zeitschriften, die Schulrankings veranstalten, für Projekte einzelner Klassen zum Umweltbewusstsein oder zum Demokratieverständnis, für schulinterne Meinungserhebungen, z.B. bzgl. der gewünschten autonomen freien Tage), was die prinzipielle Abneigung vieler Lehrer/innen gegenüber dem (zeitgerechten) Ausfüllen von Fragebögen verstärkt hat; zum andern hat sich als Defizit herausgestellt, dass Ergebnisse von Analysen zum Ist-Zustand einer Schule nicht sofort verfügbar und damit für die aktuelle Arbeit in Kollegium und Lehrerfortbildung nicht gleich umsetzbar waren. Der Einsatz von Fragebögen beispielsweise führt auf Grund der Abhängigkeit von Rücklaufquoten, Einmahnungsphasen und externen Auswertungsprozeduren oft zu langen zeitlichen Abständen zwischen Datenerfassung, -analyse und -feedback, was erfahrungsgemäß Frustrationen auslöst. Der Gedanke war deshalb nahe liegend, nicht nur die *Analyse* der Daten computerunterstützt vorzunehmen, wie dies vielfach schon geschieht, sondern bereits deren *Erhebung*. Solche Instrumente zur Werteanalyse von Schulqualität auf computergestützter Basis können die rasche Arbeitsweise von Rechnern bei der Dateneingabe und -auswertung auch im Rahmen von Schulentwicklung nutzbar machen.

Wir stellen im Folgenden ein derartiges Softwareprogramm aus unserer eigenen Werkstätte vor, das sich derzeit im Erprobungsstadium befindet.

Bei der Konzeption der computergestützten Werteanalyse von Schulqualität gingen wir davon aus, dass das Ausfüllen von Frage-

bögen durch die Betroffenen und die Eingabe und Auswertung der
Daten verbunden werden können, um dadurch die »Durststrecke«
bis zum Beginn der eigentlichen Arbeit, der Auseinandersetzung
mit dem »verborgenen Schulprogramm«, abzukürzen. Mittels Di-
rektabfrage der Beteiligten durch den Computer und die unmittel-
bare Eingabe in den Rechner lassen sich die Daten sofort auswer-
ten und stehen daher gleich nach der letzten Eingabe zur Verfügung. So kann/können beispielsweise zur Vorbereitung eines
Pädagogischen Tages bzw. einer Klausur für die Teilnehmer/innen
ein bis zwei Wochen vor dem Veranstaltungstermin im Konferenzzimmer (oder einem anderen für Lehrer/innen leicht zugänglichen
Raum) ein oder mehrere Computer für die Dateneingabe bereit-
gestellt werden, an denen die Dateneingabe für die »Werteanalyse
Schulqualität«[1] durch die einzelnen Lehrer/innen erfolgt.

Nach der Durchsicht der kurz gefassten Bedienungsanleitung
kann die Schule ihre eigenen Fragebogen-Items entwickeln oder
auf Aussagen aus dem vorgegebenen Thesaurus zurückgreifen. Die
endgültige Auswahl richtet sich nach der thematischen Orientierung. Nach dieser Vorentscheidung kann der/die einzelne Leh-
rer/in sofort in das Programm einsteigen und mit der Arbeit beginnen. Dazu werden ihm/ihr themenrelevante Aussagen eingeblen-
det (vgl. Abbildung 25), zu der sie/er anhand einer fünfwertigen
Skala Stellung nimmt: Diese Prozedur hat in unseren Augen zwei
große Vorteile, erstens mehr Ehrlichkeit und zweitens eine Chance,
Grundsatzdiskussionen im Lehrerzimmer auf »sachliche Beine«
zu stellen:

● Durch die anonyme Eingabe kann jede/r unbeeinflusst sei-
  ne/ihre individuelle Meinung abgeben, ohne dafür zur Rechenschaft gezogen werden zu können. Beispielsweise erhielte die
  Aussage *»Die Schulleitung vermeidet ›Freunderlwirtschaft‹ und
  bemüht sich um ständigen guten Kontakt zu allen Mitgliedern
  des Lehrkörpers«* in einer offenen Diskussion kaum die Bewertung »trifft nicht zu«, da eine ehrliche Antwort auf Grund der
  Abhängigkeit in der beruflichen Alltagssituation wohl nur
  schwer möglich wäre. Dagegen bietet ein – anonym gewonne-
  nes – Gesamtergebnis, das aufzeigt, in welchem Ausmaß das
  Kollegium dieser Aussage, bezogen auf den eigenen Standort,
  tatsächlich zustimmt, eine solide Basis für den nächsten Schritt:
  Es geht um die nun anstehende Auseinandersetzung mit der

1 Dieses Computerprogramm wurde von Rens Veltmann technisch umgesetzt. Es hat in der Zwischenzeit den Erprobungsstatus erreicht und wird an
  unterschiedlichen Orten im deutschsprachigen Raum getestet.

Frage »Wie gehen wir damit um, dass es innerhalb des Lehrkörpers (bzw. zwischen Lehrkörper und Schulleitung) sehr unterschiedliche Wahrnehmungen dazu gibt?«

- Es finden an Schulen selten – vor allem über die Fachgrenzen hinweg – entwicklungsorientierte Gespräche über die *gemeinsamen* Vorstellungen von Unterricht statt; derartige Diskussionen münden nämlich rasch in »Glaubenskämpfe«, die dann Lagerbildung zur Folge haben – ein Prozess, der jede positive Entwicklung des Schulklimas hemmt! Die Bewertung der Aussage *»An der Schule besteht Konsens bezüglich Fragen des Lehrens und Lernens sowie der Lernorganisation (z.B. Hausaufgabenpraxis, Wiederholung des Stoffs, Länge der Aufgabenstellung bei Klassenarbeiten …)«* erhellt zunächst, wie die einzelnen Lehrer/innen die Situation an der Schule einschätzen. Das Gesamtergebnis zeigt auf, wieweit gegenwärtig unter den Kolleg/innen Konsens über das Vorhandensein gemeinsamer Vorstellungen von Unterricht besteht. Signalisiert das Gesamtergebnis Dissens, dann können in der Auswertungsphase gezielt Schritte gesetzt werden, die auf eine für das Kollegium wünschenswerte Art und Weise Konsensbildung fördern.

Die Werteanalyse kann auch im Rahmen einer mehrtägigen Fortbildungsveranstaltung eingesetzt werden, um dort die Teilnehmenden die Anbahnung eines Entwicklungsprozesses miterleben zu lassen. Dabei kann es sich durchaus auch um Teilnehmer/innen aus unterschiedlichen Schulen bzw. Schultypen handeln (z.B. bei Seminarveranstaltungen zur Qualifizierung für pädagogische Leitungsfunktionen).

Am ersten Seminartag verwenden die Teilnehmer/innen freie Phasen dazu, die Dateneingabe vorzunehmen. Vielleicht nützen

Abbildung 25: Mögliche Themenbereiche für die Werteanalyse

auch die ersten Ankömmlinge schon die Zeit des Wartens auf den Beginn der Veranstaltung, um ihre Einschätzung einzutippen, und stimmen sich so auf das Seminar ein. Stehen mehrere Geräte zur Verfügung, können einige Teilnehmer/innen gleichzeitig ihre Daten eingeben. Bisher hat sich gezeigt, dass bereits die Dateneingabe zu ersten Diskussionen führt – offensichtlich kann man sich nach dem persönlichen Bekenntnis zu einer bestimmten Werthaltung (wie es das Zuordnen auf der Beurteilungsskala von einem erfordert) der Thematik nicht (mehr) entziehen! Die einzelnen Items können z.B. nach sieben Subthemen gegliedert werden (s. Abb. 25, S. 132).

Diesen oder anderen Bereichen können die gewünschten Aussagen zur Schulqualität zugeordnet werden, welche die Schule erstellt oder aus dem Thesaurus entnimmt.[1] Das heißt, der/die Benutzer/in der jeweiligen Gruppe (z.B. eines Schulstandortes, der Seminargruppe einer Lehrerfortbildungsveranstaltung u.Ä.) erhält nacheinander die eingegebenen Aussagen auf dem Bildschirm präsentiert, die den in Abbildung 25 angeführten Themenbereichen zugeordnet sind.

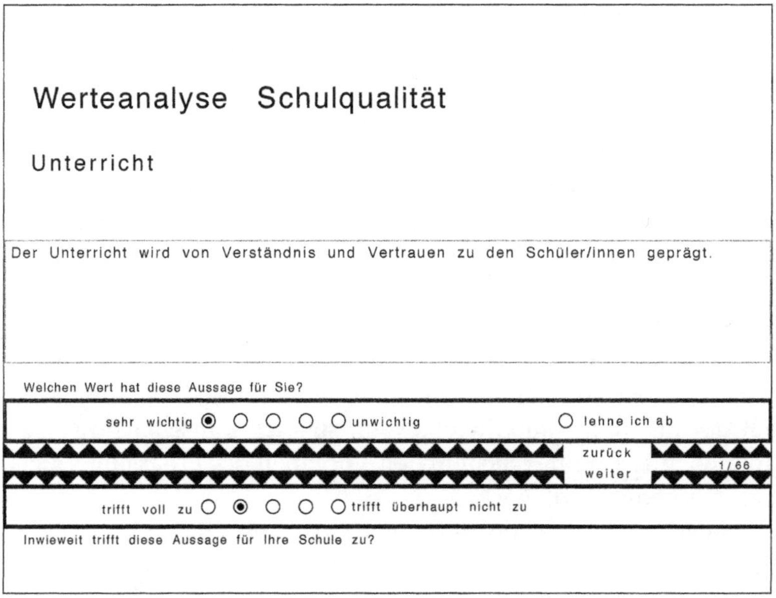

Abbildung 26: Screenshot Eingabe-Menü der Werteanalyse

1 Wir danken jenen etwa 30 von uns einbezogenen Expert/innen für Schulentwicklung, deren wertvolles Feedback in die nun vorliegende Endfassung der Item-Liste eingeflossen ist.

Der/die Benutzer/in wird zunächst danach gefragt, welchen Stellenwert diese Aussage auf einer selbst gewählten Skala für sie/ihn hat (Extrempole: sehr wichtig/unwichtig). Die Aussage kann aber auch ganz abgelehnt werden, ohne dass eine Bewertung vorgenommen wird, was etwa bei Items wie *»Die Mädchen werden im Unterricht systematisch gefördert«* denkbar ist. Die Zuweisung der Markierung *»unwichtig«* entspricht nicht der Stellungnahme *»lehne ich ab«*, weshalb gerade eine größere Zahl von Nennungen in der Spalte »Ablehnung« wichtige Diskussionen in der Auswertungsphase erwarten lässt, da hier Unterschiede in den Positionen besonders deutlich sichtbar werden. Der Stellenwert, der den jeweiligen Aussagen zugeordnet wird, ist als »Sollwert« definiert, er drückt die (Wert-)Vorstellungen der Befragten darüber, »wie es sein soll«, aus.

In einer zweiten Stellungnahme werden die Benutzer/innen gebeten einzuschätzen, wieweit das jeweilige Item für die eigene Schule zutrifft, das heißt, wie sich der Sollwert zur tatsächlichen Situation in der Praxis verhält. Dazu wird wiederum ein Markierungspunkt auf einer entsprechend gewählten Skala (zwischen den Polen »trifft voll zu« und »trifft überhaupt nicht zu«) mit der Maustaste angetippt. Die Einschätzung der Benutzer/innen darüber, in welchem Ausmaß die jeweiligen Items auf die eigene Schulsituation zutreffen, ist als »Ist-Wert« definiert, er entspricht also den (Wert-)Vorstellungen der Befragten darüber, »wie es derzeit ist« (vgl. Abb. 25).

Über das Anklicken einer Markierungsfläche kann weitergeblättert werden, worauf die nächste Aussage mit derselben Auswahlstruktur erscheint. Wenn Benutzer/innen sich auch frühere Items bzw. ihre eigene Einschätzung dazu nochmals anschauen wollen, können sie zurückblättern und gegebenenfalls auch Korrekturen ihrer ursprünglichen Zuordnung vornehmen. Nach der Vorlage des letzten Items erscheint eine neue Bildschirmmaske, auf der die Teilnehmer/innen, wenn sie dies wünschen, ergänzen können, was aus ihrer Sicht in den Vorgaben des Programms nicht berücksichtigt worden ist.

Nach Durchlaufen des gesamten Programms, das heißt, der vorher eingegebenen Aussagen und der eigenen Ergänzungen, ist die Datenerfassung abgeschlossen. Wenn das Eingabegerät an einen Drucker angeschlossen ist, hat der/die jeweilige Benutzer/in die Möglichkeit, das individuelle Gesamtergebnis – zur persönlichen Verwendung – auszudrucken. Diese Version ist auch für die Diskussion mit der Gesamtgruppe interessant, da dann Einzelergebnis(se) und Gesamtresultat verglichen werden können. (Leitfragen: »Wo stehe ich im Vergleich zu den anderen? Welche Bedeutung hat das für meine bisherige Arbeit gehabt? Welche Bedeutung könnte das für die künftige Entwicklung der Schule inkl. der Lehrer/innen haben?«) Außerdem lassen sich bei einer späteren zweiten Analyse mögliche Veränderungen in der Einschätzung von Merkmalen zur Schulqualität feststellen.

Wenn alle Mitglieder des Kollegiums bzw. einer Fortbildungsgruppe ihre Daten individuell eingegeben haben, kann mit dem Computerprogramm »Werteanalyse Schulqualität« unmittelbar darauf das Gesamtergebnis errechnet werden. Kommen mehrere Eingabegeräte zum Einsatz, müssen die einzelnen Dateien in eine Zentraldatei eingelesen werden, damit die Einzelergebnisse zusammengerechnet werden können. Das Gesamtresultat (des Kollegiums, einer Seminargruppe …) wird ausgedruckt, um es allen verfügbar zu machen und es als Grundlage für weiterführende Diskussionen verwenden zu können. In dem Ausdruck scheinen alle Aussagen auf, verbunden mit einer Aufschlüsselung, wie oft jeweils welche Einschätzung vorgenommen worden ist, und zwar in Form einer Ist- und Sollgegenüberstellung mit Angabe der tatsächlichen Werte – sowie von Mittelwert und Median (vgl. Abb. 27).

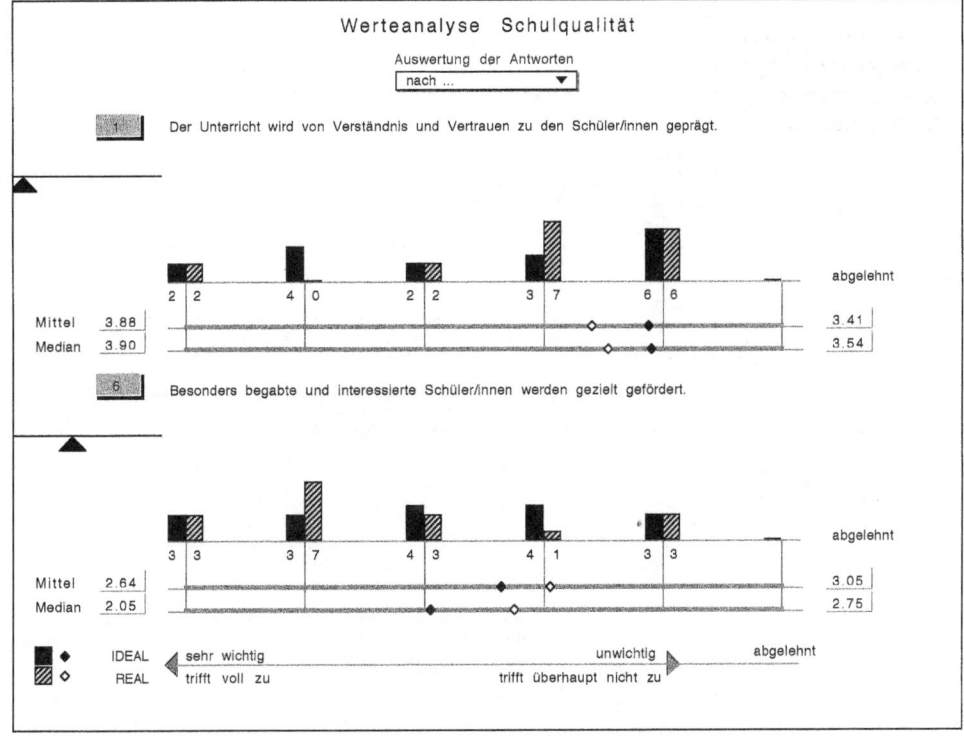

Abbildung 27: Screenshot des Gesamtergebnisses (REAL vs. IDEAL)

Zur besseren Übersicht können die unterschiedlichen Verläufe in den beiden Spalten (Einschätzung »Ist« und Einschätzung »Soll«) grafisch hervorgehoben werden, indem beispielsweise die Höchstwerte mittels einer Linie verbunden werden. Damit lässt sich rasch ein Vergleich zwischen Ist und Soll durchführen (vgl. Abb. 28). Wichtig ist der Hinweis, dass es sich hierbei lediglich um *Einschätzungen* handelt, die von den an der Analyse Beteiligten zu den vorgegebenen Aussagen gemacht worden sind. Diese *Werteanalyse* soll nämlich dazu dienen, die Werthaltungen der einzelnen Lehrer/innen in Form eines Gesamtbilds für die Schule bzw. (Seminar-)Gruppe sichtbar zu machen und damit das »heimliche Schulprofil« offen zu legen. Ausgehend von den vorliegenden Einstellungen zu den wichtigsten Aussagen über die »gute Schule« kann in der Folge ein systematischer Schulentwicklungsprozess in Angriff genommen werden.

Der besondere Wert der computergestützten Schulqualitätsanalyse liegt in der raschen Verfügbarkeit und der Demokratisierung der Vorgangsweise einer »Werteanalyse«, da die Einzelaussa-

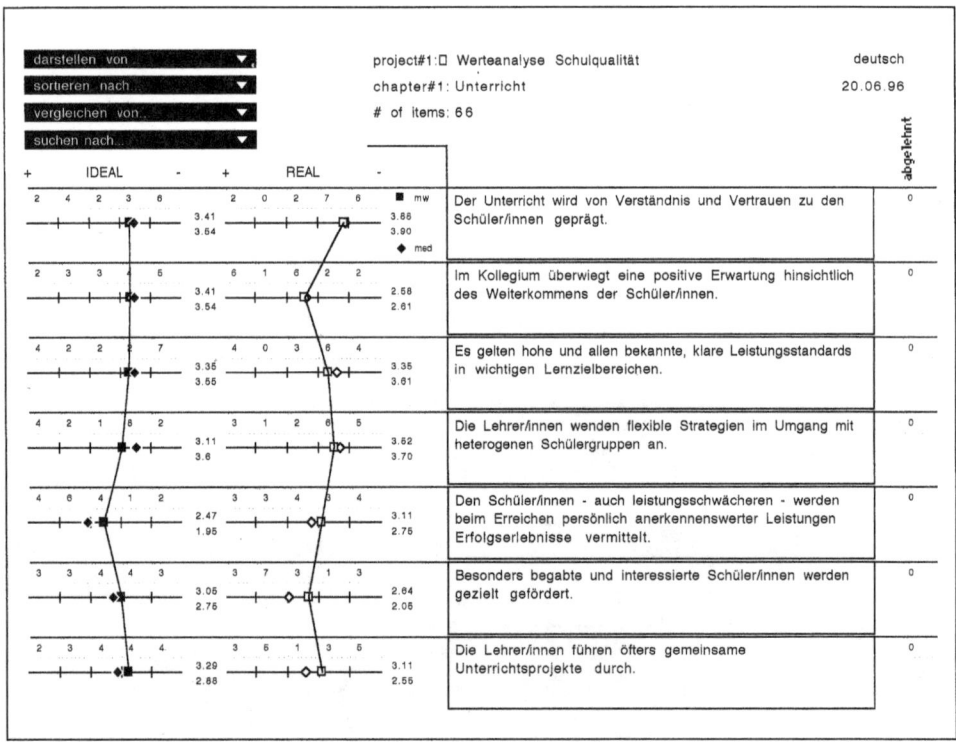

Abbildung 28: Screenshot der Gegenüberstellung einzelner Items

gen – etwa im Gegensatz zu einer Kartenabfrage – vollständig anonym bleiben und im Endergebnis alle in gleicher Weise berücksichtigt werden. Die eigentliche Arbeit beginnt allerdings erst mit
dem Vorliegen der Resultate und mit der Entscheidung darüber,
wie damit umgegangen wird. Dafür sollte unbedingt genügend
Zeit zur Verfügung stehen, vielleicht im Rahmen eines Pädagogischen Tages bzw. bei einer Pädagogischen Klausur. Für sehr wichtig
halten wir auch den maßvollen Umgang mit den Zeit- und Energieressourcen aller Beteiligten, was es notwendig erscheinen lässt,
die weiteren Umsetzungsschritte nach Prioritäten zu ordnen – es
sollte keinenfalls im ersten Überschwang alles auf einmal angegangen werden!

Der Schlangenbürstenbaumseilbrei namens Elefant

Am Ende der Betrachtung der Lernenden Schule aus systemischer Perspektive stellen wir uns noch einmal die Frage, ob sich wohl die fünf Weisen angesichts der verwirrenden Wirklichkeit des Schlangenbürstenbaumseilbreis auf eine Realitätskonstruktion vom Elefanten einigen werden. Wie können sie dem unbekannten Wesen gewappneter gegenübertreten, vor allem aber, wie können sie Konsens über den weiteren Umgang mit diesem Tier, etwa über seinen Arbeitseinsatz, erlangen? Nur, indem sie ihren Dialograum öffnen und indem sie sich von den Denkkategorien *Entweder – Oder* bzw. *Richtig – Falsch* lösen. Das wird wiederum nur gelingen, wenn sich die Freiheit jeder ihrer fünf individuellen Entscheidungen mit dem Übernehmen von Verantwortung für diese Entscheidung und mit Toleranz gegenüber den Entscheidungen der anderen verbindet. (Es ist zu vermuten, dass sich auf diese Weise mit Hilfe des Elefanten vortrefflich die schwersten Lasten befördern lassen, selbst wenn es ihn zunächst gar nicht gegeben haben sollte.)

Kapitel 4
Bewegungen

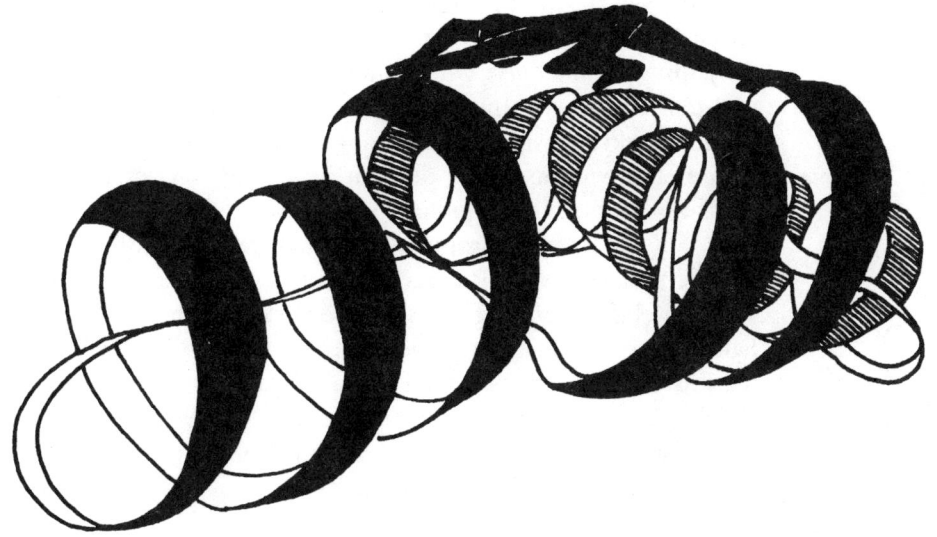

Was Innovation fördert, was sie hemmt

Das Wiedersehen
Ein Mann, der Herrn K. lange nicht gesehen hatte, begrüßte ihn mit den Worten:
»Sie haben sich gar nicht verändert.« – »Oh!«, sagte Herr K. und erbleichte.
(Bertolt Brecht)

Schulentwicklung wird durch verschiedene Faktoren gefördert bzw. gehemmt, durch *äußere* oder *innere* Anlässe (Bedarf bzw. Bedürfnis), durch eine *Top-down-* oder eine *Bottom-up*-Bewegung (wer hat jeweils die Macht, Einfluss zu nehmen?) und schließlich durch *Druck* oder *Zug* (Dynamik der Kräfte »Weg von« oder »Hin zu«). Obwohl alle diese Dimensionen im Schulalltag relevant sind und den Erfolg von Innovationen stark beeinflussen, werden sie oft nur punktuell wahrgenommen und eher zufällig identifiziert.

Der Innovationswürfel, den wir im Folgenden vorstellen wollen, ist ein einfach zu handhabendes Analyseinstrument, das den Blick auf das Zusammenspiel dieser Faktoren erleichtert. Anhand von Beispielen aus der Praxis der Schulentwicklung werden in diesem Abschnitt Wirkung und Wechselwirkung von verschiedenen Faktorenkonstellationen aufgezeigt. Der Einsatz des Innovationswürfels erweist sich bei der Beantwortung folgender Fragen als hilfreich: »Welche Erfolgsaussichten hat ein Vorhaben?«, aber auch »Was sind mögliche Ursachen für das Scheitern einer Initiative und worauf muss bei zukünftigen Projekten geachtet werden?«

Worauf haben wir uns da eingelassen?

Am Beginn unserer Recherchen stand aber eine ganz andere Frage:

Auf der Suche nach dem Beginn

»Was war eigentlich der Anlass für Sie, sich gemeinsam auf den
Weg zu machen in Richtung Schulentwicklung?« – Antworten von
Lehrerinnen und Lehrern auf diese Frage sind nur in Ausnahme-
fällen klipp und klar:

> *Ja, das war eindeutig der Umzug ins neue Schulgebäude,
> verbunden mit der Umstellung auf Ganztagsschule!*

Oft kommt statt einer Antwort spontan die Gegenfrage:

> *Was meinen Sie mit Schulentwicklung?*

So reagieren sogar Teams, die bereits seit Jahren an der Profil-
bildung ihrer Schule arbeiten, allerdings ohne dass der Begriff
»Schulentwicklung« je ins Spiel gekommen wäre; aus der Außenperspektive fällt auf, dass von verschiedenen Beteiligten ganz verschiedene Ereignisse als *der* auslösende Reiz für ein und denselben (?) Schulentwicklungsprozess benannt werden:

> *Wann bei uns das erste Mal von Schulentwicklung die Rede war?
> Ich glaube, bei der Schlusskonferenz voriges Jahr hat ein Kollege
> erstmals etwas von Schüler- und Elternfragebögen erwähnt, aber
> das war mir einfach zu knapp vor den Ferien, wissen Sie …*

> *Ganz klar, als die neue Direktorin kam, letztes Jahr, also die
> brachte einen Haufen neuer Ideen mit, naja.*

Dementsprechend differieren auch die individuellen Beweggründe fürs Mitarbeiten:

> *Diese Schule braucht einfach mehr Teamarbeit, und ich hoffe, dass mein Konzept vom Kollegium jetzt endlich angenommen wird.*

> *Na, hoffentlich bringen die vielen Arbeitstreffen was, damit die gestörte Kommunikation mit unserem Chef besser wird, mal sehen …*

Das gilt vielleicht umso mehr, wenn es die übergeordnete Behörde ist, die Schulentwicklungsschritte per Erlass anordnet, beispielsweise die Erstellung eines »Schulprofils« unter Einbeziehung der Schulpartner.

> *Wir waren richtig froh, dass wir endlich einmal über uns selber reden mussten und über unsere Vorstellungen von der Zukunft dieser Schule, sonst nimmt man sich die Zeit ohnehin nicht!*

> *Unser Schulprofil[1]? Da reicht es doch, die Schultypen, die wir anbieten, und die Schülerzahlen aufzulisten, das soll doch bitteschön unser Direktor allein zusammenstellen!*

Offenbar geht es also auch hier darum, nach Inseln der Übereinstimmung in dem Meer von unterschiedlicher Wahrnehmung (vgl. Simon 1993, S. 61 bzw. Kapitel 3) zu suchen.

Allen Situationen, auf die sich die zitierten Aussagen beziehen, ist gemeinsam, dass Schulentwicklung wohl nicht auf Grund eines Einzelereignisses »plötzlich beginnt«, sondern dass sie durch verschiedene Faktoren gefördert oder gehemmt wird. Schon auf den ersten Blick lässt sich, bezogen auf den Einzelstandort, zwischen *»äußeren«* und *»inneren«* Entwicklungsanlässen differenzieren (vgl. Schratz 1996); diese Differenzierung betrachten wir für die Schule als Organisationseinheit durchaus als relevant, für die dort

Halb zog
sie ihn,
halb sank
er hin …
J.W. Goethe

1 In Österreich wird unter »Schulprofil« inhaltlich das verstanden, was in Deutschland oft als »Schulprogramm« bezeichnet wird.

Arbeitenden mag es aber kaum einen Unterschied machen, ob die Schulleitung nun einen Impuls der Schulbehörde weiterleitet oder eine eigene Idee umgesetzt haben will, in beiden Fällen kommt der Auftrag »von oben«.

Andererseits weisen einschlägige Erfahrungen (»Betroffene zu Beteiligten machen!«) und Forschungsergebnisse (vgl. u.a. Sprenger 1993) nach, dass die Identifikation mit einer Entwicklungsmaßnahme und damit deren Erfolgschancen dann am größten sind, wenn diese Maßnahme von »der Basis« initiiert, auf alle Fälle aber mitgetragen wird, deshalb wird in der Literatur häufig zwischen *Top-down- und Bottom-up*-Innovationen unterschieden (vgl. Doppler/Lauterburg 1994), wobei die Komplexität der Situation erfahrungsgemäß zunimmt, wenn die Basis von den Interessen deutlich unterscheidbarer Gruppen geprägt wird (»fraktionierte Basis«).

Als dritte Dimension erscheint uns das Gegensatzpaar *Druck und Zug* wichtig (vgl. Lewin 1951): Wird ein Entwicklungsschritt auf Grund von (Leidens-)Druck gesetzt oder auf Grund der Anziehungskraft einer Sache? Dazu zwei unserer Erfahrung nach typische Beispiele aus der Praxis:

● Starkes Ansteigen der Aggressivität der Schüler/innen wird im Allgemeinen als Alarmsignal gesehen, das *Druck* auf Schulleitung und Kollegium ausübt, die Richtung der daraufhin einsetzenden Aktivitäten ist dabei *»weg von«* etwas (weg vom aggressiven Verhalten).

● Engagieren sich Eltern hingegen auf Grund von positiven Erfahrungen in der 5. Schulstufe mit dem Fach »Soziales Lernen« dafür, dass ihren Kindern dieses Fach auch in den höheren Klassen angeboten wird, sind *Zug*-Kräfte am Werk, die Richtung der Aktivitäten ist *»hin zu«* etwas (hin zu einer Vertiefung des Sozialen Lernens), auch wenn diese Aktion von den betroffenen Lehrer/innen vielleicht als Druck empfunden wird.

Bei der Anwendung dieses Kriteriums zur Differenzierung von Entwicklungsimpulsen nimmt man in Kauf, dass ein und derselbe Schritt möglicherweise von einer Person in erster Linie als Reaktion auf Druck und von der anderen vor allem als Bewegung hin zu einem Ziel interpretiert wird, jemand Dritter mag die Maßnahme als Kombination von beiden Kräften sehen – es gibt demnach hier kein Richtig oder Falsch, sondern es kommt auf die Brille an, die man sich aufsetzt; jedenfalls trägt die Auseinandersetzung mit diesen unterschiedlichen Perspektiven zur Motivationsklärung bei und kann eine gemeinsame Zielfindung vorbereiten.

Der Innovationswürfel als Analyseinstrument

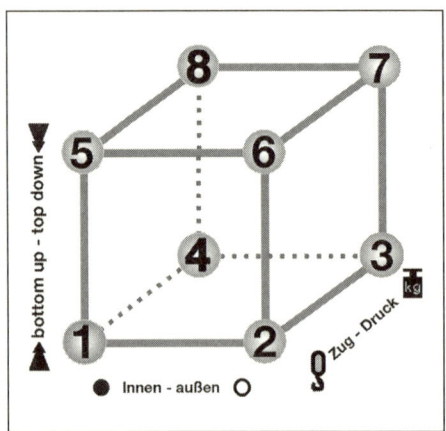

Abbildung 29: Die drei Dimensionen des Innovationswürfels

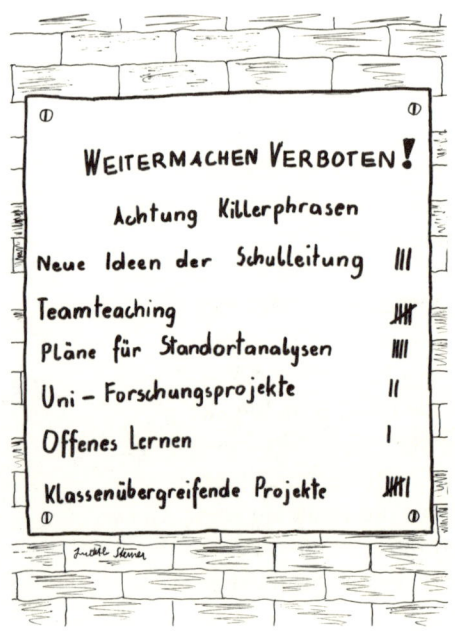

Um das komplexe Kräftespiel rund um diese drei Aspekte schulischer Innovationsprozesse anschaulich darstellen zu können, haben wir die Form des Würfels gewählt; dessen Grundfläche wird von den Dimensionen *Innen/Außen* und *Zug/Druck* aufgespannt, seine Höhe entspricht der Dimension *Top down/Bottom up.* Damit kann jedem Schulentwicklungsimpuls, sobald man ihn bezüglich der drei von uns herangezogenen Aspekte eingeschätzt hat, »sein« Punkt im Innovationswürfel zugeordnet werden (siehe Abb. 29).

Damit die acht verschiedenen Innovationsgrundmuster in ihrem Realitätsbezug anschaulich werden, haben wir eine Reihe von Beispielen aus dem Schulalltag gegriffen, die die praktische Relevanz der drei Würfeldimensionen deutlich machen sollen. Diesem Zweck dient auch die Auflistung von jeweils typischen Manifestationen von Widerstand, die sich als Einwände – oft als »Killerphrasen« formuliert – daraus ergeben. Die Einordnung von konkreten Veränderungsimpulsen in das Würfelmodell hat die Aussagekraft einer Blitzlichtaufnahme, nur auf *eine* Phase der Entwicklung, hier ist es der Ausgangspunkt, kann sich dabei unser Kameraobjektiv richten. (Im weiteren Verlauf des Kapitels rücken dann auch die Positions*veränderungen* von Initiativen mehr in den Blick.)

Würfel-ecke	Symbole	Beispiele	Häufige Einwände
❶	●⊟↑	Schüler/innen der Jahrgänge 9 bis 12 wollen in ihrer Freizeit Work-shops für jüngere Schüler/innen in der Schule machen, einige Lehrer/innen unterstützen die Idee.	Rückzug auf unüberwindliche bürokratische/organisatorische Hindernisse: »Tolle Idee, aber leider, leider, es geht nicht, weil …«
❷	○⊟↑	Eltern sind vom Fach »Soziales Lernen«, das ihre Kinder in der 5. Schulstufe besuchen, begeistert und wollen die Schule dazu bringen, es durch Umwidmung von anderen Unterrichtsstunden auch in den höheren Klassen anzubieten.	»Die Eltern stellen sich das viel zu einfach vor! Außerdem sind *wir* die Experten für Pädagogik.«
❸	○⬛↑	Eine »Integrationsklasse« (behin-derter und nicht behinderter Kinder) ist nach der Grundschule auf Grund der Aufsplitterung in Gymnasium und Hauptschule von der Auflösung bedroht; die Eltern geben sich damit nicht zufrieden und erarbeiten ein Modell »quer zu Hauptschule und Gymnasium«, das sowohl die soziale Einheit der Klasse als auch die Bildungschan-cen aller Schüler/innen dieser Klasse nach der Grundschule erhält, wodurch in wesentlich verstärktem Maße Teamarbeit der Lehrer/innen notwendig wird.	»Aha, sollen jetzt die Sonderschüler bei uns Matura/Abitur machen?«
❹	●⬛↑	Immer mehr Schüler/innen verlassen während des Schul-jahres die Schule und wechseln zu Standorten mit – angeblich – höherem Leistungsniveau. Einige Lehrer/innen wollen rasch etwas dagegen unternehmen.	»Wem es bei uns nicht passt, der soll gehen. Sie werden schon sehen, wie's ihnen dort ergeht.«
❺	●⊟↓	Die Schulleitung will ihre auf einer US-Studienreise gewonnenen Erfahrungen mit »Visionsarbeit« jetzt unbedingt an der eigenen Schule umsetzen.	»Kaum schnappt er/sie etwas Neues auf, müssen wir es schon ausprobieren!«
❻	○⊟↓	Die Schulbehörde erster Instanz ordnet für alle ihr unterstellten Schulen die Erstellung von Schulprofilen/-programmen an. (Die Behörde agiert in diesem Fall auf ein Ziel hin und nicht unter Druck.)	»Haben die da oben nichts Besseres zu tun, als sich für uns neue Arbeit auszudenken!?« (Oft in Verbindung mit Hinweisen auf Maßnahmen der Kategorie ❼!)

Würfel-ecke	Symbole	Beispiele	Häufige Einwände
❼	○ kg ↓	Das Parlament beschließt ein Gesetz zur Verankerung von fächerübergreifenden Prüfungen im Rahmen der Reifeprüfung. Der Anlass: massive Klagen von Universitäts- und Wirtschaftsvertreter/innen, die Abiturient/-innen seien völlig unfähig zu fächerübergreifendem Arbeiten.	»Auf unserem Rücken kann man leicht fortschrittlich sein … und niemanden interessierts, ob ich mit dem Fachkollegen überhaupt gut auskomme, und wenn ich mich blamiere, weil ich von dem anderen Fach nichts verstehe? Und woher sollen die Schüler/-innen das fächerübergreifende Denken auf einmal bei der Reifeprüfung können? Unser System lässt so etwas ja gar nicht zu!«
❽	● kg ↓	Die Schulleitung nimmt Drogen-probleme an der Schule zum Anlass für ein großes Projekt zum Thema »Primäre Sucht-prävention« und erwartet die aktive Mitarbeit des gesamten Kollegiums.	»Typisch Chef/in, will sich als *trouble shooter* profilieren, dabei nützt das ganze Gerede nichts, was kann man schon dagegen machen!«

Kommen Ihnen manche dieser Positionen bekannt vor? Testen Sie einmal, was die Würfelanalyse für das Verständnis von »typischen« Innovationsverläufen bringen kann, die wir aus unserer praktischen Erfahrung zusammengestellt haben und die Ihnen so oder in ähnlicher Form bestimmt auch schon begegnet sind.

Würfelspiele

1. Schritt:

Welche Position im Würfel würden Sie den folgenden Ereignissen/Impulsen zuordnen? Besprechen Sie sich zuerst in Paaren, dann tragen Sie die in der Partnerarbeit gefundenen Lösungen in die Würfelabbildung 29 ein, und vergleichen Sie Ihre Ergebnisse in der Gruppe.

Das Ministerium gibt die Budget-kürzungen, die das Unterrichts-ressort treffen, an die einzelnen Schulen weiter und kürzt das Budget für Freifächer/freiwillige Angebote um 80%.	Eltern fordern angesichts einer großen Zahl an negativen Zensuren im Fach Englisch eine Vereinheitlichung bzw. Änderung der Beurteilung.

An einer Hauptschule im ländlichen Bereich hat *Integriertes Fördern* bisher nicht stattgefunden; eine aus der benachbarten Stadt neu an die Schule kommende Lehrerin bringt ihre Erfahrungen mit Integriertem Fördern ein und führt der Schulleitung und interessierten Kolleg/innen vor, wie das in der Praxis vor sich geht, sie löst damit im Kollegium einen intensiven Diskussionsprozess pro und contra Integriertes Fördern aus.

Gerade die ausländischen Schulabgänger/innen einer Hauptschule mit hohem Anteil an Kindern mit nichtdeutscher Muttersprache haben große Probleme, nach der Schule einen Arbeitsplatz zu finden. Die Vertretungen der beiden Nationalitätengruppen, die an diesem Standort zahlenmäßig die größten sind, treten an die Schule heran und schlagen eine gemeinsame Initiative zur Verbesserung der prekären Situation vor.

Die örtliche Schulbehörde ordnet für alle ihr unterstellten Gymnasien die Erarbeitung von Schulprogrammen an, um bei notwendig werdenden Neubesetzungen Leiterstellen anhand der jeweiligen Vorgaben »schulscharf« ausschreiben zu können.

Im Kollegium einer großen innerstädtischen Realschule wächst der Frust über steigende Disziplinprobleme im Unterricht und während der Pausen und über das mangelnde Verständnis der Schulleitung für die Situation der Lehrer/-innen.

Wenn diese Aufgabe Mitgliedern verschiedener Schulen gestellt wird, etwa im Rahmen einer schulübergreifenden Fortbildungsveranstaltung, dann sollte man unbedingt die Partnerarbeit so organisieren, dass Vertreter/innen verschiedener Schulen bzw. Schultypen miteinander arbeiten. So lässt sich die Heterogenität der Erfahrungen am besten nützen; noch verstärkt wird dieser Effekt, wenn Schulvertreter/innen *verschiedener* Regionen oder Länder zusammentreffen, dann ergibt sich aus der Diskussion um die Einordnung der gegebenen Impulse so etwas wie eine interkulturelle Systemanalyse. (Wir haben zum Beispiel einmal miterlebt, dass Schulleiter/innen aus verschiedenen europäischen Ländern die »realistische« Position der Eltern im Innovationswürfel extrem unterschiedlich bestimmten: für die einen war eine Elterninitiative ganz selbstverständlich »unten« einzuordnen, also bei Eckpunkt ❷ oder ❸, für Direktor/innen aus einem anderen Land, ebenso selbstverständlich, bei ❻ oder ❼, das heißt als *top down*-Impuls.)

2. Schritt:
Greifen Sie nun auf Ihre Notizen zurück und wählen Sie – wieder in Partnerarbeit – jene Initiative aus, die Sie im Zusammenhang mit Ihrer eigenen Berufswirklichkeit am meisten interessiert: Welchen Verlauf wird diese Initiative weiterhin nehmen? Können Sie sich da erfolgreichere und weniger erfolgreiche Alternativen vorstellen? Verfolgen Sie die Spuren der realistischsten Varianten und halten Sie sie als Linien im Würfel fest! Wenn Sie etwa annehmen, dass der Vorstoß der Volksgruppenvertretung in Beispiel X die volle Unterstützung der Schulleitung erhält, wandert die dazugehörige Positionsmarke näher zu Punkt ❺ oder ❽? Warum? Weil die Schulleitung *(top down, innen)* sich jetzt auch für die Sache stark macht, sei es aus Überzeugung (❺), sei es mehr als Reaktion auf den Druck (❽). Bezogen auf den Anfangsimpuls, hat sich die Initiative also näher zum *Würfelmittelpunkt* hinbewegt.

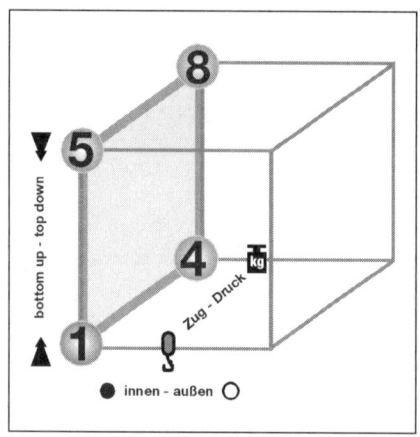

Abbildung 30:
Die »innere
Seite« des
Innovations-
würfels

Im Folgenden setzen wir uns insbesondere mit Entwicklungen auseinander, die im Inneren ausgelöst werden, und zwar deshalb, weil die Einzelschule auf diese »hausgemachten« Impulse erfahrungsgemäß mehr Einflussmöglichkeiten hat – sie können der *linken* Seitenfläche des Innovationswürfels zugeordnet werden (vgl. Abb. 30).

Zunächst wird jeder der vier Eckpunkte dieser Fläche (das sind die Würfelpositionen ❶, ❹, ❺ und ❽) anhand eines authentischen Beispiels aus der aktuellen Schulpraxis erläutert. Dabei gehen wir der Frage nach, wie sich innere Impulse in Kombination mit den Dimensionen *Top down–Bottom up* und *Zug–Druck* auf die Situation der Betroffenen/Beteiligten auswirken. Danach versuchen wir zu klären, was an den geschilderten Prozessen für das Initiieren von Schulentwicklung im Allgemeinen bedeutsam ist.

Von der Ausspeisung zum individuellen Menü – eine Lehrerin initiiert Offenes Lernen in ihrem Gymnasium

Beispiel für Würfelecke   ❶ ● 🔖 ↑

Wir haben eine liebe Kollegin, deren Kreativität und Engagement wir seit langem kennen und bewundern, gebeten, ihre Erfahrungen als Impulsgeberin für neue Lernformen an ihrer Schule für uns aufzuschreiben. Hier ihre Darstellung[1].

Das kann doch nicht alles gewesen sein
Seit Beginn meiner Unterrichtstätigkeit in den Siebzigerjahren habe ich mit Klassen aller Altersstufen zahlreiche fächerübergreifende und fachbezogene Projekte verschiedenster Organisationsform durchgeführt und dabei immer wieder mit Kolleg/innen im Team zusammengearbeitet. Diese Phasen der Zusammenarbeit waren jeweils die »Highlights« des Schuljahres, wohingegen der übrige Schulalltag in dieser Hinsicht ein eher einsamer war, obwohl ich mich auch damals sehr engagierte und meinen Unterricht sorgfältig plante. Der Menüplan des Wissens richtete sich jedoch zuerst eher nach den Schulbüchern, nach größer werdendem Un-

---

1 Wir danken Marliese Pick für ihre Bereitschaft, uns an ihren Erfahrungen in dieser Form teilhaben zu lassen.

behagen immerhin nach dem Lehrplan, aber jedenfalls im allgemeinen – außer bei den Projekten – nicht nach den Bedürfnissen der Schüler/innen. Während eines Karenzjahres hatte ich dann das Glück, sehr viel von der Grundschullehrerin meines Sohnes über Kindorientierung, Einbeziehung von Eltern und Organisation Offenen Lernens lernen zu können. Sie setzte mich als Mutter mit Lehr-Erfahrung und willige Schülerin in Sachen offene Lernformen gerne zur Betreuung von Stationen oder von schwächeren Schüler/innen ein.

Auf der Suche nach Gleichgesinnten
Nach meiner Rückkehr in die Schule verspürte ich zunächst einmal Unbehagen, während ich den Schüler/innen das oben erwähnte, sorgfältig geplante Menü servierte und sah schließlich ein, daß dieses eher einer Ausspeisung ähnelte, also auf keinerlei Individualität Rücksicht nahm. In der Grundschule hatte mich beeindruckt, mit welcher Freude kleine Kinder lernen, stolz darauf sind, was sie schon rechnen können, und physikalische »Forschungen« anstellen, bevor sie das Wort Physik überhaupt gehört haben. Während ich meinen eigenen Unterricht zu verändern versuchte, nahm ich an, daß doch die anderen Mathematik- und Physiklehrer ebenso wie ich darunter leiden müßten, daß diese Gegenstände eher unbeliebt waren, obwohl wir sie doch aus Interesse studiert hatten. In eher zufälligen Gesprächen mit einigen Fachkolleg/innen stieß ich aber leider auf sehr konträre Meinungen über das Lernen. Die Meinung, daß Medizin bitter sein muß, um zu wirken, schien mir doch sehr verbreitet zu sein. Ich war enttäuscht, aber ich wollte nicht aufgeben.

Um mir nicht weiter kalte Füße zu holen, sprach ich daraufhin gezielt jene an, von denen ich vermutete, daß es ihnen ähnlich wie mir ging – jene, von denen ich schon früher das Gefühl hatte, es ginge ihnen nicht nur um die reine Vermittlung von Fachwissen. Und siehe da: Im Gespräch mit diesen Fachkolleg/innen, Personen, von denen ich von jeher wußte, daß sie an Neuem und Veränderungen interessiert waren, stellte sich heraus, daß es Naturwissenschaftslehrer/innen gab, denen es ähnlich ging. Über ein von der örtlichen Schulbehörde gefördertes Projekt »Entwicklung offener

Lernformen in der Mittelstufe« sprach ich Kolleg/innen anderer Gegenstände an, und einige Lehrer/innen beschlossen, sich als Team am Projekt zu beteiligen. Wir begannen offene Lernformen schrittweise in unseren Unterricht einzubauen, wie es die Modellbeschreibung des Projektes vorsieht.

Sich Zeit nehmen

Es war nicht leicht, Kolleg/innen, die ohnehin viel Zeit in ihre Unterrichtsvorbereitung investierten, zu regelmäßigen Treffen zusammenzutrommeln. Die ziemlich regelmäßigen Teamtreffen ermöglichten internen Erfahrungsaustausch und brachten erste Ansätze zu gemeinsamer Planung. Dabei haben sich an unserer Schule verschiedene Organisationsformen offener Lernformen entwickelt, wobei wir im ersten Jahr von einer im Offenen Lernen erfahrenen Kollegin aus einer Hauptschule betreut wurden. Das machte Mut für eigene Entwicklungen.

Die Einführung offener Lernformen an der Schule ging allerdings nicht völlig harmonisch vor sich. Wir waren eine Minderheit und wurden teilweise massiv von Kolleg/innen angegriffen, die fanden, daß wir den Schulalltag durcheinander brächten, und die sich Sorgen um den gewohnten Gang der Dinge machten. Die Konflikte wurden – und auch das war neu – zumindest teilweise ausgetragen. Jahr für Jahr wurde von uns bei der Lehrfächerverteilung der Wunsch geäußert, einige von uns endlich gemeinsam in einer ersten Klasse als Team einzusetzen, um offene Lernformen fachspezifisch und fächerübergreifend anbieten zu können und dabei die Gelegenheit zu haben, gemeinsam an Weiterentwicklungen zu arbeiten.

Natürlich hatten wir auch verschiedene Wünsche bezüglich der Klassenstundenpläne. Wer mit offenen Lernformen arbeitet, merkt bald, daß ein flexiblerer Umgang mit Zeit nötig ist, als es der übliche 50-Minuten-Takt des Fächerunterrichts vorsieht. Im Laufe der Jahre sind Doppelstunden nach Wunsch im Stundenplan selbstverständlich möglich geworden. Darüber hinaus wurde auch unser Wunsch erfüllt, Deutsch, Mathematik, Englisch und Biologie gemeinsam in einer ersten Klasse als Team unterrichten zu können. Und wie es das Schicksal so wollte, hatte just zu dieser Zeit die Geografielehrerin der Klasse in der Grundschule ihres Kindes offene Lernformen kennengelernt und wollte an fächerübergreifenden Phasen teilnehmen.

Organisation fächerübergreifender Phasen

In dieser ersten Klasse unterrichtete also endlich ein Team von Lehrer/innen, die einerseits in den Fächern Deutsch, Englisch, Mathematik offene Lernformen regelmäßig in Doppelstunden einsetzten, andererseits auch fächerübergreifende Phasen zu bestimmten Themen wie z. B. »Tiere«, »Winter«, organisierten, an denen auch die Fächer Biologie und Geografie beteiligt waren. Die an den fächerübergreifenden Phasen mitwirkenden Lehrer/ -innen entschieden jeweils, welche der möglichen Stunden dem offenen Arbeiten gewidmet wurden.

Montag	Dienstag	Mittwoch	Donnerstag	Freitag	Samstag
Religion	Mathematik	Mathematik	Geografie und Wirtschafts-kunde	Mathematik	Bildnerische Erziehung
Deutsch	Werk-erziehung	Mathematik	Mathematik	Deutsch	Bildnerische Erziehung
Englisch (geteilt)	Werk-erziehung	Biologie und Umweltkunde	Deutsch	Leibesübungen (geteilt)	Musik-erziehung
Englisch (geteilt)	Geografie und Wirtschafts-kunde	Biologie und Umweltkunde	Deutsch	Leibesübungen (geteilt)	Verkehrs-erziehung
Biologie und Umweltkunde	Musik-erziehung	Deutsch	Englisch (geteilt)	Religion	
		Englisch (geteilt)			

Durch im Stundenplan von vornherein vorgesehene Blockungen der betreffenden Gegenstände (grau unterlegt) war es nicht notwendig, den Stundenplan aufzulösen, um über längere Zeiträume hinweg offen unterrichten zu können. Das wiederum ersparte uns einige Konflikte mit Kolleg/innen, die von unserer Idee noch nicht so überzeugt waren.

Wir stellten den Schüler/innen jeweils drei Stunden an aufeinanderfolgenden Tagen zur Ausführung des fächerübergreifenden Arbeitsplanes zur Verfügung. Innerhalb dieser Zeit konnten die Schüler/innen wählen, welche Pflicht- und Wahlaufgaben aus dem Arbeitsplan sie erledigen wollten. Außerdem konnten sie sich die Zeit selbst einteilen.

Gespräche zwischen Schüler/innen und Lehrer/innen ermöglichten es, laufend Ideen aufzugreifen und Planungen zu optimieren. Dabei haben wir Lehrer/innen mehr und mehr auf die Bedürfnisse der Betroffenen geschaut. Unser pädagogisches Engagement entwickelte sich von einer Planung über die Köpfe der Betroffenen hinweg zu einer Arbeit mit den Betroffenen.

Dieses Beispiel für einen Einstieg in Schulentwicklung entspricht genau der Positionierung auf den Koordinaten *»Innen«*,

»*Bottom up*« und »*Zug*« (Eckpunkt ❶ auf dem Innovationswürfel). Die interessierten Lehrer/innen haben die Aktivitäten der Physik-Kollegin eher als Zug empfunden, während sie selbst auf die unbefriedigende Situation, das heißt den Druck reagiert, dass es unter den Klassenlehrer/innen wenig konkrete Maßnahmen zur ›Individualisierung des Einheitsmenüs‹ gibt. Die Initiative, die sie setzt, trägt wiederum dazu bei, dass sich auch andere Klassenlehrer/innen angezogen fühlen, am Offenen Lernen teilzunehmen. Offensichtlich ergibt sich auch für sie ein Bedürfnis, ihre gegenwärtige Situation zu verändern (Zug und Druck). Darüber hinaus wird hier deutlich, dass auch die Schulbehörde Impulsgeberin war.

Lust auf Naturwissenschaften?

Beispiel für Würfelecke ❹ ● 📦 ↑

Es ist eine der ersten Schulen, mit der ich als Autonomieberaterin zu tun gehabt habe, ein Gymnasium in einem großstädtischen Arbeiterbezirk, dessen Kollegium eine breite Streuung der Altersstufen und der pädagogischen Werthaltungen aufweist, dennoch gibt es bezüglich vieler schulischer Fragen eine Art Grundkonsens. Um die räumliche Ausstattung der Schule ist es schlecht bestellt, dafür ist sie reich an personellen Ressourcen und professionellem Know-how, an Initiative und Ideen, die Eltern- und Schüler/innenvertretung ist um einiges aktiver als in den meisten Schulen, die ich kenne, und die Leitung sieht in der Schulentwicklung eines ihrer zentralen Anliegen. Ich hatte damals den Arbeitskreis »Schulentwicklung« an der Schule schon zwei Jahre begleitet und wusste, dass die Kolleg/innen bereits erste Erfahrungen mit schulautonomem Denken und Handeln und folglich eine Ahnung davon hatten, was Schulentwicklungsprozesse an Lust und Frust auslösen können:

Seit etwa 10 Jahren hat der Standort zwei Typen mit unterschiedlichen fachlichen Schwerpunkten angeboten: das *Gymnasium* (Latein ab der 7., Französisch ab der 9. Schulstufe) und das *Realgymnasium* (ab der 7. Stufe verstärkt Mathematik, dazu Werkerziehung, Geometrisch Zeichnen, ab der 9. dann Latein oder Französisch). Wie viele andere Standorte in der Region hat die Schule vor zwei Jahren auf dringenden Elternwunsch hin ihren autonomen Gestaltungsspielraum ausgenutzt und in der 3. Klasse (7. Stufe) zusätzlich einen dritten Typ eingerichtet, sodass nun Typ A »Gymnasium mit Latein«, Typ B »Gymnasium mit Französisch« und Typ C »Realgymnasium« zur Auswahl stehen. Eine *win-win-*

Strategie? Jein: Zwischen Lateinern und Romanisten ist bald Konsens erzielt worden, aber eine andere Gruppe empfindet sich als Verlierer: die Lehrenden der naturwissenschaftlichen Fächer. Warum?

Für den neuen Französisch-Zweig hat auf Grund des Andranges ein schulinternes Auswahlverfahren nach Punkten entwickelt werden müssen, das u.a. auf Sprachkompetenz aufbaut, das hat – zumindest in der Wahrnehmung der Naturwissenschaftler/innen im Kollegium – zur Folge gehabt, dass für das Realgymnasium nur die schwächsten Schüler/innen »übrig blieben«, denn auch das traditionelle Gymnasium wirkt mit seinem verpflichtenden Lateinunterricht ab Stufe 7 eher abschreckend für insgesamt schwächere Schüler/innen, als dass ausgeprägtes mathematisches Interesse für die Wahl von Typ C den Ausschlag gäbe.

Was tun? Wie aus der »Verlegenheitslösung Realgymnasium« ein echtes Alternativangebot machen? Missmutig wird das geschäftige Treiben rund um die Auswahl der Schüler/innen für die beiden Gymnasialklassen beäugt. Im Gespräch unter den unzufriedenen Lehrer/innen wird die Idee geboren, sie müssten jene Aspekte stärker betonen, die sie für *die* faszinierenden Elemente des realgymnasialen Schwerpunktes halten, nämlich die Freude am Erforschen von Lebens- und Naturzusammenhängen in Kombination mit praktischer Arbeit und moderner Technik; die Eltern- und Schülervertreter/innen sind von dieser Idee gleich angetan, nicht so sehr wegen der Aufwertung des dritten Typs, sondern weil sie frischen Wind im naturwissenschaftlichen Unterricht wittern. Nach einer ersten kurzen Diskussion im Gesamtkollegium ergibt sich folgendes Stimmungsbild: teils sehr interessiert, teils abwartend, die Überzeugung herrscht vor, hier gehe es um ein legitimes Anliegen, für das es sinnvoll ist, Zeit und Energie zu opfern, und das nicht nur die direkt eingebundenen Fächer aufwertet, sondern der ganzen Schule nützt.

Die Lehrer/innenarbeitsgruppe, die sich daraufhin bildet, trifft sich immer wieder mit den interessierten Vertreter/innen der Schulpartnerschaftsgremien, und schließlich schlägt sie der Schulleitung und dem Kollegium ein Modell vor, das nicht nur die Stundentafel für die Stufen 7 und 8 recht einschneidend ändert, sondern auch das Unterrichtsgeschehen selbst: Zwei neue Pflichtfächer, »Experimentelles Arbeiten in den Naturwissenschaften« und »Informatik mit Textverarbeitung«, sollen die genannten Stärken von Typ C nicht nur nach außen hin besser sichtbar machen, sondern ihnen auch im Schulalltag größeres Gewicht zusichern; die dafür notwendigen autonomen Lehrpläne haben drei Mitglieder der Arbeitsgruppe bereits entworfen. Das Herz des Modells aber sind die Lehrerteams, die die autonomen Gegenstände unterrichten sollen, und zwar wird es Teams mit der Kombination Physik/Biologie/Werkerziehung und solche mit Informatik/Deutsch/Mathematik geben. (Gewiss hätte man auch schon im bisherigen Physik-, Biologie- und Werkunterricht fächerübergreifende Projekte durchführen können, aber das ist kaum jemals geschehen ...)

Im Ausgleich für die beiden im 14-Tage-Rhythmus wechselnden neuen Unterrichtsblöcke sind für die Schüler/innen Stundenkürzungen in Deutsch, Mathematik, Geometrisch Zeichnen und Werkerziehung vorgesehen, allerdings sollen wichtige Inhalte dieser Fächer in den neuen Gegenständen mit berücksichtigt werden, also z.B. Bereiche des Deutschunterrichts in »Informatik mit Textverarbeitung« etc.

Die Reaktionen sind bunt gemischt: Einige Mathematiker sind skeptisch (»Noch weniger Zeit zum Üben!«), besonders unter den Deutschlehrer/innen herrscht Unruhe wegen der auch ihr Fach betreffenden Kürzung, ein Kunsterzieher zweifelt daran, ob er wohl mit der Kollegin aus Physik beim Sonnenkollektorenbauen gut harmonieren werde, die Stundenplanmacherin ahnt größere Komplikationen angesichts der zeitaufwendigen Tüftelei, die diese Unterrichtsorganisation benötigen würde; ein Historiker meint seufzend, ja *so* hätte der naturwissenschaftliche Unterricht konzipiert sein müssen, als er noch Schüler gewesen sei, dann hätte er vielleicht nicht Geschichte studiert, sondern Biologie, denn das habe ihn ursprünglich viel mehr interessiert, bis er dann im Biologieunterricht von diesem Interesse »geheilt« worden sei; die Elternvertreter/innen bedauern es, nicht an den geplanten Experimenten teilnehmen zu können, die Schülervertreter/innen meinen unverblümt, der Unterricht in den Naturwissenschaften könne eigentlich nur besser werden – und der Schulleiter freut sich, dass an seiner Schule eine solche Initiative von der Basis her stattfindet. Resultat der nun einsetzenden Diskussionen: »Wir probieren es ein Jahr lang aus, dann sehen wir weiter.«

Es handelt sich hier wohl um ein klassisches Beispiel für eine *Bottom-up*-Innovation: Die von einer Beeinträchtigung Betroffenen können direkt Abhilfe schaffen. Dazu kommt als notwendige Voraussetzung für den zügigen Ablauf die wohlwollende Unterstützung und Solidarität der anderen Kolleginnen und Kollegen und der Schulleitung. Die zeitaufwändigen Arbeiten, die sich aus der neuen Entwicklung ergeben haben (Konsensfindung, Curriculumerstellung, Kooperation mit den Schulpartnern), sind nicht zuletzt deshalb mit so viel Engagement ausgeführt worden, weil alle Beteiligten davon überzeugt gewesen sind, dass sie ihre Energie in ihre eigene Sache investieren.

»Wie bringe ich es auf den Weg?«

Beispiel für Würfelecke ❺ ● 📑 ↓

»… In unserem Bundesland ist seit geraumer Zeit das Thema ›Innere Schulreform‹ sehr heiß! Ich beschäftige mich seit langem mit dieser Thematik; so habe ich vor längerer Zeit Ihr Buch ›Schule leiten und gestalten‹ gelesen. Dieses Buch hat mir sehr gute Impulse gegeben. Mein Problem: *Wie gehe ich es an?*«

Diese Ausführungen stammen aus einem Brief, den der Leiter einer großen Grund- und Hauptschule an mich richtete. Er bat mich um Anregungen, »… wie ich diese Anliegen angehe. Wenn Sie mir hier helfen könnten, wäre ich Ihnen sehr dankbar und verbunden.«

Als Beilage sandte er mir die beiden folgenden Papiere (s. S. 155) zur Information, die seine bisherigen Bemühungen dokumentieren sollten.

Diese Auflistung von Fragen, die sich der Schulleiter nach der Lektüre von Fischer/Schratz (1993) gestellt hat, beinhaltet zusammenfassend das gesamte Spektrum von Problemstellungen, mit dem eine Schulleitung heute konfrontiert ist, wenn sie Interesse bekundet, am eigenen Standort Schulentwicklung zu initiieren. Angeregt durch die Buchlektüre und eine Fortbildungsveranstaltung entscheidet der Schulleiter, die Entwicklung der eigenen Schule »auf den Weg zu bringen«. Die von ihm formulierte Fragestellung »Wie gehe ich es an?« deutet bereits an, dass es sich um eine *Top-down*-Initiative handelt (Eckpunkt ❺ am Innovationswürfel), welche bei den Lehrer/innen zunächst geringes Echo auslöst. Sie können sich mit der Einladung des Schulleiters zur Entwicklung eines pädagogischen Profils (s. oben) nicht identifizieren, auch wenn die dort angeführten Schritte stimmig erscheinen. Erst wenn es ihm gelingt, das Anliegen von Schulentwicklung an der eigenen Schule zum *gemeinsamen* zu machen, das heißt *Bottom-up*-Aktivitäten (Eckpunkt ❶ des Innovationswürfels) in Gang zu setzen und zu unterstützen, werden sich seine Erwartungen erfüllen.

Auch Aktivitäten der Basis, die *top down* initiiert werden, bedürfen in einer Organisation mit einer »flachen Hierarchie« (vgl. Kühl 1994), welche die Schule auszeichnet, einer wirksamen Struktur, damit Entwicklungen »von unten« gestärkt werden können. Daher gelingt es dem Schulleiter erst mit einer »Regieanweisung«, die er sich von außen holt, die Arbeit mit dem Kollegium thematisch einzugrenzen und zu strukturieren. So kann die Schule die ersten konkreten Schritte setzen.

Beilage 1

Wie gehen wir mit der Entwicklung eines pädagogischen Profils um?
Motto: »Auf dem Weg sein!«

In einer Zeit, wo Erziehungsschwierigkeiten immer größer werden, gibt es keine
Alternativen mehr, als in diese Frage einzusteigen. Schulentwicklung, die im Ergebnis dazu führt, dass Schüler und Lehrer, die sich täglich begegnen, sich wohl
fühlen.
Die Kienbaum-Studie bringt folgendes Ergebnis (Ziel: Das System der Organisa-
tions-Entwicklung auf den Weg zu bringen):

1. Schritt: *Standortbestimmung*
             Entwicklung von Schulprogrammen der jeweiligen Schule
2. Schritt: Nach 2 Jahren sich auf den Prüfstand nehmen: Was haben wir uns
             vorgenommen, was haben wir erreicht?
3. Schritt: *Evaluationsphase*
             Bestandsaufnahme: Wie soll es weitergehen?
Priorität: Setzung auf Eigeninitiative
Resümee: *Persönliche Anmerkung*:
             Machen Sie bitte so weiter! Wir liegen richtig: Ich vertraue Ihnen!
Wichtig: Wo stehen wir? Stimmt das Klima? Was wollen wir? Wie gehen wir
             miteinander um? Wie begegnen wir uns? Welches *Menschenbild*
             haben wir? Auf was erziehen wir? Auf welche Werte erziehen wir?
             Sich Gedanken machen: *Warum* wir *was* tun (»Berufliches Ethos:
             Aus der Tiefe heraus!«)

Beilage 2

Wie bringe ich es auf den Weg?

Wie beginne ich in einer Konferenz (Methode) mit der Umsetzung folgender Anliegen:

1) »Offene Schule leben«: Öffnung der Hauptschule.
2) Was heißt eine gute Schule? (Haben Sie Schulen, die dies umsetzen?
   Pflege der Schulkultur; wie?)
3) Wie kommen wir zur Team-Arbeit (von der Gruppe zum Team)?
4) Wie werden wir eine lernende Organisation?
5) Wie manage ich einen Innovationsprozess?
6) Initiieren von Lernerlebnissen: Wie?
7) Förderung der Kreativität: Wie? (Kreativitätstechniken?)
8) Entwicklung ›Vision Schule‹. Wie schaffe ich eine positive Kommunikation?
9) Wie komme ich zur Systementwicklung? (Weg von der Lernfabrik!)
   Wie komme ich zur aktiven Schule?
10) Gorbatschow: ›Wer nicht rasch genug handelt, den bestraft die
    Geschichte!‹ Was meint er damit?
11) Leadership? Wie umsetzen?
12) Über den Umgang mt Gefühlen! Wie umsetzen?
13) Möglichkeiten, mich in meiner Einzigartigkeit kennen zu lernen.
14) Möglichkeiten, Schüler zu motivieren?
15) Von der Vision zum Ziel: Zielentwicklung: Wie angehen?
16) Methode Szenario: Schule für die Zukunft entwerfen: Wie methodisch
    angehen?
17) Auf dem Weg zu einem erneuerten Bildungsverständnis: Wie umsetzen?
    Wie schaffe ich die Identifikation mit der Schule?
18) Führen und geführt werden: Wie?
19) Welche kreativen Unterrichtsmittel gibt es?
20) »Meine Schule als ein kultureller Kristallisationspunkt«: Wie umsetzen?

Wir lassen uns nicht ins Handwerk pfuschen, Frau Direktor!

Beispiel für Würfelecke ⑧ ● 🔳 ↓

Auf einem Managementseminar für Schulleiter/innen ersuchte ich die Teilnehmer/innen, einen konkreten Konflikt an ihrer Schule zu bearbeiten. Dabei schilderte uns die Direktorin eines Gymnasiums die folgende »Konferenzzimmerszene«, deren Zeugin sie unfreiwillig geworden war:

Geladene Stimmung im Konferenzzimmer; in einer Ecke hat sich eine Gruppe von Lehrer/innen zusammengefunden, einige lautere Wortfetzen lassen auf den Inhalt des emotional aufgeladenen Gesprächs schließen. Offenbar geht es um die Notengebung, um Beurteilungspraxis, darum, was »ein Nicht Genügend« ist und was nicht. »Bevor ich diesem Dummkopf eine positive Note schenke, da geh ich lieber in Pension!«, ruft ein etwa 60-jähriger Oberstudienrat für Mathematik und Physik und erntet große Zustimmung.

Die Schulleiterin war sich darüber im Klaren, dass sie selbst diese Krise durch eine Intervention ausgelöst hatte: Sie hatte schon in der Vergangenheit über die ihrer Meinung nach übermäßig rigide Beurteilungspraxis in Physik, teilweise auch in Mathematik, mit einigen Mitgliedern des Kollegiums Gespräche geführt, allerdings ohne Erfolg, und auch das daraufhin von der Direktorin vorgeschlagene informelle Treffen dieser Fachgruppe, um gemeinsam über Fragen der Leistungsbeurteilung und über die eigene Beurteilungspraxis zu diskutieren, stieß auf wenig Gegenliebe, zu dem Termin erschienen bloß die drei jüngsten der insgesamt 15 eingeladenen Fachkolleg/innen; andererseits waren einige der nicht erschienenen Lehrer/innen aber durchaus bereit, sich an zeitaufwändigen Arbeitskreisen zu anderen Themen zu beteiligen. Prinzipielle Ablehnung von Innovationen an der Schule konnte also nicht der Grund für den Boykott sein.

Bei der »Autonomie der Notengebung« musste es sich um ein zentrales Element ihres professionellen Selbstverständnisses handeln, wer ihre Kompetenz in diesem Punkt anzweifelte, stellte ihre fachliche Kompetenz überhaupt in Frage, und allein die Aufforderung zur Diskussion bedeutete einen Gesichtsverlust für diese Kolleg/innen! Umso schlimmer empfanden sie den nächsten Schritt der Direktorin, die Ankündigung, bestimmte Noten in Zukunft nicht mehr einfach hinnehmen zu wollen … Die Lehrer/innen selbst sahen in ihrer Praxis der Notengebung überhaupt kein Problem (»Wir müssen unser Niveau halten«), demnach empfanden sie auch den Druck, der auf sie ausgeübt wurde, als mutwillig von der Leiterin erzeugt. Wozu also dann etwas ändern?

Offensichtlich ist der »von oben« kommende Impuls nicht von der Basis akzeptiert worden, da er deren Bedürfnislage nicht berücksichtigt. Wenn diejenigen, die eine Veränderung tragen sollen, keinen Sinn in ihr sehen, werden sie den vom System vorgegebenen Handlungsspielraum voll ausschöpfen, also entweder gezwungenermaßen ohne Überzeugung die Weisung ausführen oder die Ausführung schlichtweg verweigern. Dabei spielt es keine Rolle, ob der Impuls von »außen« oder von »innen« kommt.

Bisher haben wir Sie mit Beispielen für Initiativen aus *unserer* Praxis überhäuft, und Sie werden sich ungeduldig fragen, was das alles mit *Ihrer* Praxis zu tun hat. Wenden wir uns also schleunigst *Ihrer* Schule, *Ihrem* Arbeitsplatz, *Ihrer* Fortbildungsorganisation, *Ihrer* Hochschule, *Ihrer* Behörde zu (s. LeSchuWerkstatt S. 158).

Nun liegt die Frage nahe, ob sich aus dem Verlauf einer Initiative und deren aktueller Positionierung im Würfel Prognosen für die Weiterentwicklung ableiten lassen; bei Vorhersagen ist natürlich stets Vorsicht geboten – aber nachdem wir den Würfel in ganz unterschiedlichen Kontexten mit zahlreichen Schulentwicklungsbeispielen »gefüttert« haben (vgl. Schratz 1997 sowie Krainz-Dürr u.a. 1997), hat sich folgendes herauskristallisiert:

- Wo der Impuls herkommt, ist (überraschenderweise?) gleichgültig.
- Von entscheidender Bedeutung ist, ob sich die Initiative vom ursprünglichen Eckpunkt weg in Richtung Würfelmitte bewegt, indem also die jeweiligen Gegenpole aktiviert werden können: Wo Leidensdruck etwas auslöst, muss bald auch die Vision vom richtigen Weg dazukommen; wenn eine Lehrer/innen-Initiative etwa hartnäckig auf der Grundfläche des Würfels »klebt«, bedarf es eines Energieschubs von oben, sonst wird sich die Kraft der Basis – zumindest in unserem Schulsystem – irgendwann erschöpfen; wo die Eltern eine Sache betreiben, muss von »Innen« Resonanz kommen; aber auch eine Aktion, die vielleicht einst vom Eckpunkt ❺ aus gestartet wurde (Direktorin träumt davon, dass ihre Schule ein Modell für »echtes« Interkulturelles Lernen wird), ist in Gefahr, dort oben zu »verhungern«, wenn nicht einerseits die Basis sich für diese Sache erwärmt (Bewegung in Richtung Grundfläche, also Überzeugung der Lehrer/innen, Eltern, Kinder), und wenn nicht andererseits seitens der Behörde Unterstützung geboten wird (Bewegung zum Punkt ❻) usw.
- Gerät eine Bewegung jedoch dem fiktiven Würfelmittelpunkt *zu nahe*, besteht die Gefahr, dass sie zum Stillstand kommt.

Mit dem Würfel eigene Initiativen analysieren

Machen Sie zunächst eine Reise in die Vergangenheit: An welche wichtigen Anstöße für Veränderungen innerhalb der letzten drei Jahre erinnern Sie sich? Falls Ihnen die Wahl schwer fällt, bevorzugen Sie eine Initiative,

- die einen überraschenden Verlauf genommen hat,
- die gründlich gescheitert ist, und/oder
- deren Schicksal besonders typisch für Ihre Schule/Organisation ist

Haben Sie *Ihr* Beispiel gefunden? Dann probieren Sie Folgendes aus:

- Vergegenwärtigen Sie sich bitte die wichtigsten Etappen in der Entwicklung dieser Initiative, und listen Sie die Phasen untereinander auf; bezeichnen Sie dabei die erste Phase mit A, die zweite mit B usw.
- Nun tragen Sie jeden Buchstaben Ihrer Liste an den entsprechenden Ort im Würfel ein. (Hat »Ihr« Projekt etwa als Initiative eines Schulaufsichtsbeamten, der »immer schon« seinen Traum vom ... verwirklichen wollte, begonnen, dann schreiben Sie A neben den Eckpunkt ➏; geht das von Ihnen gewählte Projekt aber auf einen Schülerprotest gegen die Verschärfung von Prüfungsbestimmungen zurück, dann kommt Ihr A eher in die Nähe des Eckpunktes ➍ etc.)
- Ziehen Sie nun eine Linie von A über B zu C usw. bis zum Buchstaben, der die letzte, aktuellste Phase bezeichnet. Geschafft!
- Bitte überlegen Sie jetzt anhand der Kurvenlinie: Aus welcher Richtung kam der erste Impuls? Welchen Verlauf hat die Entwicklung dann genommen? Wo steht sie heute? Wer hat von welcher Würfelposition aus »gezogen«, »gepuscht«, »gebremst«? Und welche Rolle haben Sie selbst in den einzelnen Phasen gespielt?

(Vorausgesetzt, Ihr Projekt aus der LeSchuWerkstatt *»Mit dem Würfel eigene Initiativen analysieren«* läuft schon einige Zeit und hat folglich bereits ein paar Phasen hinter sich; falls Sie dann den letzten Buchstaben – der dem aktuellen Stand des Projekts entspricht – sehr nahe bei irgendeinem Eckpunkt eingezeichnet haben, ist es nach unseren Erfahrungen dringend geboten, die jeweils entgegengesetzten Kräfte zu aktivieren!)

Mit dem Würfel Zukunftschancen einschätzen

Steht an Ihrer Schule gerade eine Entwicklung, ein Projekt, ... zur Realisierung an? Dann unterziehen Sie es einer Würfelanalyse!

- Wo müssten Sie das Vorhaben im Würfel einzeichnen?
- Gesetzt den Fall, Sie wollen dieses Projekt unbedingt *sabotieren*, wie gehen Sie anhand der Würfeldimensionen planmäßig vor?
- Wie gut sind auf Grund der Positionierung im Würfel realistischerweise die Chancen des Projekts?
- Welche Bewegungen, welche Kräfte, die Bedürfnisse welcher Personen(gruppen) müsste man gegebenenfalls schon jetzt stärker berücksichtigen?

Was ergibt nun eine erste Bilanz der Würfelanalyse?

Die hier vorgestellten Beispiele lassen erkennen, dass die Zuordnung »Innen« nicht gleichzusetzen ist mit Schulentwicklung »von unten«. Wir haben festgestellt, dass sowohl *Bottom-up-* als auch *Top-down*-Innovationen wirksam sein können, es kommt bloß darauf an, wie sehr sie den Schulalltag tatsächlich verändern können: Nur wenn es gelingt, das Anliegen zur Sache der Basis zu machen (also der Lehrenden und Lernenden), wird es erfolgreich sein.

Auch wenn am Beginn eines Entwicklungsprozesses entweder Zug oder Druck als Anstoß für Veränderung wahrgenommen wird, wirken im realen Ablauf dann beide Kräfte zusammen. Druck allein (also die Bewegung *weg von etwas*) wird die Betroffenen nicht in die Lage versetzen, eine nachhaltige Veränderung ihrer Situation herbeizuführen; erst wenn sie bewusst den »Problemraum« in Richtung »Lösungsraum« verlassen und sich *hin zu etwas* Neuem bewegen, ergeben sich Chancen dazu. »Aus Leiden plus Vision kann Schule die Kraft zur Neuorientierung gewinnen« meint Wilfried Schley (Universität Zürich) auf Grund seiner Erfahrungen in der Entwicklungsarbeit mit Schulen.

Wie in zwei der von uns geschilderten Beispiele offenbar wird, ist externe Unterstützung bei der Initiierung von Schulentwicklungsprozessen mitunter hilfreich, aber keine Gewähr für das Gelingen. Wie die beiden anderen Beispiele zeigen, kann auch die Arbeit ohne externe Unterstützung sehr erfolgreich sein (vgl. dazu auch Keppelmüller 1996).

Wenn Sie unsere Werkstatt-Vorschläge in einer Gruppe ausgeführt haben, werden Sie wahrscheinlich festgestellt haben, dass die Differenzen in der Einschätzung *top down* oder *bottom up*, *Innen* oder *Außen*, *Druck* oder *Zug* beträchtlich sein können. Gerade deshalb ist es wichtig, sich mit diesen unterschiedlichen Sichtweisen der Wirkungszusammenhänge auseinander zu setzen, anstatt sie zu leugnen, ansonsten wird ein Entwicklungsimpuls keine Zukunft haben.

Unsere bisherigen Erfahrungen mit dem Einsatz des Innovationswürfels in Seminaren und Workshops ermutigen uns jedenfalls, mit diesem Instrument weiter zu experimentieren.

Kapitel 5
Gegenbewegungen

Leben mit Widerständen und Konflikten

Angst und Zweifel
Zweifle nicht an dem der dir sagt er hat Angst,
aber hab Angst vor dem der dir sagt er kennt keinen Zweifel.
(Erich Fried)

Veränderung irritiert uns, Veränderung empfinden wir aber auch als notwendig, als befreiend, je nachdem, ob wir aktiv an ihr mitgewirkt haben bzw. ob sie uns ins Konzept passt oder nicht. Mit den Reaktionen auf Veränderungen setzen wir uns deshalb hier auseinander, genauer gesagt, mit zwei Fragestellungen, für die man wohl oder übel Interesse aufbringen muss, wenn einem die Entwicklung von Schule und Unterricht ein Anliegen ist: zum einen, *warum* solche Dinge so laufen, wie sie laufen, und zum anderen, *wie* man in diese Dynamik eingreifen kann. Zum ersten Aspekt steuern die im Folgenden vorgestellten Modelle verschiedene, einander ergänzende Erklärungen bei, und als Antwort auf die zweite Frage bieten wir Ihnen die – wie Wilfried Schley sie nennt – »Notausrüstung des Konfliktmanagements«; sie enthält Werkzeuge für den Ernstfall, die sich in der Schulpraxis vielfach bewährt haben.

Manchmal hilft als Werkzeug nur mehr der richtige Zauberspruch

Widerstände verstehen

Je näher Veränderungen (wenn sie von anderen ausgelöst worden sind) unserer persönlichen Sphäre kommen, umso mehr irritieren sie uns gewöhnlich, mehr noch, sie sind klassische Angstauslöser! Dabei ist der Grad an Unbehagen, den Veränderungen in uns auslösen, von Individuum zu Individuum verschieden. Ein Erklärungsmodell für die große Bandbreite an menschlichen Angstreaktionen ist für uns besonders einleuchtend, und zwar das Kreuz von Dimensionen, die auf Riemanns »Grundformen der Angst« zurückgehen.

Das Kreuz der Dimensionen Nähe/Distanz – Dauer/Wechsel

Fritz Riemanns (1977) faszinierende Idee besteht im Entwurf eines *anthropologischen* Modells auf dem Hintergrund einer *kosmischen* Analogie: »Wir werden in eine Welt hineingeboren, die vier mächtigen Impulsen gehorcht. Unsere Erde umkreist in bestimmtem Rhythmus die Sonne, bewegt sich also um das Zentralgestirn unseres engeren Weltsystems. Diese Bewegung bezeichnet Riemann als Revolution, Umwälzung. Gleichzeitig dreht sich dabei die Erde um ihre eigene Achse, führt also die Rotation oder Eigendrehung aus. Damit sind zugleich zwei weitere gegensätzliche bzw. sich ergänzende Impulse gesetzt, die unser Weltsystem sowohl in Bewegung halten als auch diese Bewegung in bestimmte Bahnen zwingen: die Schwerkraft und die Fliehkraft. Die Schwerkraft hält unsere Erde gleichsam zusammen, richtet sie zentripetal nach innen, nach der Mitte strebend, aus und hat etwas von einem festhalten- und anziehen-wollenden Sog. Die Fliehkraft strebt zentrifugal, die Mitte fliehend, nach außen, sie drängt in die Weite und hat etwas von einem loslassen-sich-ablösen-wollenden Zug. Nur die Ausgewogenheit dieser vier Impulse garantiert die gesetzmäßige, lebendige Ordnung, in der wir leben und die wir Kosmos nennen. Das Überwiegen oder das Ausfallen einer solchen Bewegung würde die große Ordnung stören bzw. zerstören und ins Chaos führen.« (Bertl 1997, S. 17–18)

Die vier kosmischen Elemente werden nun von Riemann auf den Menschen und seine Grundbedürfnisse übertragen:

- die Zentrifugal(=Flieh-)kraft entspricht im Psychischen dem Bedürfnis nach Veränderung, nach Wechsel,
- die Zentripedal(=Schwer-)kraft dem Bedürfnis nach Dauer und Ordnung;
- die Rotation, also das Kreisen um die eigene Achse, wird mit dem Streben nach Individuation, nach Ablösung und Distanz gleichgesetzt,
- und die so genannte Revolution, vom Kreisen der Erde um die Sonne abgeleitet, entspricht unserem Bedürfnis nach Einordnung in ein (größeres) Ganzes und nach menschlicher Nähe.

Somit ergeben sich zwei Dimensionen (mit den Extrempolen Nähe–Distanz und Dauer–Wechsel), die wir miteinander kreuzen, sodass wir vier menschliche Grundtypen erhalten. Da wir die Erfahrung gemacht haben, dass diese vier Typen für die Psychodynamik von Gruppen höchst bedeutsam sind, gehen wir näher auf sie ein. Es sind dies

- der distanziert-abgehobene Typ, der vom Streben nach Wechsel und Distanz dominiert ist,
- der zugewandt helfende Typ, der Dauer und Nähe sucht,
- der ordnend-bewahrende Typ, der nach Dauer und Distanz strebt,
- und der überschwänglich-schwungvolle Typ, der stets auf der Suche nach Wechsel und Nähe ist.

Jedes Individuum hat Anteile aller vier Varianten, eine ist jedoch meist stärker ausgeprägt als die anderen (vgl. Langmaak/Braune-Krickau 1985, S. 120–124). Aber es gilt noch ein weiteres Phänomen zu berücksichtigen: Entsprechend der Theorie von der Anziehungskraft der diametral entgegengesetzten Quadranten sehnen wir uns mitunter nach dem »total anderen« Muster: Gerade wer immer im »Dauer-Nähe-Eck« festklebt, wäre so gern einmal ein *lonesome hero* (im Distanz-Wechsel-Quadranten), ohne viel emotionales Engagement, locker und unabhängig; und eine Vertreterin des überschwänglich-schwungvollen Typs sehnt sich wahrscheinlich hin und wieder nach dem ordnend-bewahrenden Muster, das klare Linien, Halt in jeder Lage und wenig Überraschungen verspricht usw.

Riemanns Quadranten und die ihnen entsprechenden Persönlichkeitsmuster sind in der einschlägigen Literatur mehrfach auf-

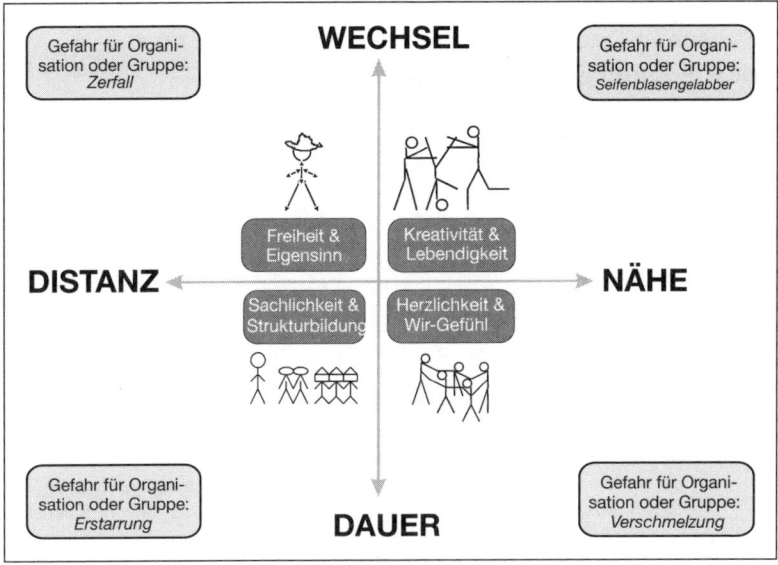

*Abbildung 31: Die vier Grundqualitäten in Organisationen nach Schley 1994
(aus: Steiner-Löffler 1996, S. 95)*

gegriffen und weiterentwickelt worden (vgl. vor allem Thomann, Schulz von Thun [1988, S. 149] und Wilfried Schley [1994]). Die auf einer Darstellung von Schley (1996, S. 59) fußende Abbildung 31 (Steiner-Löffler 1996, S. 95) zeigt die Stärken und Gefahren der vier Felder für gemeinsame Entwicklungsprozesse.

Die positiven Aspekte jedes Quadranten, zum Beispiel »Herzlichkeit und Wir-Gefühl«, werden den Gefahren gegenübergestellt, die das extreme Ausleben jedes Typus mit sich bringt, also etwa »Friedhöflichkeit«.

Was bringt dieses Modell für die Lernende Schule? Regt man z.B. eine Lehrer/innengruppe dazu an, die Brauchbarkeit des Modells selbst auszuprobieren, dann löst schon allein das Sichtbarmachen der individuell unterschiedlichen Qualitäten und Bedürfnisse anhand der Einordnung in das Kreuz vielfach einen starken Aha-Effekt aus. Der allerwichtigste Punkt bei so einer Gruppenaufgabe ist aber die Botschaft: *Alle* Quadranten sind für Qualität und Entwicklung einer Organisation gleich wichtig. (Möglicherweise braucht es aber in jeder Phase der Entwicklung besonders die Vorzüge *eines* Quadranten.) Deshalb niemals die Stärken des *einen* Typus auf Kosten eines anderen absolut setzen! Allerdings ist das mitunter leichter gesagt als getan. Denn wer auch immer diese Aktion anleitet, hat selbst »Vorlieben und Grundorientierungen, die in Affinität zu bestimmten Quadranten stehen«, und das bedeutet

Zwischen Dauer und Wechsel, Nähe und Distanz den eigenen Stand-Ort finden

Haben Sie beim Lesen schon spontan überlegt, wo Sie sich selbst einordnen würden? Wenn Sie diesbezüglich unsicher sind, dann erinnern Sie sich an Situationen zurück, in denen Sie sich sehr belastet und unglücklich gefühlt haben; wenn »Ihr« Quadrant für Sie ohnehin klar ist, dann testen Sie bitte, ob unsere Beobachtungen bzgl. bestimmter Verhaltensaffinitäten in Krisensituationen mit Ihren Erfahrungen übereinstimmen.

Für welche der folgenden Tätigkeiten entscheiden Sie sich in einer persönlichen Krise am ehesten:

1) Neigen Sie dann dazu, Ihren Schreibtisch gründlich aufzuräumen oder Ihre Wohnung blitzblank zu putzen? (Unlängst beschrieb uns eine Lehrerin die häuslichen Auswirkungen ihres Konflikts mit einer Kollegin so: »Mein Streit mit ihr hat mich so hergenommen, dass ich dem einen toll aufgeräumten Schreibtisch, einen ausgemisteten Kleiderschrank und eine strahlend saubere Wohnung verdanke!«)
2) Trommeln Sie lieber möglichst viele Freunde zusammen und besuchen mit ihnen das neueste In-Lokal oder eine politische Zusammenkunft?
3) Rufen Sie stattdessen Ihre beste Freundin/Ihren besten Freund an und schütten Sie ihr/ihm in einem eineinhalbstündigen Gespräch Ihr Herz aus?
4) Oder haben Sie das dringende Bedürfnis, bloß mit einer Zahnbürste ausgerüstet, zum Flughafen zu fahren und am Informationsschalter zu fragen, wohin die nächste Maschine geht, in der noch ein Platz frei ist?

Im 1. Fall verkörpern Sie den ordnend-bewahrenden Typus (Dauer + Distanz), im 2. sind Sie vom Typ her überschwänglich-schwungvoll (Wechsel + Nähe), im 3. repräsentieren Sie den zugewandt-helfenden Typ, und wenn Sie die 4. Variante gewählt haben, dann sind Sie ein distanzierter Typ (Wechsel + Distanz).

• Wenn Sie klar »Ihr« Muster identifizieren konnten, dann sollten Sie sich zweierlei fragen: Was ist der *Vorteil* meines Verhaltens? Was *entgeht* mir durch meine Bevorzugung dieser Reaktionsweise?
• Wenn Sie sich *nicht* zuordnen konnten, weil Sie in Krisen verschieden reagieren, dann freuen Sie sich über das breite Spektrum Ihrer Möglichkeiten! (Entscheiden Sie sich da bewusst für eine bestimmte Form der »Krisenarbeit« oder geschieht das eher instinktiv?)

»Gefahr, ›unbewusste Koalitionen‹ mit dem [einem] Vertrauten einzugehen« (Altrichter 1994, S. 366).

Ganz besonders schwierig ist die Beibehaltung der geforderten Äquidistanz, wenn es um Schulentwicklungsaktivitäten geht. Warum gerade dann? Weil sich erfahrungsgemäß die »Speerspitzen des Fortschritts«, die »Aktivist/innen«, im Wechsel-Nähe-Eck finden, die Skeptiker dagegen, »diejenigen, die bremsen«, bei Dauer-Distanz. Unsere Erfahrungen stimmen hier mit den Überlegungen Altrichters überein: »Schulentwicklung – als Idee, dass sich eine Schule durch gemeinschaftliche Anstrengung ihrer Mitglieder weiterentwickeln sollte – steht zunächst selbst in einer Affinität zum Nähe-Wechsel-Quadranten. Es ist daher zu erwarten, dass Entwicklungsinitiativen auch implizit (wenn sie sie nicht explizit konfrontieren) die ›Bewohner des Distanz-Dauer-Quadranten‹ herausfordern.« (Altrichter 1994, S. 366–367) Man kann sich leicht ausmalen, wie belastend es jemand aus dem Dauer-Distanz-Feld empfinden muss, wenn er oder sie – auch nur unterschwellig – als ewig gestrig, erstarrt, kalt und unkreativ »geoutet« wird, während vom Wechsel-Nähe-Quadranten die ideensprühenden, kommunikativen Aktiven herüberwinken ... die Bewohner/innen der beiden anderen Felder (Dauer-Nähe und Distanz-Wechsel) sind von der versteckten Rangordnung der Quadranten vielleicht deshalb nicht so stark betroffen, weil ihr Standort zumindest *einen* Faktor der Muster-Schulentwickler/innen aufweist, entweder Nähe oder Wechsel; nur die Dauer-Distanz-Menschen entbehren beides. Dabei sind es oft gerade sie, die sich auch dann noch eisern an die gemeinsamen Schulentwicklungsbeschlüsse halten, wenn die Vertreter/innen des Wechsel-Nähe-Feldes längst von neuen tollen Ideen gefesselt sind und sich für die »alten neuen« Abmachungen nicht mehr sonderlich interessieren.

Welche Bedeutung haben diese Erkenntnisse für eine Schule in der Krise? Auch das Modell, das wir Ihnen als Nächstes vorstellen, bietet Kategorien, in die verschiedene menschliche Reaktionen auf Veränderungen in Organisationen eingeordnet werden kön-

Abbildung 32: In welchen Quadranten gehöre ich?

nen – was es nicht zu bieten hat, sind Erklärungen dafür, warum sich diese Kategorien immer wieder finden:

Sieben Erscheinungsformen und Mechanismen des Widerstandes

Camilla Krebsbach-Gnath (1992) verdanken wir den Hinweis auf eine Studie, die im Zuge gravierender personalpolitischer Neuerungen in einer schwedischen Versicherung angefertigt wurde. Sie hat als Schlüsselgruppen für den und in dem Veränderungsprozess bestimmte Kategorien von Mitarbeiter/innen identifiziert (die Resultate dieser Untersuchung fanden sich dann in einer Reihe anderer Unternehmen bestätigt): die *Missionare*, die *Gläubigen*, die *Lippenbekenner*, die *Abwartenden & Gleichgültigen*, die *Untergrundkämpfer*, die *aufrechten Gegner* und schließlich die *Emigranten*.

Die *Missionare* sind praktisch die »Erfinder« der Neuerung, sie sind von dieser Vision erfüllt und schwärmen nun aus, um den Rest der Belegschaft zu überzeugen. Das gelingt ihnen am schnellsten und am vorbehaltlosesten bei den *Gläubigen*, die – sobald sie überzeugt sind – ebenfalls keine Anstrengung scheuen, die Innovation zu verbreiten und durchzusetzen. Die Verhaltensweisen der *Lippenbekenner*, der *Abwartenden* und der *Untergrundkämpfer* (gegen die Innovation) kann man sich wohl leicht vorstellen, ebenso die der *aufrechten* Gegner, die im Gegensatz zu den Untergrundkämpfern mit ihrer Ablehnung offen herausrücken. Als *Emigranten* werden in der Studie diejenigen bezeichnet, die das drastischste Mittel anwenden, Flucht aus dem Unternehmen.

Soweit das Modell aus der Wirtschaft, aber sind Ihnen all diese Leute nicht auch vor einem schulischen *Background* seltsam vertraut? Kennen Sie nicht die Frau B., Lehrerin aus Leidenschaft, »vom alten Schlag« und *aufrechte Gegnerin* jeder Art pädagogischer Innovationen? Sie findet den idealen Streitpartner vielleicht im Kollegen D., einem *Missionar*, der für die neue Idee durchs Feuer geht und auch schon die junge Kollegin C. in einem ausführlichen Gespräch zur *Gläubigen* gemacht hat: Sie wird ihren Unterricht ab sofort umstellen, hat sie beschlossen. Andere schütteln innerlich den Kopf, sie würden ihre Bedenken gegenüber der neuen pädagogischen Mode ja nie so »überdeutlich« äußern wie B., und die »Bekennerattitude«, die C. und D. an den Tag legen, halten sie ebenfalls für etwas überdreht; lieber ziehen sie sich auf eine *abwartende* Haltung zurück, im Übrigen ist ihnen die Sache in tiefster Seele ohnehin *gleichgültig*. Daneben finden D. und C. aber auch

Gesprächspartner/innen unter der Kollegenschaft, etwa Y. und Z., die ihrer Theorie mindestens ebenso begeistert zustimmen wie sie selbst, nur leider bleibt es bei glühenden *Lippenbekenntnissen*, und dann gibt es noch einige wie M., die bei offiziellen Anlässen mit allen freundlich kommunizieren und kein böses Wort über Innovationen verlauten lassen, die gerade in Diskussion stehen – kaum hat sich aber die Türe des Kaffeezimmers hinter ihnen geschlossen, ätzen sie im Stile des *Untergrundkampfes* über die neue pädagogische Mode und erzählen feixend die neuesten Skandalgeschichten darüber. Jemand, der vor der Innovation aus der Schule geflüchtet wäre, ein *Emigrant*, fand sich übrigens diesmal nicht, aber auch eine solche Reaktion ist durchaus nicht ungewöhnlich, man denke nur an die Neueinführung der Ganztagsbetreuung an manchen Hauptschulstandorten, die den Exodus einer Reihe von Lehrer/innen zur Folge hatte; sie nahmen lieber die Unbill eines neuen Starts an einem neuen Standort auf sich als die Belastungen der nachmittäglichen Erziehungs- und Betreuungsarbeit.

Eine in Schulen verbreitete Spezialform der Emigranten sind übrigens die »inneren Emigranten«, die keine Formen des Widerstandes oder auch der Zustimmung mehr zeigen, die mit ihrem Schicksal abgeschlossen haben, nur in ihrer Freizeit »leben« und bloß noch auf die Pensionierung warten.

Solche extrem unterschiedlichen Reaktionen von Menschen auf Veränderungen in ihrer unmittelbaren Arbeitsumgebung sind kein Schulspezifikum; auf die hier kurz skizzierten Verhaltensmuster sind wir wie erwähnt in einer Untersuchung über die Reaktionen des Personals von Wirtschaftsbetrieben gestoßen, haben die darin vorgestellten sieben Reaktionstypen auf innerbetriebliche Veränderungen jedoch problemlos auf den Schulalltag übertragen können. In der schwedischen Originalstudie ergab sich für die sieben eine höchst charakteristische Häufigkeitsverteilung.

Interessant finden wir es, dass angeblich »sehr entschlossene Führungskräfte diese Kurve schon am Startpunkt des Veränderungsprozesses gern weiter nach links, eher skeptische weiter nach rechts legen« (Krebsbach-Gnath 1992, S. 38).

In den bisher vorgestellten Modellen wurde das Verhalten des Individuums, bezogen auf bestimmte »Außenreize«, mehr oder weniger als Fixgröße behandelt

Abbildung 33: Häufigkeit von Einstellungen gegenüber Veränderungen in einer Organisation (nach Rehnmann/Härnwall 1991)

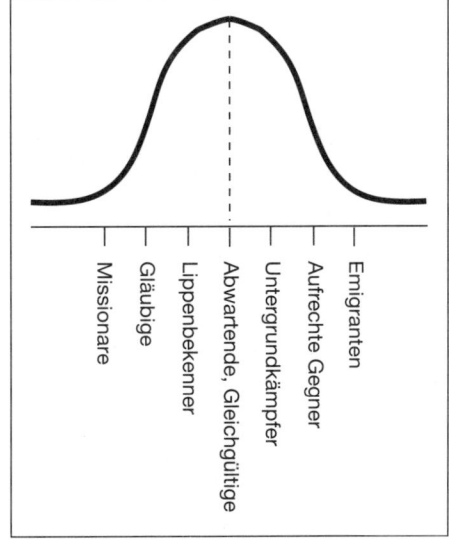

Sich zwischen Missionaren und Untergrundkämpferinnen zurechtfinden

Wie schätzen Sie nun analog zu dem Modell von Rehmann/Härnwall in Abb. 33 den Kurvenverlauf an *Ihrer* Schule/in *Ihrer* Institution ein?

Wählen Sie eine Veränderung aus, die groß genug war/ist, um eine merkliche Bewegung bzw. Gegenbewegung auszulösen, und markieren Sie unter den sieben Rubriken die Zahl der Kolleg/innen, die Ihrer Meinung nach das jeweilige Verhalten zeigen. Übertragen Sie dann die Zahlen von jeder Spalte in das Diagramm: Entspricht der Kurvenverlauf in etwa dem vorhergesagten? Oder dehnt sich der Bauch der Kurve anderswo aus?

Anzahl	Missio-nare	Gläubige	Lippen-beken-ner	Abwar-tende und Gleich-gültige	Unter-grund-kämpfer	Auf-rechte Gegner	Emig-ranten
30							
25							
20							
15							
10							
5							
0							

Noch drei abschließende Fragen zu dieser Werkstatt:

- Gibt es auch solche Kolleg/innen, die ihre Kategorie wechseln? Wenn ja, was kann einen solchen Wechsel auslösen?
- In welche »Schublade« würden Sie sich selbst einordnen?
- Und (falls Sie selbst nicht zur Schulleitung gehören) zu welcher Kategorie würden Sie Ihre Schulleitung zählen?

(eine Bewohnerin des Dauer-Nähe-Quadranten fühlt sich immer dort am ehesten heimisch, »Missionare« neigen kontinuierlich zum Missionieren etc.). Nun laden wir Sie aber dazu ein, sich mit einem Modell auseinander zu setzen, das gerade auf die *Haltungsände-rungen* im Laufe individueller Entwicklungen fokussiert. Es bildet eine für die Lernfähigkeit einer Schule sehr wichtige Dimension der Schulrealität ab, die Phasen im beruflichen Lebenszyklus von Lehrkräften.

Einstellungsänderungen im Berufsleben von Lehrer/innen

Aus der Biografieforschung zur Laufbahn von Lehrerinnen und Lehrern wissen wir, dass sich deren Einstellung zu ihrem Beruf im Laufe der Zeit ändert. Das ist wahrscheinlich in jedem Beruf so, aber die Einstellungsänderungen von Lehrer/innen wirken sich auf Grund von deren großer Freiheit in der Berufsausübung besonders stark aus. Daraus ergibt sich die Frage, woran sich überhaupt erkennen lässt, welche Haltung ein Lehrer oder eine Lehrerin zu seinem/ihrem Beruf einnimmt … ach, Ihnen fallen da aus eigener (Schüler/innen-, Eltern-, Lehrer/innen-)Erfahrung sofort einige »todsichere« Testsituationen ein? Uns auch. *Eine* derartige Testsituation, deren Verlässlichkeit Sie uns sicher bestätigen können, ist übrigens der Projektunterricht. Welche Schwierigkeiten stellen sich in vielen Schulen immer noch jenen, die über die Form des Projektunterrichts versuchen, die Grenzen des üblichen Unterrichts zu überschreiten! Da prallen oft die unterschiedlichen Berufshaltungen ungebremst aufeinander, und man kann sich des Eindrucks nicht erwehren, dass die Schule gerade da ihrer eigenen Entwicklung im Weg steht. Seitens derer, die dem Projektunterricht ablehnend gegenüberstehen, haben sich vielfältige Abwehrmechanismen entwickelt. Sie reichen von dem Argument, die hohe Regelungsdichte schulischer Vorschriften mache es einem fast unmöglich, überhaupt das Schulgebäude zu verlassen, ohne dass man »mit einem Fuß im Kriminal stehe«, bis zu dem Hinweis, dass – leider – die persönliche Reife der betreffenden Schüler/innen für so eine Arbeitsform nicht ausreiche. (Wir wollen nicht bestreiten, dass es im Zusammenhang mit Projektunterricht von Fall zu Fall auch sehr ernst zu nehmende Gegenargumente gibt, deshalb erhöht es die Sicherheit der Diagnose, wenn man zusätzlich in Erfahrung bringen kann, ob jemand, der sich ablehnend zu einem *bestimmten* Projekt äußert, in letzter Zeit aktiv an *anderen* Projekten teilgenommen hat.) Ebenso gut eignet sich das Vorbringen irgendeines anderen

Innovationsvorschlages zum Testen der Berufseinstellung, insbesondere wenn dieser im Vergleich zum üblichen Unterricht zeitaufwändiger ist. So begegnen manche Kolleg/innen und Schulleiter/innen denen, die einmal etwas Neues ausprobieren wollen, gerne mit den schon mehrfach erwähnten Killerphrasen:

»*Vergiss am besten alles, was du auf der Universität gelernt hast!*«

»*Bloß nichts Neues!*«

»*Nach deinem zehnten Dienstjahr kannst du da auch mitreden!*«

»*Das haben wir noch nie so gemacht.*«

»*Das bringt doch eh nichts, außer mehr Arbeit!*«

»*Alles schon versucht! Das geht an unserer Schule nicht.*«

Was es ist

Es ist Unsinn
sagt die Vernunft
Es ist was es ist
sagt die Liebe

Es ist Unglück
sagt die Berechnung
Es ist nichts als Schmerz
sagt die Angst
Es ist aussichtslos
sagt die Einsicht
Es ist was es ist
sagt die Liebe

Es ist lächerlich
sagt der Stolz
Es ist leichtsinnig
sagt die Vorsicht
Es ist unmöglich
sagt die Erfahrung
Es ist was es ist
sagt die Liebe

(Erich Fried)

Diesen Äußerungen gemeinsam ist eine bestimmte Werthaltung, die jeder neuen Entwicklung feindlich gegenübersteht. Sie sind vielfach Ausdruck der Resignation gerade jener, die sich früher einmal aktiv für die Veränderung von Schule eingesetzt haben, manche hört man auch von Berufseinsteiger/innen, die noch mit großer Unsicherheit kämpfen.

Killerphrasen mit Argumenten beizukommen ist bekanntlich unmöglich, es sei denn, Erich Fried ist es, der die Argumente liefert.

Wir kennen Lehrende, die trotz vieler Berufsjahre beneidenswert dynamisch, engagiert und innovationsfreudig wirken, wir kennen aber auch Lehrer/innen, die schon bei ihrem Eintritt ins Berufsleben »alt« sind. Die Einstellung zur eigenen Profession(alität) ist eben nicht bloß eine lineare Funktion der Dauer der Berufsausübung! Die Biografieforschung hat verschiedene Stadien in der Laufbahn von Lehrerinnen und Lehrern herausgearbeitet, die mit bestimmten Einstellungen zum Beruf korrelieren, und es hat sich gezeigt, dass die Lehrkräfte im Laufe ihrer »Professionalisierung« Wegmarken erreichen, von denen aus sie sich dann unterschiedlich weiterentwickeln. Michael Huberman (1991) hat auf der Basis von zahlreichen Interviews mit Lehrer/innen in der Schweiz ein solches uns schlüssig erscheinendes »Berufslaufbild« erarbeitet

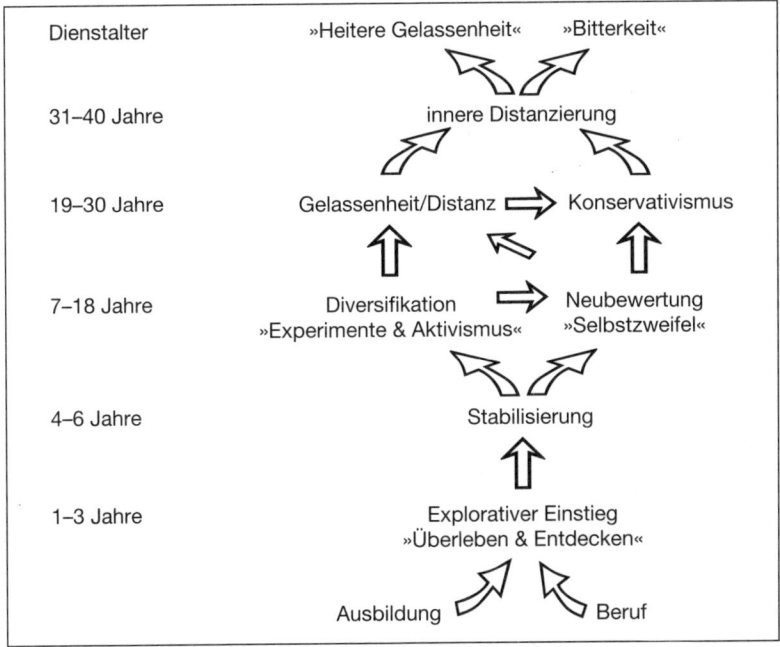

Abbildung 34: Das »Berufslaufbild« – eine Darstellung der beruflichen Laufbahn von Lehrer/innen nach Huberman (1991)

Aus dieser Übersicht ist deutlich erkennbar, dass nach etwa 20 Dienstjahren, das ist immerhin schon zur Halbzeit der beruflichen Tätigkeit, das ursprüngliche Engagement von Lehrer/innen in Gelassenheit und Distanz und – im Vergleich zur Einstellung als Junglehrer/in – in Konservativismus übergeht. Daraus ergibt sich notwendigerweise, dass wir bei der Arbeit in Schulentwicklungsprozessen mit zahlreichen Lehrer/innen zu tun haben, die Reformen skeptisch gegenüberstehen.

Auf Grund der unterschiedlichen Karriereverläufe von Lehrer/innen finden sich an Schulen oft zwei gegensätzliche Lager: die Reformer/innen (= Veränderungswilligen) und die Traditionsbewussten (= Bewahrer/innen). (Darüber hinaus unterscheiden wir noch zwischen den Polen Nähe-Distanz und Dauer-Wechsel sowie zwischen offenen und verdeckten Reaktionsformen, die wir in diesem Kapitel schon behandelt haben.) Im ungünstigen Fall lähmen die Aktivitäten dieser Gruppierungen jede Entwicklung – und was dann?

Berufslaufbahnen

Michael Huberman hat in seiner Untersuchung 160 Lehrer/innen über ihre »Berufslaufbilder« befragt und daraus das in Abb. 34 vorgestellte Schema entwickelt. Wie hätten Sie bei seiner Befragung geantwortet?
Tragen Sie in der Skala Ihr »Berufslaufbild« ein.

Berufs- jahre	Schlüsselerlebnisse & Meilensteine	Phasen (nach Huberman)
30		
–		
–		
–		
–		
25		
–		
–		
–		
–		
20		
–		
–		
–		
–		
15		
–		
–		
–		
–		
10		
–		
–		
–		
–		
5		
–		
–		
–		
↑		

Eintritt in
Schuldienst

Vergleichen Sie Ihre Eintragungen mit den Befunden von Huberman in Abb. 34.
- Welche Ähnlichkeiten, welche Abweichungen nehmen Sie wahr?
- Welche weiteren Entwicklungen sehen Sie für die Zukunft? Würden Sie den Erfahrungen von Huberman folgen?
- Bringen Sie Ihre Einschätzung mit der Situation an der Schule in Zusammenhang. Welche Perspektiven ergeben sich daraus?
- Wenn diese Analyse im Kollegium durchgeführt wurde, diskutieren Sie die Ergebnisse mit Ihren Kolleg/innen. Welche Konsequenzen ziehen Sie daraus für die Entwicklung Ihrer Schule?

Auch in scheinbar verfahrenen Situationen hat sich immer wieder in unserer praktischen Arbeit gezeigt, dass allein die Kenntnis des einen oder anderen der hier vorgestellten Modelle die Perspektive der Beteiligten entscheidend zu erweitern vermag. Nur ist es damit gewöhnlich nicht getan, denn besseres Verstehen von Phänomenen des Widerstandes bedeutet nicht schon automatisch einen – im Sinne gemeinsamer Weiterentwicklung – sinnvolleren Umgang mit ihnen.

Deshalb ist der Bedarf an sehr konkreten Tipps und Tricks für die Diagnose und die »Behandlung« konflikthafter Situationen im Schulalltag, insbesondere in Schulentwicklungsprozessen, meist größer als das Bedürfnis nach systematischer Durchdringung der theoretischen Fundamente.

Auf zwei Texte zum Thema Widerstand gegen Schulentwicklung sei hier noch verwiesen, auf Vögeli-Mantovani/Grossenbacher (1994, S. 306): *Widerstände beim Einstieg in Schulentwicklung*, worin anhand von Erfahrungen aus der Schweiz vor allem Ursachen für Widerstände analysiert werden, und auf E. Osswald: *Wie gehen wir um mit Lehrerinnen und Lehrern, die sich gemeinsamen Veränderungsprozessen verweigern?* – Darin ist u.a. ein Überblick über mögliche Strategien im Umgang mit Widerständen enthalten. Beiden Texten ist gemeinsam, dass sie Widerstand nicht von vornherein als negatives Phänomen betrachten. In der praktischen Arbeit mit Kollegien ist es allerdings oft schwierig, diesen theoretischen Anspruch umzusetzen, insbesondere dann, wenn, um nochmals Wilfried Schley zu zitieren, »das Gespenst der Teilnahmslosigkeit umgeht ...«, wenn also Widerstand sich als Mischung aus Scheinzustimmung und Gleichgültigkeit manifestiert (siehe die Kategorien »Lippenbekenner« und »Abwartende und Gleichgültige«!).

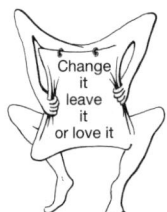

Mit Konflikten im Schul(entwicklungs)alltag umgehen

Die folgenden Seiten enthalten eine kleine Sammlung von Werkzeugen, die wir im Hinblick auf ihre Praxistauglichkeit ausgewählt haben, »angereichert« mit einigen unverzichtbaren theoretischen Elementen. Zunächst aber noch drei Vorbemerkungen zum Wesen von Konflikten:

- Konflikte sind die Regel, nicht die Ausnahme, und zwar nicht etwa nur als Folge von Widerständen gegen Innovationen (wie im ersten Teil dieses Kapitels dargelegt), sondern als Alltagsphänomen. Sehr einleuchtend ist für uns die Erklärung von George Pennington (1995), Konflikte entstünden, »wenn in einem stabilen System *neue Kräfte wirksam werden*, für die im bestehenden System bisher zu wenig oder kein Raum war. Konflikte sind *dynamische Prozesse*, Turbulenzen, in denen sich die bisher gültigen Parameter eines bestehenden Systems (Grenzen, Herrschaftsbereiche, Werte, Rollen etc.) unter Berücksichtigung dieser neuen Kräfte neu zu definieren suchen.« Daraus folgt für Pennington, dass Konflikte notwendig sind, da stabile Ordnungen nur im dynamischen Konflikt aller beteiligten Kräfte entstehen, und dass das Ziel jedes Konflikts das Finden eines neuen und stabilen Gleichgewichts der beteiligten Kräfte ist (vgl. Pennington 1995, S. 5).
- Aus dem Vorhandensein eines Konflikts darf nicht ohne weiteres geschlossen werden, dass die Beteiligten ihn auch lösen wollen! Vom systemischen Denken infisziert, stellen wir Konfliktparteien gern die Frage: Was für Gewinn zieht ihr aus der Aufrechterhaltung des Konflikts? (Der Vorteil kann z.B. darin bestehen, dass die schmerzliche Auseinandersetzung mit den eigenen Glaubenssätzen vermieden wird – siehe dazu auch das Kapitel 6!) Mit Pennington könnte man sagen, wenn niemand etwas gegen den Konflikt unternimmt, dann *ist* der Konfliktzustand offenbar schon das neue stabile Kräftegleichgewicht. Ein anderes für uns sehr stimmiges Bild, das ebenfalls das subjektive Element beim (Weg-)Definieren von Konflikten betont, ver-

wenden Marlies Lenglachner und Christof Schmitz in ihren Konfliktseminaren: Sie sehen Konflikte als »soziale Systeme, also verdichtete Kommunikationsmuster«, die mit dem Aufeinanderprallen ... divergierender Sichtweisen und ›Logiken‹ einhergehen könnten. *Ob* solche Spannungszustände überhaupt »konflikthaft« würden, hänge von der Beobachtung und Beschreibung der Beteiligten ab (vgl. Lenglachner/Schmitz, Seminarunterlagen 1994).

- Schließlich sei noch an eine organisationsentwicklerische Binsenweisheit erinnert: Etwa 90% der insgesamt von Konflikten beanspruchten Energien »frisst« gewöhnlich die emotionale Dynamik, mag die Sachebene als Konfliktursache bzw. -raum offiziell noch so sehr beschworen werden! Deshalb scheint uns als Voraussetzung für den erfolgreichen Umgang mit Konflikten eine Beschäftigung mit dem guten, alten *Organisationseisberg* (siehe Kapitel 3) unerlässlich.

Die unerschöpfliche Vielfalt der äußeren Erscheinungsformen schulischer Konflikte erstaunt uns immer wieder:

Bestimmt könnten Sie diese Darstellung spontan um einige weitere Blitze ergänzen. Gehen wir nun davon aus, dass irgendjemand (Beteiligte, Betroffene, Außenstehende, ...) ernsthaftes Interesse daran hat, einen solchen Konflikt *nicht* auf sich beruhen zu lassen; welche Vorgehensweise ist dann Erfolg versprechend?

Für eine erste Orientierung im »Konfliktfall« empfiehlt sich das Anfertigen einer so genannten *Konfliktlandkarte.* (Diese Methode haben wir erstmals von Walter Fischer, Pädagogisches Institut Oberösterreich, kennen gelernt.) Beim Zeichnen einer sol-

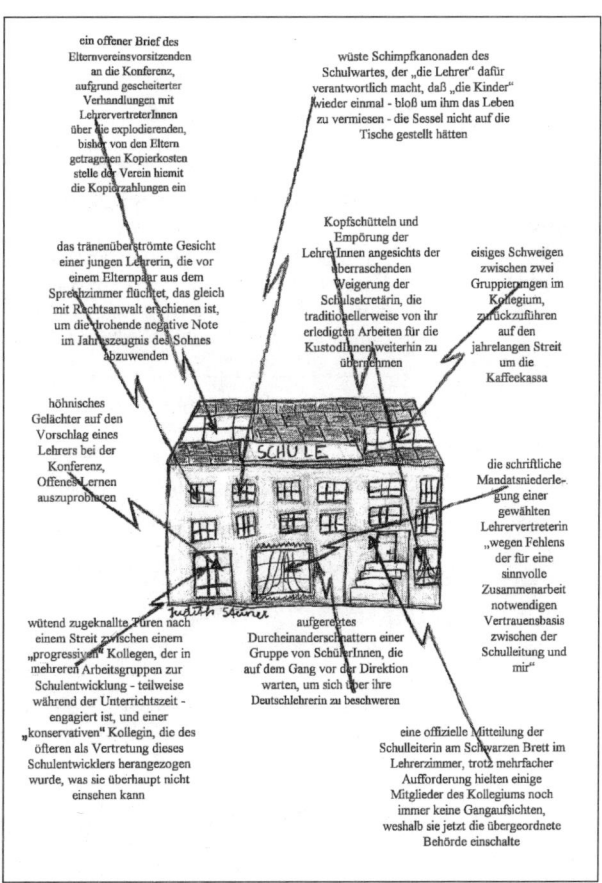

Abbildung 35: Schulkonflikte

chen Konfliktlandkarte bedienen wir uns bildhafter Ausdrucksmittel, sodass in der Darstellung neben Sachinformationen (welche Personen/Institutionen sind involviert? etc.) auch die emotionale Dynamik greifbar wird.

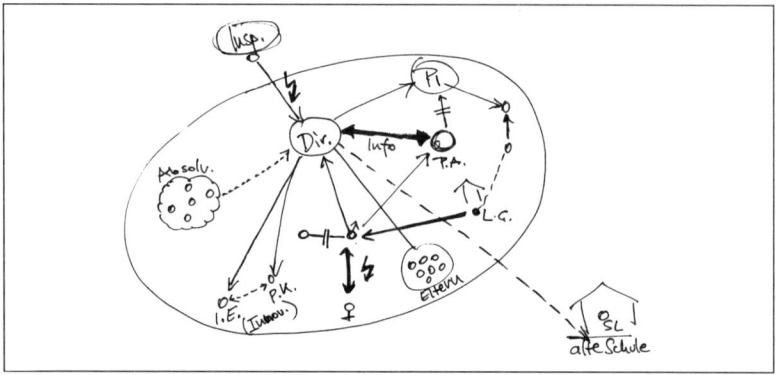

Abbildung 36: Konfliktlandkarte

Die folgende Werkstatt informiert darüber, wie eine solche Konfliktlandkarte entsteht:

Eine Konfliktlandkarte erstellen

Das Erstellen einer Konfliktlandkarte hilft beim möglichst großräumigen Erfassen einer Konfliktlandschaft. Dazu werden auf einem großen Poster (Flipchart-Papier) in Einzelarbeit vom Konfliktbringer/von der Konfliktbringerin die wichtigsten Daten der Konfliktsituation erfasst und nach folgender Legende eingezeichnet.

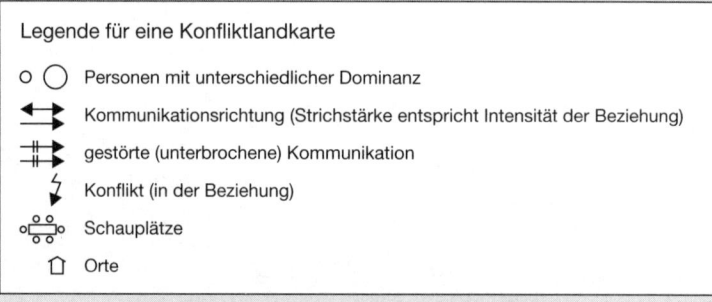

Legende für eine Konfliktlandkarte

○ ◯   Personen mit unterschiedlicher Dominanz

◀▬▶   Kommunikationsrichtung (Strichstärke entspricht Intensität der Beziehung)

╫▶   gestörte (unterbrochene) Kommunikation

⚡   Konflikt (in der Beziehung)

⌒⌒⌒   Schauplätze

⌂   Orte

Für das Erstellen der Konfliktlandkarte genügend Zeit einplanen. Die Landkarten werden anschließend in Gruppen besprochen. Zuerst kommentiert die/der Konfliktbringer/in ihre/seine Konfliktlandkarte. Dann stellen die Gruppenmitglieder Fragen dazu. Dabei sollen *keine Lösungen* angestrebt werden, sondern es sollte eine möglichst umfassende Analyse der Konfliktlandschaft erfolgen. (Motto: Die Landkarte ist nicht die Landschaft.) Durch die unterschiedlichen Fragerichtungen der Gruppenmitglieder wird die/der Konfliktbringer/in auf zahlreiche Aspekte aufmerksam, auf die sie/er bisher noch nicht gekommen ist.

Liegt nun eine solche erste Orientierung – die auf außenstehende Betrachter/innen ruhig chaotisch wirken darf – vor, geht es im folgenden darum zu klären, was genau den Konflikt/die Konflikte ausmacht. Sie meinen, das sei den Beteiligten ohnehin sonnenklar, die würden doch wohl wissen, worum es (ihnen) gehe und worüber man uneinig sei? Im Gegenteil, wir haben festgestellt, dass gerade das Aufspüren des Zentrums eines Konflikts den Beteiligten enorme Probleme bereiten kann; schnell zur Hand ist man bloß mit Schuldzuweisungen und Einbahnlösungen.

Der schwierigste Schritt besteht übrigens unserer Erfahrung nach darin, den Konfliktkern so zu formulieren, dass alle Konfliktparteien der Formulierung zustimmen könn(t)en. Eine gründliche Konfliktdiagnose sollte insgesamt jene Aspekte berücksichtigen, die in der folgenden LeSchuWerkstatt (S. 179–181) zusammengefasst sind.

Da verfestigte Konfliktsituationen erfahrungsgemäß am schwierigsten zu bearbeiten sind, geht es uns im Folgenden darum, Möglichkeiten aufzuzeigen, wie sich festgefahrene Konflikte »verflüssigen« lassen. Ein systemischer Ansatz besteht darin, die gegebene Situation als *Konfliktsystem* zu identifizieren, gekennzeichnet durch blockierte Handlungsfähigkeit der Beteiligten, was diese in »Problemhypnose« versetzt und die vorhandenen Energien auf das Konfliktsystem bündelt (vgl. dazu Lenglachner/Schmitz, Seminarunterlagen 1994). Als Alternative dazu werden die Beteiligten aufgefordert, für sich ein so genanntes *Lösungssystem* als *Zielsystem* zu konstruieren. Dabei empfiehlt es sich, besonderes Augenmerk darauf zu richten, dass alle »Elemente« des Konflikt-

Die Diagnose eines Konflikts

Ehe in einer Konfliktsituation Maßnahmen getroffen werden, ist es erforderlich, mehr darüber zu erfahren, was unter der Oberfläche des (Konflikt-)Eisbergs (vgl. Kapitel 3) liegt und daher unsichtbar ist. Dazu dient die Konfliktdiagnose, die mittels folgender Fragen durchgeführt werden kann (nach Glasl 1992):

- Ist der Konflikt *heiß* oder *kalt*?

    Ein »heißer Konflikt« ist noch lebendig und daher für die Bearbeitung »greifbar«. Beim »kalten Konflikt« haben die Konfliktparteien ihre Aktivitäten bereits aufgegeben und sich mit dem Status quo abgefunden. Die Bearbeitung eines Konflikts im erstarrten Zustand ist viel schwieriger als die eines heißen Konflikts. Auch wenn es emotional aufwändiger ist, sich mit den Konfliktparteien auseinander zu setzen, wenn sie den Konflikt austragen (z.B. Lehrer/innen, welche Änderungen an der Schule wollen, mit jenen, die alles beim Alten belassen wollen), ist eine Lösung leichter möglich, als wenn es bereits zur »friedhöflichen Stille« (Schley) gekommen ist. Im letzten Fall ist es notwendig, den Konflikt wieder »aufzuwärmen«, was eine stärkere Intervention darstellt, da man leicht selbst Teil des Konflikts werden kann.

- Handelt es sich um einen *intrapersonalen* oder *interpersonalen* Konflikt?

  Oft steht hinter einem Konflikt mit anderen Personen (interpersonaler Konflikt) ein Konflikt in der Person selbst (intrapersonaler Konflikt), etwa dann, wenn ein Lehrer des Kollegiums Schulleiter wird und den (ehemaligen) Kolleg/innen gegenüber ein kumpelhaftes Verhältnis bewahren will, allerdings Probleme hat, sie bei Fehlverhalten zur Rechenschaft zu ziehen. Hier liegt der Konflikt in der Person selbst, denn sie will einerseits von allen geliebt werden und fürchtet, dass ihr bei der Durchsetzung von Führungsmaßnahmen Liebesentzug droht, andererseits will sie ihren Führungsanspruch durchsetzen. Sie möchte beiden Rollen (Kumpel *und* Vorgesetzter) gerecht werden, was nicht gelingen kann, da dieser Anspruch nicht einlösbar ist. Der interpersonal nicht ausgetragene Konflikt wird dadurch zum intrapersonalen, der sogar zu psychosomatischen Störungen führen kann. Eine ähnliche Situation ergibt sich auch in der gegenwärtigen Situation der Schulaufsicht, wenn sie Beratung und Aufsicht in einer Person verkörpern will, wodurch sich eine Identitätsproblematik in der Profession selbst ergeben kann. Hier kommt es zu einer Umkehrung: Ein nicht gelöster intrapersonaler Konflikt wird dadurch zu einem interpersonalen, etwa dann, wenn eine »beratende« Schulaufsichtsperson Teil einer Konfliktsituation wird und die Betroffenen die Beratung nicht abwählen können (eine Beratungsperson wählen und abwählen zu können ist das Grundprinzip jedes Beratungsvorgangs; vgl. Schratz 1996b).

- Wer sind eigentlich die *Konfliktpartner*?

  Hierher gehören Fragen wie:
  - Sind Individuen oder Gruppen involviert?
  - Sind sie organisiert oder formlos?
  - Gibt es eine Hintermannschaft?

  Die Beantwortung dieser Fragen ist wichtig, damit man weiß, bei welcher Person bzw. bei welchem Personenkreis die Konfliktarbeit ansetzen muss. Die Herangehensweise ist unterschiedlich, je nachdem, ob es sich um einzelne Personen oder Gruppen handelt, ob die Personen oder Gruppen in irgendeiner Form (Gewerkschaft, Elternverband o.Ä.) organisiert sind oder »ungebunden«. In der Praxis zeigt es sich oft, dass Konfliktparteien, welche ihre Interessen durchsetzen wollen, eine große »Hintermannschaft« angeben bzw. wähnen. Wenn Eltern sich über einen bestimmten Sachverhalt beschweren, wird oft das Argument angeführt, dass »die anderen« (Eltern) auch so dächten. Wenn der Frage im Detail nachgegangen wird, zeigt sich oft, dass die Sichtweisen durchaus differenzierter sind, als es in einem Pauschalangriff zunächst der Fall zu sein scheint.

- Was ist der eigentliche *Konfliktkern*?

  Bei dieser Frage geht es um die Eingrenzung dessen, was den Konflikt zum Konflikt macht. Wenn der Konfliktkern nicht präzise herausgearbeitet wird, kann die Lösung am Problem vorbeigehen und den Konflikt sogar noch verstärken. Wie schon erwähnt, stellt das Herausarbeiten des Konfliktkerns oft die größte Schwierigkeit in der Konfliktdiagnose dar, da der Konflikt meist nur aus der eigenen Betroffenheits-Pespektive heraus wahrgenommen wird (»Die anderen sind schuld!«), während die der gegnerischen Konfliktpartei ausgespart bleibt. Ein Konflikt lebt aber aus der Spannung zwischen unterschiedlichen Sichtweisen, Standpunkten, Glaubenssätzen u.Ä. Daher liegt die grundlegende Aufgabe bei der Konfliktdiagnose darin, den eigentlichen Konfliktkern herauszufinden.

  Aus der Sicht der Mikropolitik wollen Personen in Organisationen ihre eigenen Interessen durchsetzen, wodurch es zu Interessenkonflikten kommen kann. Diese lassen sich nicht durch Abstimmungen o.Ä. aus dem Weg räu-

men, da sich die unterdrückte Psychodynamik andernorts wieder Zugang verschafft. Dies zeigt sich etwa, wenn im Rahmen einer teilautonomen Entscheidung im Kollegium eine Auseinandersetzung darüber stattfindet, ob ein Unterrichtsfach neu eingeführt und die Stundenzahl in einem anderen im Gegenzug dazu gekürzt werden soll. Der Konfliktkern besteht in einer derartigen Situation meist darin, dass unterschiedliche Wertvorstellungen über die Bedeutung eines Faches gegenüber einem anderen im Kollegium vorherrschen, welche sich im »Besitz« von Unterrichtsstunden manifestieren.

Da das Abstimmen über Werte lediglich zur Durchsetzung von Mehrheiten gegenüber Minderheiten führt, kann folgende Vorgangsweise zu einer sensibleren Auseinandersetzung führen: Alle Lehrer/innen eines Kollegiums tragen – zunächst individuell – in einer Tortenform auf Papier jenes (Torten-) Stück ein, das dem Anteil der Bedeutung seines/ihres Faches im Gesamt der Unterrichtsfächer entspricht. Das Zusammentragen der Ergebnisse (in Prozent des Einzelfaches zum Gesamtangebot der Unterrichtsfächer) zeigt meist, dass die Summe aller Tortenteile die Gesamtgröße der Torte bei weitem übertrifft. Daher liegt es bei allen Betroffenen, das Machbare mit dem Möglichen anhand der eigenen Ansprüche und der vorgegebenen Maximalstundenzahl zu verbinden. Dass dies nicht auf Kosten eines einzelnen Faches oder einer Person gehen kann, liegt auf der Hand ...

- Wie weit ist der Konflikt *fortgeschritten*?
  Friedrich Glasl (1992, S. 218–219) hat in seinen empirischen Studien folgende Eskalationsstufen eines Konflikts herausgefunden:

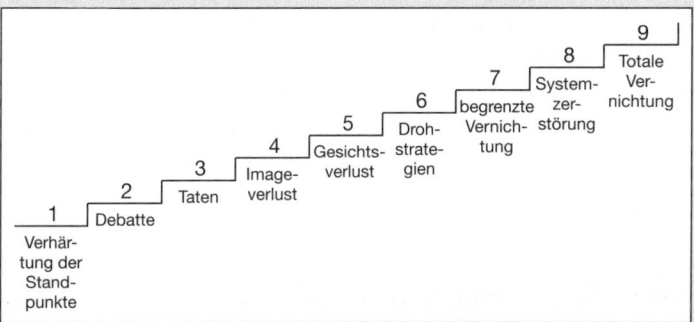

Für die Stufen 1–3 sieht er noch die Möglichkeit, dass es zu einer Lösung kommt, bei der beide Konfliktparteien gewinnen können *(win – win)*, ohne das Gesicht zu verlieren. Befindet sich der Konflikt bereits in Stufe 4–6 gibt es eine Partei, die gewinnt, und eine, die verliert *(win – lose)*. Ist der Konflikt bis zu 7 bzw. 8 und 9 fortgeschritten, gibt es nur mehr Verlierer *(lose – lose)*! Auf Grund dieser Befunde ist es entscheidend, dass Konflikte nicht weiter eskalieren, sondern möglichst stufenweise zurückgeführt *(de-eskaliert)* werden.

Zur Übung der Konfliktdiagnose kann folgende Situation verwendet werden, die in Schulentwicklungsprojekten oft auftritt:
Analysieren Sie den Konflikt, der oft dadurch auftritt, dass irgendein Schritt vom »*Ich und meine Klasse*« zum »*Wir und unsere Schule*« gemeinsame Aktivitäten aller an der Schule Beteiligten erforderlich macht, die Lehrer/innen aber wenig Interesse zeigen, außerhalb der Unterrichtszeit für Schulentwicklungsaktivitäten zur Verfügung zu stehen.
Bei der Analyse eines solchen Konflikts ist es wichtig, dass die einzelnen Diagnoseschritte genau durchgeführt werden, da es keine allgemein gültige Lösung dafür gibt.

systems (Personen, Beziehungen) – wenn auch zum Teil in veränderter Form – auch im Zielsystem existieren! Sonst tritt der »Dornröscheneffekt« ein, die bei der Einladung zum Fest übergangene Fee rächt sich bitter, indem sie die Prinzessin verflucht … (Auf die Schulrealität übertragen, könnte das heißen, wenn zwischen dem Schulleiter und einer von der Personalvertretung unterstützten Lehrergruppe eine neue interne Regelung bzgl. Nachmittagsbetreuung ausgehandelt, dabei jedoch auf die Schulwarte vergessen wird, dann wird die Neuregelung kein langes Leben haben.)

Sind Konfliktsystem und Zielsystem definiert, werden »Kosten« und »Nutzen« beider Systeme einander gegenübergestellt. Wenn etwa der Alltag in einem Universitätsinstitut durch zwei verfeindete Fraktionen geprägt ist, ergibt das zunächst hohe »Kosten« für das Arbeitsklima, aber auch für die Qualität des wissenschaftlichen Outputs (auf Grund der mangelnden Vertrauensbasis). Dem steht aber vielleicht der »Nutzen« gegenüber, dass man mit sehr hoher Wahrscheinlichkeit das Abstimmungsverhalten bei Institutsentscheidungen vorhersagen kann – das hat u.a. den willkommenen Effekt der Komplexitätsreduktion: Würden die Beteiligten jeweils von Fall zu Fall andere Koalitionen suchen und so genannte Sachentscheidungen treffen, könnte man die Ergebnisse nicht so sicher vorausberechnen. Die Frage stellt sich daher, wie sich in dem angestrebten Zielsystem der Nutzen des alten Konfliktsystems aufrechterhalten bzw. durch etwas ersetzen lässt, das denjenigen, die diesen Nutzen verlieren würden, ebenso wertvoll erscheint.

> ### Die Funktion eines Konflikts erkennen
>
> - Stellen Sie sich als Konfliktpartei zunächst folgende Fragen: Was trage *ich persönlich* zur Aufrechterhaltung des Konfliktes bei? Warum? Was würde ich gewinnen/verlieren, wenn der Konflikt nicht mehr existierte? (vgl. Lenglachner/Schmitz/Weyrer 1994)
> - Versetzen Sie sich nun in die Position Ihrer wichtigsten Kontrahent/innen und beantworten Sie dieselben Fragen nun *aus deren Sicht*!
> - Kehren Sie nun »zu sich« zurück und überlegen Sie, ob es *für Sie* Möglichkeiten gibt, die Verluste der anderen bei »Konfliktlösung« zu reduzieren, ohne damit *Ihren* Gewinn zu entwerten.
>
> Diese Werkstatt lässt sich übrigens auch gut in Unterrichtssituationen (etwa ab dem 6. Schuljahr) anwenden, z.B. wenn zwischen Mitschüler/innen, aber auch zwischen Schüler/innen und Lehrer/innen ein Konflikt ausgebrochen ist.

In eine ähnliche Richtung geht auch George Penningtons *kreatives Konfliktmanagement.* Es steht unter dem Leitsatz: »Kreatives Konfliktmanagement verlangt, sich dem inneren Konflikt zu stellen« (Pennington 1995, S. 6), und geht sehr präzise auf die Prozesse im

Inneren des einzelnen Konfliktpartners ein. Das Verfahren hat drei Stufen:

1. Phase: Es gibt einen Konflikt zwischen einem Ich und einem (äußeren) Gegner.

Abbildung 37:
Die Ausgangs-
situation: hier
Ich, dort der
Gegner

2. Phase: An diesem Punkt bedarf es der *kreativen Schizophrenie*, denn der Sachverhalt muss nun vom Standort eines inneren »objektiven Beobachters« aus betrachtet werden.

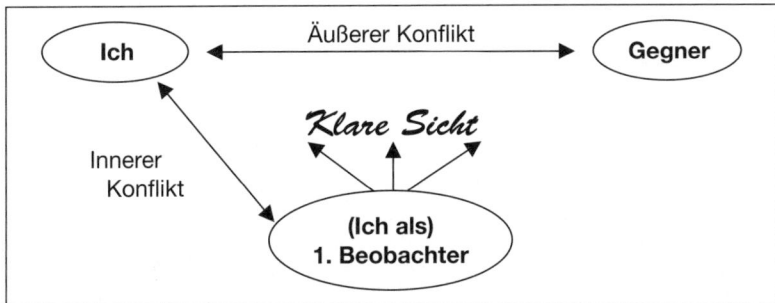

Abbildung 38:
Eine weitere
Person kommt
ins Spiel

Dieser innere Beobachter hat zum Unterschied vom Ich »klare Sicht« auf die eigene Position, die gegnerische Position und auf die Dynamik des Konfliktes. Leider hat sich damit aber unversehens eine zweite Konfliktfront eröffnet, die zwischen dem Ich und dem inneren Beobachter, und zwar dann, wenn das Ich »kämpferisch auf einer Position beharren« will, obwohl »der Beobachter bereits erkannt hat, dass ein neues Gleichgewicht der Kräfte nicht zu Stande kommen kann, wenn an dieser Stelle nicht ein Kompromiss gefunden wird. So kann sich ein äußerer Konflikt durch das Hinzukommen einer Beobachterperspektive zu einer inneren Zerreißprobe entwickeln.« (Pennington 1995, S. 6) Folglich ist der nächste Schritt unumgänglich, von Pennington als »inneres Konfliktmanagement« bezeichnet.

3. Phase: Dabei sei es am allerwichtigsten, sich nicht dazu verleiten zu lassen, den inneren Konflikt »lösen« zu wollen: »Besser ist es, im inneren Konflikt, ebenso wie beim äußeren, einen (weiteren) Beobachter-Standpunkt einzunehmen, von dem aus es möglich wird, die antagonistischen Pole der eigenen Psyche koexistieren zu lassen: Beide Wahrheiten haben Gültigkeit und dürfen diese Gültigkeit, trotz offensichtlicher Widersprüche, behalten.« (Pennington 1995, S. 7)

Mit anderen Worten, auch hier ist es das Ziel, Handlungsspielraum zu gewinnen, indem nicht in erster Linie die gegnerische Position bekämpft, sondern gegen die Absolutsetzung der eigenen Glaubenssätze angegangen wird (vgl. Kapitel 6, das darstellt, »wie die Lernende Schule lernt«)!

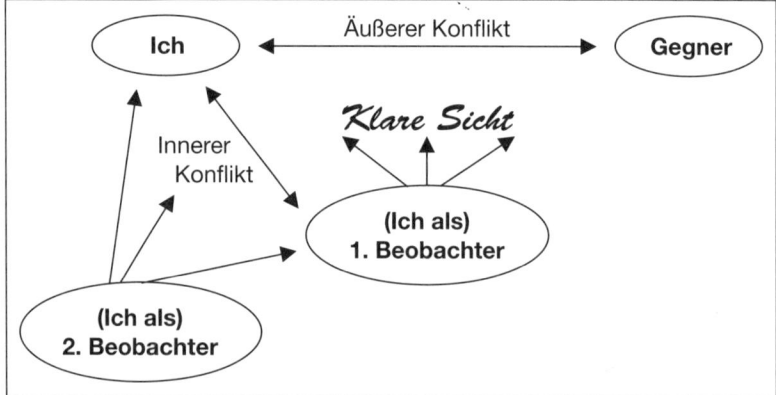

Abbildung 39: Noch jemand, der sich einschaltet

Die drei Stufen mögen zunächst verwirren, hat man sie aber einmal anhand eines eigenen Konfliktes »eisern« durchgespielt, erkennt man, dass man tatsächlich großen Nutzen daraus ziehen kann. Deshalb unser Vorschlag:

»Kreativ schizophrene Konfliktbearbeitung«

- Testen Sie die Brauchbarkeit des Modells anhand eines Konflikts, in welchen Sie selbst involviert sind. (Vielleicht probieren Sie es einmal mit einem nicht allzu schweren, allzu bedrohlichen Konfliktbrocken ...) Beginnen Sie mit Phase 1 und arbeiten Sie sich dann Schritt für Schritt vor.
- Verwenden Sie die 1. Skizze als Vorlage, und notieren Sie die Kernposition Ihres eigenen Ichs stichwortartig; dabei braucht es keinerlei Objektivierungsbemühungen, formulieren Sie einfach die Situation, wie Ihnen bezüglich des Konflikts zu Mute ist und wie Sie die Schuldfrage sehen.
- Jetzt kommt der erste »Spaltungsvorgang«: Treten Sie anhand der 2. Skizze innerlich einen großen Schritt von der eigenen Position zurück, und formulieren Sie als Beobachter/in (als quasi neutrale/r Kriegsberichterstatter/in?) die Position des Ichs, die des Gegners und die daraus erwachsende Dynamik des Konfliktes.
- Schließlich kommt der dritte Schritt: Angenommen, eine weitere beobachtende Person träte auf den Plan (wie auf Skizze 3 angedeutet), was für Szenario würde sie beschreiben? Welche Chancen würde sie den einzelnen Parteien des inneren Konfliktes geben? Welche Notwendigkeiten im Sinne einer Konfliktlösung würde sie vielleicht erkennen? – Wenn es Ihnen gelingt, sich in dieser Situation nicht vom »inneren Entweder-oder-Debakel« zu einer Entscheidung treiben zu lassen, erreichen Sie einen eigenartigen Schwebezustand, »eine stressfreie Losgelöstheit, die einer kreativen Lösung des Konflikts wesentlich dienlicher ist als ein Aufeinanderprallen starrer Fronten« (Pennington 1995, S. 7).

Während das kreative Konfliktmanagement nach Pennington sich empfiehlt, wenn Akut-Strategien zur Behandlung für heiße Konflikte gefragt sind, laden wir Sie im folgenden Abschnitt ein, sich einmal prinzipiell mit Ihren persönlichen Zugangsweisen zum Konfliktmanagement auseinander zu setzen – was eher die Funktion einer Brandschutzübung als einer Löschaktion hat. Wir greifen dabei auf vielfach in der Arbeit mit Schulleiter/innen bewährte Materialien von Ria von Hoewijk vom *Interstudie, Centrum voor Onderwijsmanagement* in den Niederlanden zurück, die sie uns freundlicherweise zur Verfügung gestellt hat (Übersetzung durch Autor und Autorin).

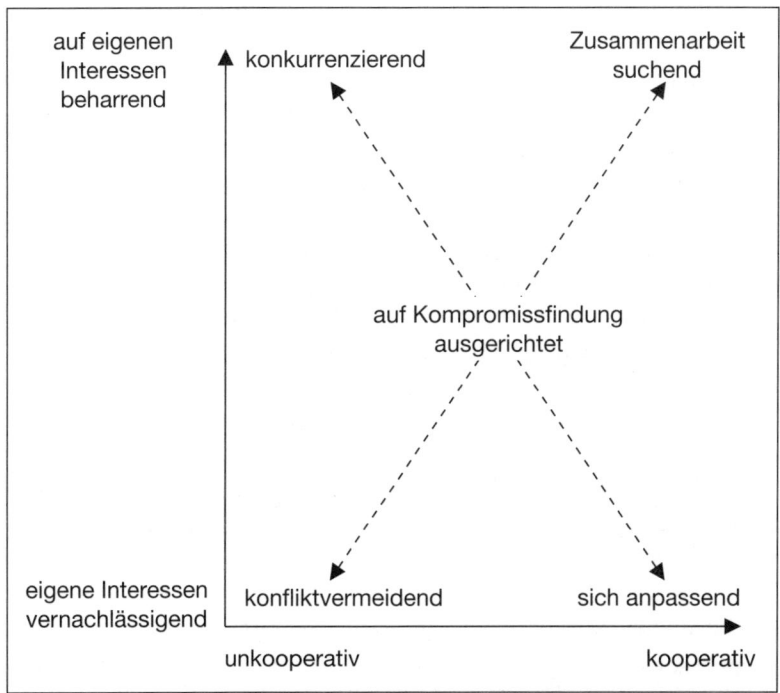

Abbildung 40: Grunddimensionen des Konfliktverhaltens

Basierend auf einem Modell von Milburn/Watman (1975), unterscheidet sie in den individuellen Zugängen zu (äußeren) Konflikten zwei Grunddimensionen, erstens *assertiveness*, das ist der Grad an Beharrlichkeit beim Vertreten der eigenen Interessen, und zweitens *cooperativeness*, also das Maß an Bereitschaft zur Kooperation. Daraus ergeben sich fünf verschiedene Weisen des Umgangs mit Konflikten, die das oben stehende Diagramm darstellt (siehe Abb. 40).

Zu den fünf Zugangsweisen im Einzelnen:

- *Konkurrenzierend* meint hier, dass man die eigenen Interessen auf Kosten der anderen durchsetzt, mit allen Mitteln gewinnen will, aber auch unbeugsam einsteht für etwas, von dessen Richtigkeit man überzeugt ist.

- *Sich anpassend* ist das genaue Gegenteil davon, nämlich die eigenen Interessen vernachlässigend, um die der anderen zu befriedigen, mit einem gewissen Hang zu Masochismus und Selbstopferung, aber auch zu Großzügigkeit, Nächstenliebe und Uneigennützigkeit.

- *Konfliktvermeidend* heißt, weder die Durchsetzung der eigenen Interessen betreibend, noch die der fremden, was zu diplomatischen *side steps* oder zum bewussten Zurückstellen einer Auseinandersetzung »auf bessere Zeiten« (wann auch immer die anbrechen werden) führen kann.

- *Zusammenarbeit suchend* ist dem *konfliktvermeidenden Zugang* gerade entgegengesetzt. Dazu ist es nötig, den Gegenstand oder den Raum des Konfliktes nach Bereichen zu durchforsten, in denen Gemeinsamkeiten in der Sichtweise gefunden werden können; man versucht, die strittigen Punkte aus der Sicht des/der jeweils anderen kennen zu lernen, und ist bereit, eigene Positionen im Lichte dieser Erfahrungen neu zu definieren, um neue Übereinstimmungen möglich zu machen.

- *Auf Kompromissfindung ausgerichtet* schließlich ist die Kombination der Mittelpositionen beider Dimensionen, es geht hier um das Finden einer für beide Seiten akzeptablen Lösung, für die jede/r auch Abstriche in der ursprünglichen Position in Kauf nimmt; der Unterschied zwischen Kompromissorientierung *(»auf Kompromissfindung ausgerichtet«)* und Zusammenarbeitsorientierung *(»Zusammenarbeit suchend«)* besteht nun darin, dass jene den schnellen, eher oberflächlichen Kompromiss sucht und gar kein Interesse daran hat, sich so tief in den Konflikt einzulassen wie die Zusammenarbeitsorientierung (der es ja um eine Grundsatzdiskussion geht, aus der dann möglichst echte Gemeinsamkeiten erwachsen).

Im nächsten Schritt wollen wir das Diagramm in Abb. 40 für die Arbeit an unseren eigenen Konfliktmanagementtechniken nutzbar machen, wobei wir von folgender These ausgehen: Wenn wir uns dessen deutlicher bewusst werden, dass wir auf die Dynamik dieser verschiedenen Herangehensweisen selbst Einfluss nehmen können, erweitert sich auch unser Handlungsspielraum »im Ernstfall«.

Dem individuellen Konfliktlösungsstil auf die Spur kommen

Achtung! Diese Werkstatt braucht recht viel Zeit und Konzentration! Deshalb hat es sich als günstig erwiesen, die gesamte Prozedur auf mehrere Tage zu verteilen.

- Machen Sie sich mit dem Diagramm in Abbildung 40 und den anschließenden Erläuterungen zu den fünf Konfliktlösungsmustern vertraut.
- Fertigen Sie eine Liste mit Ihren eigenen Konflikten an (alte, aktuelle, längst gelöste, noch schwelende, existenzielle, harmlose, ...), und definieren Sie jeweils den von Ihnen angewandten Konfliktlösungsstil/die von Ihnen angewandten Stile laut den fünf im Modell vorgegebenen Mustern:

Konflikt	Wann aktuell	Angewandte/r Konfliktlösungsstil/e
z.B. Auseinandersetzung mit meiner Partnerin im *Team teaching*, die mir die meiste Vorbereitungs- und Koordinationsarbeit überlässt	z.B. vor zwei Jahren, in der Anfangsphase des *Team teaching* an meiner Schule	z.B. zuerst *sich anpassend* (habe monatelang alle Arbeitsblätter selbst gemacht) und zugleich *konfliktvermeidend* (habe in den Planungssitzungen das Thema peinlich vermieden), dann ...
usw.		

- Produzieren Sie Ihren eigenen Konfliktstil-Kuchen, indem Sie die in der dritten Tabellenspalte aufgelisteten Stile je nach Häufigkeit der Eintragungen in verschieden große Kuchenstücke verwandeln. Ein solcher Kuchen könnte etwa so aussehen:

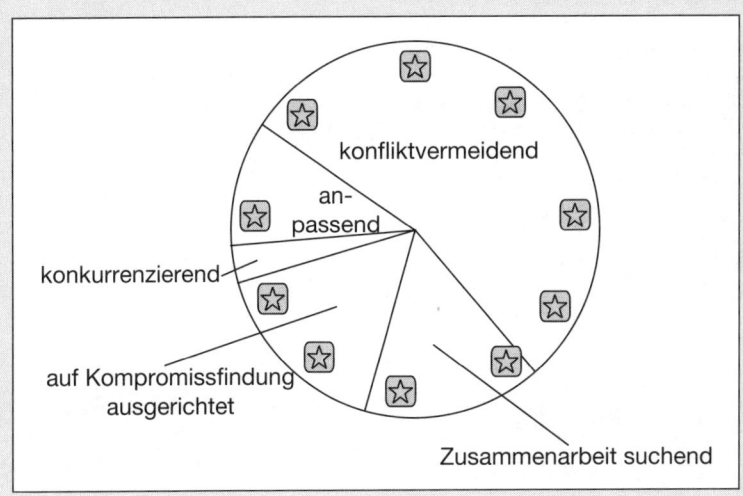

Als 4. Schritt betrachten Sie Ihre individuellen Stilprioritäten (was sich in der Größe der einzelnen Kuchenstücke ausdrückt) genauer, indem Sie sich zu jedem Kuchenstück die entsprechenden Fragen und Vermutungen aus der folgenden Aufstellung heraussuchen und überprüfen, ob diese für Sie relevant sind:

Falls der *konkurrenzierende* Anteil an Ihrem Konfliktkuchen eher hoch ist:
● Fühlen Sie sich von Jasagern umgeben? → Vielleicht haben diese gelernt, dass es unklug ist, Ihnen zu widersprechen und Sie beeinflussen zu wollen – Ihr Nachteil: Sie werden von wichtigen Informationen abgeschnitten!
● Trauen sich Ihre Mitarbeiter/innen nicht, Ihnen gegenüber Unwissen und Unsicherheiten zuzugeben? → Ein extrem wettbewerbsorientiertes Klima zwingt alle, sich sicherer zu geben, als sie sich fühlen, was ihnen viele Lernchancen nimmt.

Falls der *konkurrenzierende* Anteil eher gering ist (wie in unserem Tortenbeispiel):
● Fühlen Sie sich in vielen Situationen einfach hilflos? → Möglicherweise sind Sie sich der Macht gar nicht bewusst, die Sie besitzen, oder Sie schrecken davor zurück, sie einzusetzen; so beschneiden Sie Ihre Einflussmöglichkeiten selbst.
● Fällt es Ihnen schwer, einen festen Standpunkt einzunehmen, auch wenn Sie von etwas überzeugt sind? → Gerade das Hinauszögern von Entscheidungen – mit Rücksicht auf die Ängste anderer – kann das Leiden und die Ressentiments der Betroffenen verlängern.

Falls der *Zusammenarbeit suchende* Anteil eher groß ist:
● Kommt es vor, dass Sie (zu) viel Zeit mit aufreibenden Diskussionen über recht unwichtige Dinge verbringen? → Dann verschwenden Sie die beiden rarsten Güter in einer Organisation, Zeit und Energie, für die optimale Lösung von Problemen, die keine solche verdienen. Die »Überbeanspruchung« konsensualer Entscheidungsfindung kann auch mit einer Tendenz verbunden sein, Entscheidungen hinauszuschieben und die Verantwortung dafür zu verschleiern.
● Finden Ihre ständigen Bemühungen um Zusammenarbeit nur wenig Resonanz bei Ihren Konfliktgegnern? → Es könnte sein, dass mitunter Ihr Vertrauen missbraucht wird, deshalb sollten Sie vermutlich stärkere Sensibilität dafür entwickeln, wann weniger Offenheit und mehr Selbstschutz, Ungeduld und Lust am Konflikt angebracht sind.

Falls der *Zusammenarbeit suchende* Anteil eher klein ist:
● Macht es für Sie wenig Sinn, unterschiedliche Standpunkte als Lernchancen zu sehen? → Dass Konflikte uns oft zu Recht Angst machen und Energien verbrauchen, lässt sich nicht leugnen, dennoch hindert uns eine Haltung, die einer Zusammenarbeit von vornherein skeptisch gegenübersteht, auch an der Wahrnehmung der Vorteile, die sie mit sich bringen könnte, nicht zuletzt auch am Genießen der Freude über die gelungene Suche nach Gemeinsamkeiten.
● Fühlen sich Ihre Mitarbeiter/innen nicht an Ihre Entscheidungen gebunden? → Das könnte daran liegen, dass deren Anliegen in Ihren Überlegungen zu wenig berücksichtigt wurden!

Wenn das »*auf Kompromissfindung ausgerichtete* Kuchenstück« sehr groß ist:
● Konzentrieren Sie sich gewöhnlich ganz auf die Taktiken und Praktiken des Aushandelns von Kompromissen? → Verlieren Sie dann mitunter nicht die noch wichtigeren Dinge aus den Augen, Ihre Prinzipien, Werte, langfristige Ziele, das Wohl der Gesamtorganisation etc.?

● Könnte man das Klima, das in Ihrer Organisation durch den ständigen »Konfliktlösungs-Poker« entstanden ist, als zynisch bezeichnen? → Eine solche Entwicklung gefährdet das gegenseitige Vertrauen und wendet die Aufmerksamkeit von den eigentlichen Themen weg hin zu den Erfolgen in der Pokerarena.

Ist *dieser Anteil* an Ihrem Kuchen dagegen sehr klein:
● Halten Sie sich selbst für zu sensibel, um im Aushandeln von Konflikten erfolgreich zu sein? → Es kann sich lohnen, das Peinlichkeitsgefühl zu überwinden!
● Ist es für Sie prinzipiell schwierig, sich zu Kompromissen durchzuringen? → Vielleicht ermöglicht Ihnen aber erst das Sicherheitsventil eines Kompromisses, ohne Gesichtsverlust aus einer destruktiven Atmosphäre gegenseitiger Schuldzuweisungen und brutaler Machtkämpfe herauszufinden.

Falls das *konfliktvermeidende* Kuchenstück groß ist:
● Erschweren Sie manchmal Ihren Kolleg/innen die Koordinationsarbeit, weil Sie Ihre Diskussionsbeiträge so diffus formulieren, dass Ihr Standpunkt daraus nicht klar hervorgeht? → Mehr Mut zur Klarheit Ihrerseits erleichtert vermutlich allen Beteiligten das Leben.
● Macht Ihr Umgehen mit Konflikten auf Außenstehende den Eindruck, als balancierten Sie über rohe Eier? → Wenn man davon ausgeht, dass Konflikte gewöhnlich nicht von selbst verschwinden und demnach doch irgendwann bearbeitet werden müssen, dann ist es unverantwortlich, übermäßig viel Energie für das Umgehen und Vermeiden von Konfrontationen aufzubrauchen! Ebenso gefährlich ist es, wenn Entscheidungen über wichtige Dinge durch »Nichtentscheiden« getroffen werden.

Ist dagegen der Anteil an *Konfliktvermeidung* eher klein:
● Passiert es Ihnen hin und wieder, dass Sie »unabsichtlich« die Gefühle von Menschen verletzen und so Feindschaften auf sich ziehen? → Möglicherweise mangelt es Ihnen am nötigen Takt, der Sie eigentlich davor bewahren müsste, die für die Konfliktpartner besonders bedrohlichen Aspekte in einer Angst machenden Weise anzugehen.
● Fühlen Sie sich manchmal von Konflikten zugedeckt? → Dann müssen Sie sich zu einer stärkeren Prioritätensetzung durchringen, mehr Zeit und Aufmerksamkeit für einige wenige, ganz wichtige Konflikte reservieren, den Rest delegieren.

Hat die *Anpassung* bei Ihnen einen hohen Stellenwert:
● Erhalten Ihre Ideen und Ihre Anliegen gewöhnlich nicht die Beachtung, die sie verdienen? → Wenn Sie den Interessen anderer zu sehr nachgeben, so schadet das nicht nur Ihrem Einfluss und Ihrer Reputation, sondern letztlich auch der Gesamtorganisation, der Ihre Beiträge verloren gehen.
● Halten die Menschen, mit denen Sie zusammenarbeiten, keine Disziplin? → Auch wenn der Selbstwert von Disziplin bezweifelt werden darf, so gibt es dennoch Regeln und Vorgehensweisen, deren Einhaltung für Sie als Person und/oder für die Organisation von größter Wichtigkeit ist.

Hat die *Anpassung* bei Ihnen einen niedrigen Stellenwert:
● Tun Sie sich schwer, wenn die Situation von Ihnen kleine Konzessionen an die Konfliktgegner/innen als vertrauensbildende Maßnahmen verlangt? → Vielleicht lassen sich ja Bereiche finden, die für die anderen mehr Bedeutung haben als für Sie selbst und in denen Ihnen solche Gesten des guten Willens deshalb leichter fallen.

- Gelten Sie bei anderen als uneinsichtig und unvernünftig, haben Sie Probleme beim Zugeben von Fehlern, vor allem aber: Wissen Sie nicht, wann es an der Zeit ist, einen Kampf aufzugeben? → Dann wäre es bestimmt gut, dieser Konfliktlösungsmethode in Zukunft mehr Augenmerk zu schenken!

* * *

Nun folgt der 5. Schritt: Lesen Sie sich Ihre Anmerkungen zu Schritt 4 nochmals durch und formulieren Sie bei jenen Stellen, wo Sie persönlichen Handlungsbedarf geortet haben (also bei extrem hohen und extrem niederen Anteilen), Ihre *Zielsetzungen*, also etwa:

Ich werde in Zukunft in Konfliktsituationen *mehr* dies denken, fühlen, tun:

(Das könnte etwa für unser Kuchenbeispiel sein: Ich werde in Zukunft bei Meinungsverschiedenheiten mit meinem Kollegen eine schriftliche Übersicht über die Sachlage aus meiner Sicht anfertigen, damit ich beim Argumentieren eine solide Grundlage habe und nicht so leicht das Handtuch werfe, wenn er mich persönlich angreift.)

Ich werde in Zukunft in Konfliktsituationen *weniger* dies denken, fühlen, tun:

(In unserem Exempel z.B.: Ich werde in Zukunft weniger Energie dafür verwenden, Konflikten mit diesem Kollegen auszuweichen.)

Ich werde in Zukunft in Konfliktsituationen dies *beibehalten*:

(Zum Beispiel: Ich werde weiterhin zuerst mit dem Kollegen reden, bevor ich meine Vorgesetzte informiere.)

* * *

Als 6. und letzten Schritt sollten Sie sich mit zwei anderen Personen Ihres Vertrauens über Ihre persönlichen Schlussfolgerungen austauschen und insbesondere der Frage nachgehen, was genau (z.B. welches konkrete eigene Verhalten und welches Verhalten anderer) Ihnen *helfen* könnte, Ihre Vorhaben von Punkt 5 auch zu realisieren.

(Z.B. könnte es in unserem Beispiel hilfreich sein, einen Jour fixe einzurichten, sodass man sich nicht erst beim Aufflammen eines Konfliktes mühsam um einen Gesprächstermin kümmern muss.)

Abschließend noch ein Beispiel aus der Schulpraxis für ein Verfahren, das das Ziel hat, mit Konflikten im Schulalltag produktiv (produktiver als üblich) umzugehen:

> An einem Wiener Gymnasium empfand man einerseits die vom Gesetz vorgesehenen disziplinären Maßnahmen bei schulischen Konflikten, vor allem bei solchen mit Schüler/innenbeteiligung, als sehr starres, für kreatives Konfliktmanagement ungenügendes Instrumentarium (zuerst verschiedene Typen von Ermahnungen, dann als Ultima Ratio die so genannte *Disziplinarkonferenz*), andererseits litt man unter der von den offiziellen Regelungen ausgesparten, ausgedehnten Grauzone, die große Rechtsunsicherheit zur Folge hatte. Also entschlossen sich einige Lehrer/innen, Eltern und Schüler/innen unter Beteiligung der Schulleiterin dazu, hier Abhilfe zu schaffen und die Problemlösekompetenz eines schuleigenen *Disziplinarkomitees* zu testen. Im Augenblick befindet sich das Instrument in der Erprobungsphase. Wir sind schon neugierig auf die Erfahrungen, die damit gemacht werden.

Bundesgymnasium und Bundesrealgymnasium Rahlgasse 1060 Wien

DISZIPLINARKOMITEE

1. Aufgabenstellung

Das Disziplinarkomitee dient als *Schlichtungsstelle,* die zur Lösung eines aktuellen Konflikts zwischen den jeweils Beteiligten beitragen soll.

Es erarbeitet mit den Beteiligten, wenn möglich, *Wiedergutmachungsvorschläge.*

Es kann der Klassenkonferenz, aber auch der Schulkonferenz *Maßnahmen vorschlagen.* Eine solche Maßnahme könnte auch die Androhung des Ausschlusses sein. Die Schulkonferenz muss in einem solchen Fall zwar zusammentreten, das Verfahren ist jedoch erheblich verkürzt.

2. Zusammensetzung

- Direktorin
- Klassenvorstand, 1 Lehrervertreter/in aus dem SGA*, 1 Vertrauenslehrer/in der Schülerin/des Schülers (z.B. Mädchenvertrauenslehrerin, Bubenvertrauenslehrer) oder 1 Personalvertreter/in (je nach Fall)
- Schulsprecher/in, Klassensprecher/in, Unterstufensprecher/in (wenn es sich um Beteiligte aus der Unterstufe** handelt) oder eine weitere Schülervertreterin/ein Schülervertreter aus dem SGA
- 1 Elternvertreterin/1 Elternvertreter aus dem SGA, 1 vom Elternverein entsandtes Mitglied, 1 Klassenelternvertreterin/1 Klassenelternvertreter

* Schulpartnergremium an österreichischen Gymnasien
** Unterstufe: 5.–8. Schulstufe

Alle oben Genannten sind stimmberechtigt.
Eingeladen sind weiters interessierte Klassenlehrer/innen bzw. Klassenlehrer/innen, die zur Klärung des Falls beitragen können.
In einer Versuchsphase von zwei Disziplinarfällen haben auch alle diese Klassenlehrer/innen das Stimmrecht. Bevor dieses Stimmrecht endgültig wird, ist ein weiterer SGA-Beschluss nötig.

3. Verfahren

Die Direktorin beruft das Disziplinarkomitee ein. Nach der Falldarstellung ist der erste Schritt ein Schlichtungsversuch.
Stimmberechtigt sind die unter Punkt 2 Genannten.

14 Tage ab dem Datum der Beschlussfassung besteht Einspruchsrecht sowohl für die unmittelbar Betroffenen (Täter/Opfer) sowie für alle Mitglieder der Disziplinarkonferenz. Jeder, der an einer Disziplinarkonferenz teilnahmeberechtigt ist, kann, wenn er mit den Empfehlungen/Beschlüssen nicht einverstanden ist, die Einberufung einer Disziplinarkonferenz verlangen.

Die (in Punkt 2 genannten) *Empfehlungen (Beschlüsse) müssen ohne Gegenstimme (einstimmig)* ausgesprochen werden und von den Beteiligten am Konflikt zumindest akzeptiert werden.
Es besteht das Recht des Schülers/der Schülerin, bei einer Disziplinarkonferenz gehört zu werden.
Dasselbe trifft auf jedes Mitglied der Disziplinarkonferenz zu.

4. Kontrollinstanz

Kontrollinstanz ist die *Schulkonferenz.*

Beschlossen vom Schulgemeinschaftsausschuss am 9. 3. 1995

Kapitel 6
Von Glaubenssätzen, Visionen und Schulprogrammen

Wie die Lernende Schule lernt

Die Antwort, die ich gegeben habe, war falsch, aber eure Frage war falscher.
Wer a sagt, der muss nicht b sagen. Er kann auch erkennen, dass a falsch war.
(Bertolt Brecht: Der Neinsager)

Können Schulen lernen?

A: »Können Schulen denn lernen?«

B: »Warum nicht?!«

A: »Weil Organisationen nicht lernen können. Nur Menschen.«

B: »Was ist für dich eine Organisation?«

A: »Na, eine Struktur, die für die Arbeit notwendig ist: Jemand ist Chef, die anderen sind Mitarbeiter mit spezifischen Rollen, kurz: Jeder weiß, was zu tun ist.«

B: »Und warum sollen sich diese Strukturen nicht entwickeln lassen?«

A: »Schon, schon, aber dazulernen können nur Menschen, die davon betroffen sind.«

B: »Hab ich je das Gegenteil behauptet?«

In Dialoge dieser Art werden wir immer wieder verwickelt, wenn wir das Konzept der Lernenden Schule vorstellen. Natürlich stimmen wir mit Senge (1990, S. 139) überein, dass eine Organisation nur dadurch lernt, dass Individuen lernen. Individuelles Lernen garantiert allerdings noch nicht das Lernen der Organisation. Die Schule stellt eine Organisation dar, welche die Handlungsmöglichkeiten der dort Tätigen in hohem Maß steuert, ja Mary Douglas (1991) versucht sogar nachzuweisen, dass selbst das Denken der Mitglieder durch eine Institution stark geprägt wird. Durch den frühen »Berufseintritt«[1] hat die Logik der Organisation im Gegensatz zu anderen Berufsfeldern einen besonders prägenden Einfluss auf das Denken, Fühlen und Handeln all jener, die in ihr arbeiten. Um diese hemmende Perspektive von Schule im Hinblick auf ihre Weiterentwicklung zu überwinden, gilt es, die organisatorischen Eigenheiten einer Bildungsinstitution genauer zu beleuchten.

Das Grundanliegen der Organisationsentwicklung ist es, »durch die Art und Weise des Vorgehens die Mitglieder der Organisation –

---

1 Die eigentliche Lehrerbildung fängt mit dem Schuleintritt im Alter von (gewöhnlich) sechs Jahren an, wenn die ersten Sozialisationserfahrungen das Verhalten der künftigen Lehrperson zu prägen beginnen.

dem Prinzip und der Tendenz nach – zum Selbstentwurf, zur Selbstgestaltung ihrer eigenen sozialen Umwelt – der Organisation – zu befähigen und dadurch bestehende Entfremdung zu überwinden« (Glasl 1983, S. 28). Diese Zielperspektiven klingen insofern für die Organisation Schule sehr erstrebenswert, als sie auch mit den Vorstellungen eines kritisch reflektierten Unterrichts korrespondieren (vgl. Das Erste Axiom in Kapitel 2). Marianne Gronemeyer (1966, S. 66) hat das Dilemma der Vermittlerrolle des Lehrers/der Lehrerin im Unterricht pointiert herausgearbeitet:

>*Der Vermittler erspart sich die Unsicherheit und das Risiko des wirklichen Dialogs. Immer steht vorher fest, dass ihm die Sache, die er vertritt, Recht gibt. Auch diese Strukturiertheit seiner Position, aus der heraus er den Schülern zumutet, was er sich selbst nicht abverlangt, nämlich Verunsicherung, Befremdung, Erschütterung von Weltsichten, sogar den Umsturz des Weltstandpunkts, ist ruinös für seine Glaubwürdigkeit. Der Vermittler ist ein Souffleur fertigen Textes, notorisch im Recht, inventorisch nicht ambitioniert, im Zweifel abstinent; ideenreich allerdings in der Produktion didaktischer Finessen und von scharfsichtigem Urteil im Soll-Ist-Vergleich der Lernerfolge.«* (Gronemeyer 1996, S. 66)

Wir haben mehrfach aufgezeigt, dass hinter diesem Vermittlungskonzept als »*default condition*« (Cazden 1988) das immer wiederkehrende Grundmuster von schulischem Unterricht steht: Lehrer/in fragt – Schüler/in antwortet – Lehrer/in beurteilt (in Abstufung) mit »richtig« oder »falsch«, weshalb die professionelle Kultur von Lehrpersonen auch als »Praxis der Erzeugung und Reproduktion von Wissen« (Kalthoff 1995) bezeichnet worden ist. Uns geht es hier um die Frage, ob und wie sich Schule von einer »belehrenden« zu einer »lernenden« professionellen Kultur wandeln kann. In der folgenden Werkstatt (S. 196) stellen wir eine Übung vor, um das traditionelle Muster einmal kurzfristig zu verlassen.

Mit dieser Aufgabe wollen wir Ihnen nicht den sicheren Boden des Unterrichtens entziehen, sondern das Dilemma von Schule und Unterricht im Spannungsfeld zwischen Bewahren und Verändern, zwischen »Schulfragen« und »Lebensfragen« unterstreichen. Dann wird auch deutlich, dass es, bezogen auf Hartmut von Hentigs (1993) Konzept, nicht genügt, Schule zu *verbessern* oder zu *verändern*, sondern dass wir sie *neu denken* müssen. Auf anderer Ebene, aber mit ähnlicher Zielrichtung definiert Rolff (1993, S. 152) Organisationsentwicklung als »ein reflexives Verfahren zur Veränderung des Sozialverhaltens von Organisationsmitgliedern, bei

Dem Grundmuster von Unterricht auf der Spur

Nach Gronemeyer (1996, S. 62–63) sind Lehrende als Bildungsbeauftragte Sachverwalter/innen von Bildungs- oder Kulturgütern, die sie »treuhänderisch« verwalten und dafür – bei »richtigem« Schülerverhalten – entsprechende »Bildungsgütesiegel« verleihen. Die Richtig-/Falsch-Einschätzung in der Leistungsbeurteilung resultiert daraus, dass die Lehrperson die Antworten auf die gestellten Fragen bereits weiß, ja wissen muss, um den Bildungsauftrag zu erfüllen (Was ist die Hauptstadt von …? Wie viel ist die Wurzel aus …? What do you do when …? etc.).

Wir laden Sie ein, dieses Grundmuster von Unterricht kurzzeitig zu durchbrechen, indem Sie in der nächsten Unterrichtsstunde – zumindest für einen bestimmten Zeitraum – folgende Vorgabe berücksichtigen:

Stellen Sie im Unterricht nur Fragen, auf die Sie selbst die Antwort nicht wissen.

Vergleichen Sie Ihre dabei gemachten Erfahrungen mit denen im herkömmlichen Unterricht. Welche Unterschiede zeigen sich für Sie? Welche für die Schüler/innen?

Irgendwas ist heute anders …

gleichzeitiger oder vorhergehender Veränderung der Organisationsstrukturen, zum Zwecke der Verbesserung der Aufgabenerfüllung, auf der Grundlage der angewandten Sozialwissenschaften«.

Ein Entwicklungsmodell für die Lernende Schule

Der Anspruch, dies alles in die Schulpraxis umsetzen zu wollen, ist zweifellos hoch, das ist uns bewusst, wir halten die Realisierung aber auf Grund unserer Erfahrungen für möglich. Zur Veranschaulichung der Entwicklung, die uns vorschwebt, eignet sich u.E. am besten ein Modell, das seine Wurzeln in der höheren Mathematik hat, wo es zur Vermeidung von Paradoxa entwickelt wurde (vgl. Russel 1910). Neu belebt wurde es in der Schizophrenieforschung (vgl. Bateson 1985) und vor allem in der Kurzzeittherapie (vgl. Grinder/Bandler 1989), von wo aus es als universelles Entwicklungsmodell für das Lernen von Menschen ausgebaut wurde (vgl. Dilts 1993). Wir stellen es zunächst in Anlehnung an Dilts' (1993, S. 15) logische Ebenen der Organisation in Systemen vor, um es im Anschluss daran zu den Dimensionen der Organisationsentwicklung in Beziehung zu setzen. Das Erstellen von Schulprogrammen dient uns dann als Probe für die Praxistauglichkeit unseres psychologischen Lernmodells.

Abbildung 41: Entwicklungsmodell für die Lernende Schule

Die folgende Abbildung gibt eine Übersicht über die einzelnen für Entwicklung von Schule relevanten Lern-Ebenen dieses Modells (vgl. Abbildung 41). Wir haben wiederum das Bild der (selbst gebastelten) Spirale gewählt, um die Gleichzeitigkeit und den Bezug der einzelnen Ebenen zueinander zu symbolisieren, denn die »Funktion jeder Ebene liegt darin, dass sie die darunter liegende Information (auf der nächst niederen Ebene) organisiert. Die Regeln der Veränderung sind auf jeder Ebene verschieden. Veränderungen auf einer niedrigeren Ebene bewirken nicht zwangsweise Veränderungen auf einer höheren Ebene; aber Veränderungen auf einer höheren Ebene bewirken auf jeden Fall Veränderungen auf den niedrigeren Ebenen und unter-

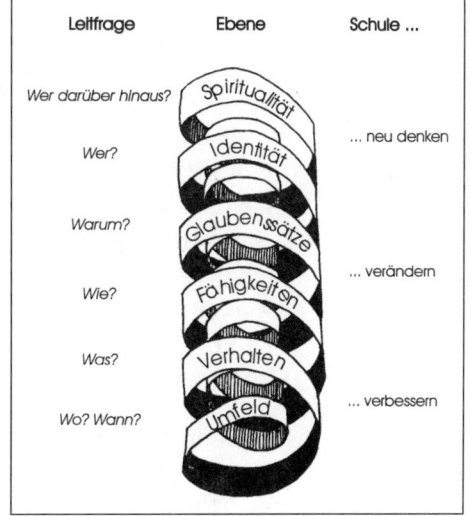

stützen so die Veränderungen insgesamt. Eine Verwechslung der logischen Ebenen verursacht häufig Probleme in der Kommunikation und beim Lernen. Das Modell der logischen Ebenen eignet sich dazu, sowohl Inkongruenzen aufzuspüren als auch Ressourcen verfügbar zu machen bei Personen, Gruppen und Organisationen.« (Fischer/Schratz 1993, S. 162) Im Folgenden führen wir zum praktischen Verständnis des Zusammenspiels der einzelnen Ebenen einige Beispiele aus der Schulentwicklung an.

Leitfrage: *Wo? Wann?*   **Ebene: Umfeld**

An einer Schule, in der die Lehrer/innen keinen Ort haben, an dem sie gemeinsam an der Entwicklung des Unterrichts arbeiten können, wird wenig gemeinsame Entwicklungsarbeit stattfinden. Konferenzen, an denen 100 Lehrer/innen auf engstem Raum im Konferenzzimmer oder in einer Großklasse (Zeichensaal) zusammensitzen, wie dies in größeren Schulen der Fall ist, eignen sich kaum als Ausgangspunkt für Schulentwicklungsprozesse. Der jeweilige Kontext bestimmt in hohem Maße mit, welche Folgeaktivitäten daraus resultieren: Die Lehrer/innen werden sich unter solchen Rahmenbedingungen in ihren Entwicklungsbemühungen eher in ihre Klassen zurückziehen, die Konferenzen werden auf das Abhandeln von anstehenden Sachfragen reduziert werden.

Andererseits genügt es noch nicht, günstige Rahmenbedingungen allein zu schaffen, in der Hoffnung, dadurch wäre bereits der Teppich für Veränderungen ausgelegt. Wir erinnern uns noch gut an das Ergebnis einer Schulleiterausbildung, die dem Thema »Konferenzgestaltung« gewidmet war. Voller Euphorie gingen die Vertreter/innen der Schulleitung zurück an die Schulen und versuchten ihre neuen Erkenntnisse in die Praxis umzusetzen: Bei der nächsten Konferenz erwartete etwa ein Kollegium anstatt des üblichen Arrangements – Tische, um welche die Lehrer/innen saßen, – ein Sesselkreis. Erstaunt über diese Veränderung, nahmen die Lehrer/innen nur zögernd auf den Sesseln Platz, fühlten sich aber um die schützenden Tische betrogen und zeigten gegenüber ihrem Schulleiter noch mehr Skepsis und Distanz als üblich. Dadurch noch weiter verunsichert, zog sich Letzterer beim nächsten Mal wieder auf das gewohnte Konferenzdesign zurück; er werde sich hüten, je wieder derartige Versuche zu unternehmen, äußerte er beim nächsten Seminar gegenüber der Gruppe entnervt.

● Zur Umsetzung von Veränderungen auf der Ebene »Umfeld« sind Veränderungen auf der nächst höheren Ebene, der »Verhaltensebene«, erforderlich.

Leitfrage: *Was?* **Ebene: Verhalten**

Das oben genannte Beispiel der Veränderung des Sitzarrangements einer Konferenz zeigt auf, dass entsprechendes *Verhalten* erforderlich ist, um bestimmte Absichten praktisch zu verwirklichen. Im Bereich Schulentwicklung gehört dazu etwa ein Repertoire an Verhaltensweisen, um Konferenzen erfolgreich zu moderieren, um aufkeimenden Widerstand aufzufangen und (Groß-)Gruppen zu animieren. Dabei handelt es sich um Verhaltensweisen, die erfahrungsgemäß in der Lehrerausbildung nicht vermittelt werden, sodass sie in Seminaren (z.B. Lehrerfortbildung, Organisationsentwicklung ...) erworben und geübt werden müssen. Ähnliches gilt auch für das oben genannte Beispiel der Teamarbeit: Die meisten schulisch angelernten Verhaltensweisen sind auf die Erbringung von Einzelleistungen ausgerichtet (Vorbereitung, Prüfungen, Korrekturen ...). Daher werden Lehrer/innen oft als Einzelkämpfer/innen erlebt, die versuchen, ihr Bestes in einer *one (wo)man show* in der Klasse zu geben. In einschlägigen Veröffentlichungen zur Teamarbeit werden daher oft »Verhaltensregeln« für eine erfolgreiche Zusammenarbeit angeboten, die vom »aktiven Zuhören« (vgl. Fittkau u.a. 1977) bis zu »Beziehungsklärungen« (vgl. Vopel/Kirsten 1977) reichen.

Es genügt allerdings nicht, derartige Kataloge für Verhaltensregeln in der Teamarbeit oder Moderationsregeln für das Arbeiten in Gruppen kennen zu lernen. Ansonsten passiert Ähnliches wie mit dem Schulwissen, das für eine Prüfung gelernt, aber nicht wirklich beherrscht wird. Das Verhalten des »aktiven Zuhörens«, das sich lediglich darauf reduziert, die Worte des Vorredners zu wiederholen, bleibt genauso ein mechanischer Vorgang wie das »fachgerechte« Anpinnen von Moderationskärtchen nach einer Kartenabfrage in einer Veranstaltung zur Schulentwicklung, wenn daraus keine Konsequenzen erwachsen. Wir haben schon öfters die Erfahrung gemacht, dass solche Aktivitäten auf Grund ihres Neuigkeitscharakters zwar eine kurzfristige Motivation im Kollegium zu schaffen vermochten, dass diese daraufhin aber rasch abflaute. Die externen Berater/innen hatten in derartigen Fällen zwar ein ansprechendes Moderations-«Verhalten« an den Tag gelegt, dieses aber wie ein Stereotyp angewendet, ohne die eigentlichen Probleme der Schule zu berühren (berühren zu wollen?).

- Zur Umsetzung von Veränderungen auf der Ebene »Verhalten« sind Veränderungen auf der nächst höheren Ebene, der »Fähigkeitsebene«, erforderlich, allerdings nicht ohne entsprechende Voraussetzungen auf der Umfeldebene.

Wer als einziges
Werkzeug einen
Hammer kennt,
tendiert dazu die
Welt als Nagel
zu sehen
Mark Twain

Leitfrage *Wie*?   **Ebene: Fähigkeit**

Der wichtigste Schritt jedes Lernprozesses liegt in der Befähigung des Menschen, das Gelernte auch zu beherrschen (und nicht nur darüber Bescheid zu wissen). Eine Auseinandersetzung mit wichtigen Erfordernissen für eine erfolgreiche Teamarbeit bleibt folgenlos, wenn sie nicht »beherrscht« werden, ähnlich wie die Kenntnis von Grammatikregeln und ein Grundwortschatz von wichtigen Vokabeln noch nicht zur Sprachbeherrschung führen. Darüber hinaus ist die Fähigkeit zur situationsspezifischen Verwendung der Sprache erforderlich. Dasselbe gilt auch für den Einsatz der Werkzeuge im Koffer der Schulentwicklung. Ansonsten passiert es leicht, dass Mark Twains Spruch (siehe Flipchart) Wirklichkeit wird. Für eine Lernende Schule gibt es nicht *eine* Form der Verwirklichung, die Lernwege sind so vielfältig, wie es in ihr Menschen gibt, mit ihren eigenen Sichtweisen, Bedürfnissen, Fähigkeiten und Möglichkeiten. Daher begegnen wir Ansätzen mit besonderer Skepsis, deren Vertreter (die männliche Form halten wir durchaus für repräsentativ!) *das* Modell für Schulentwicklung sozusagen als fix und fertig geschnürtes Paket offerieren, nach dem sich gute Schule verwirklichen ließe. Sie entspringen oft sehr brauchbaren Ansätzen, ihre Vermarktung widerspricht aber den Prinzipien der Lernenden Schule, wie wir sie verstehen: eigens ausgebildete, auf das Produkt eingeschworene Trainer/innen, ausgeklügeltes Marketing des »Produkts« auf dem Schulentwicklungsmarkt, oft extrem teuer.

Interessant ist, dass im Schulbereich mit einem gewissen Verzögerungseffekt M(eth)oden aus dem Bereich der Wirtschaft Einzug halten, die dort zum Teil bereits wieder verworfen werden. Alfred Kieser hat nachgewiesen, wie derartige Moden in der Wirtschaftswelt »gemacht« werden, die Betriebe aber selten befähigen, ihre eigene Entwicklung in die Hand zu nehmen. Sie folgen einem Trend, übernehmen eine Mode, welche nach einiger Zeit wieder verschwindet, was er für die Organisationsthemen Qualitätszirkel (QZ), Lean Production (Lean Prod.), Business Process Reengineering (BPR), Total Quality Management (TQM) und Unternehmenskultur (UK) im Wirtschaftsbereich aufzeigt (siehe Abb. 42).

Kiesers Schaubild macht uns anhand der Häufigkeit von Veröffentlichungen zu bestimmten Organisationsthemen klar, dass die »Moden« Qualitätszirkel, Lean Production, Total Quality Management und Unternehmenskultur ihre jeweiligen Höhepunkte bereits überschritten haben, lediglich Business Process Reengineering befindet sich noch und TQM wieder im Aufstieg. Was steckt hinter dem Auf und Ab der Organisationsmoden? Pioniere erarbeiten einen neuen Ansatz in der Organisationsentwicklung, ein gewisser Neugiereffekt lässt Nachahmer aktiv werden, die sich mit dem entsprechenden Motivationsschub ans Werk machen – doch die erhofften Wirkungen bleiben aus. So berichtet Peter Senge im Vorwort zur Neuauflage seiner Originalfassung von *The Fifth Discipline*, dass zwei Drittel der Qualitätsentwicklungsprogramme ohne nachhaltige Wirkung bleiben. Frederick Hilmer und Lex Donaldson (1997) orten diesbezüglich Scheinlösungen und sprechen von »Trendhopping«. Sie entlarven derartige Moden als überholte »Management-Mythen« und plädieren für längerfristiges Planen und »neues Denken«.

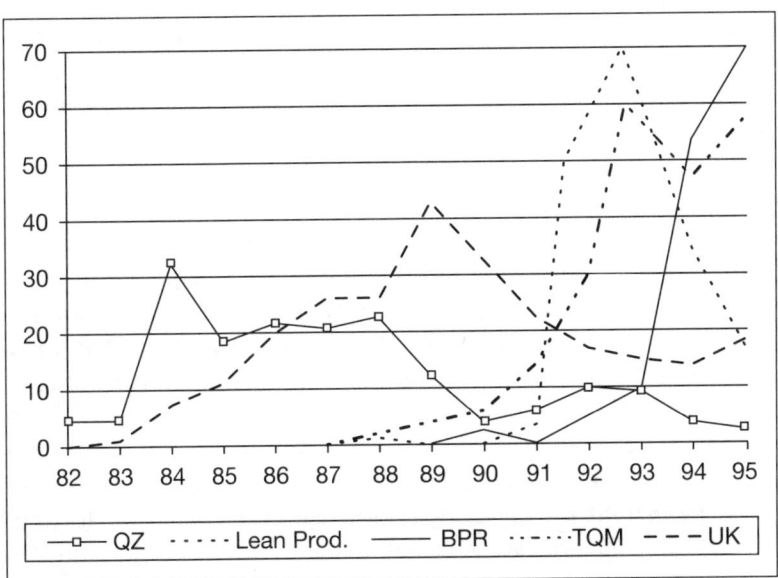

Abbildung 42: Zahl der für die Jahre 1982–1995 nachgewiesenen Veröffentlichungen zu bestimmten Organisationsthemen (aus Kieser 1997, S. 83)

● Zur Umsetzung von Veränderungen auf der »Fähigkeitsebene« sind Veränderungen auf der nächst höheren Ebene, der der Werte und der so genannten »Glaubenssätze«, erforderlich, wobei auch hier die darunter liegenden Ebenen nicht vernachlässigt werden dürfen.

Leitfrage *Warum?*   **Ebene: Werte, Glaubenssätze**

Menschen handeln nach jenen Grundsätzen, welche sie für ihr Handeln relevant finden. So hat jede/r Lehrer/in bestimmte Vorstellungen über guten Unterricht, nach deren Prinzipien sie/er unterrichtet. Die einen glauben an »Zucht und Ordnung« als Grundprinzipien für die schulische Erziehung und stimmen ihr (fachliches) Unterrichtskonzept darauf ab. Andere wiederum finden, dass Unterricht nur dann erfolgreich sein kann, wenn sich die Schüler/innen möglichst selbstständig entwickeln können, weshalb die Unterrichtsvorgaben möglichst »offen« sein müssen. Dazwischen gibt es noch alle möglichen Vorstellungen von Unterricht, die nicht zuletzt auch durch die eigenen Unterrichtserfahrungen sowie die Ausbildung geprägt worden sind. Wer nie erfolgreichen Gruppenunterricht in Schule und Studium erlebt hat, wird meist auch nicht an dessen Wirksamkeit glauben, umso weniger, wenn die einzigen eigenen Erfahrungen damit eher negativ waren. Derartige Erfahrungen fehlen fast vollends im Bereich der Schulentwicklung, sodass sehr oft der »Glaube« an ihre Wirksamkeit fehlt. Daher sind auch die Vorstellungen über gute Schule sehr unterschiedlich. Für die meisten besteht sie einfach aus »gutem« Unterricht, der wiederum von den eigenen Vorstellungen her definiert wird. Durch die Lehrfreiheit hatten die Lehrer/innen bisher auch die Freiheit, diese Vorstellungen isoliert in ihrer Klasse umzusetzen, solange sie den Lehr- und Bildungszielen entsprachen.

Mit der zunehmenden Verlagerung von Entscheidungskompetenzen an den einzelnen Schulstandort wird die individuelle »Glaubensfrage« über gute Schule zu einem gemeinsamen Thema: etwa wenn darüber entschieden werden muss, welche Schwerpunkte die Schule im Rahmen von Schulautonomie setzt, oder wenn schulautonome Lehrpläne für (neue) Fächer wie »Soziales Lernen« erstellt werden sollen. Plötzlich ergibt sich die Notwendigkeit, die eigenen (Wert-)Vorstellungen mit denen der anderen innerhalb des Kollegiums zu vergleichen und nach Gemeinsamkeiten zu suchen. Klimazerstörende Kampfabstimmungen sind dann besonders schädlich: »Die Gegensätze in der Schwebe zu halten«, hat es Heimito von Doderer einmal genannt, »Einheit in der Vielfalt« sagen die anderen. Wichtig erscheint uns, dass in einem Schulklima möglichst viele Glaubenssätze Platz haben, diese Unterschiede aber auch bewusst als Stärke gesehen werden, ohne dass es gleich zur Abwertung einzelner Standpunkte kommt. Es ist aber auch klar, dass die unterschiedlichen Glaubenssätze einem gemeinsamen Ziel verpflichtet sein müssen, welches auf der nächst höheren Ebene angesiedelt ist.

- Zur Umsetzung von Veränderungen auf der Ebene der Werte und Glaubenssätze sind Veränderungen auf der nächst höheren Ebene, der Identität einer Schule, erforderlich, wobei die darunter liegenden Ebenen nicht vernachlässigt werden dürfen.

Leitfrage *Wer*?   **Ebene: Identität**

Wie die Identität eines Menschen ihn zum einmaligen, unverwechselbaren Individuum macht, ist die *Corporate Identity* das, was eine Organisation von jeder anderen unterscheidet, was sie unverwechselbar macht. Die gemeinsame Identität einer Schule beinhaltet die Zielvorstellungen, das, was man im Unterricht schlussendlich erreichen will. Besteht keine solche Identität, spricht man von einer fragmentierten Schule, in der unterschiedliche Lehrer/innen oder Gruppen im Kollegium ihre spezifischen Ziele im Unterricht zu erreichen versuchen, ohne dass sie daran interessiert sind, was die anderen tun. Aber auch generelle Entscheidungen, an die die ganze Schule gebunden ist, bewirken noch lange keine gemeinsame Identität: Eine reine Mädchenschule gewinnt etwa dadurch, dass sie bloß keine Jungen aufnimmt, durchaus noch keine Identität im Sinne einer Mädchenförderung. Erst wenn es eine von allen getragene Vereinbarung zur besonderen Förderung von Mädchen gibt, können wir von einer gemeinsamen Identität dieser Schule sprechen. Daran wird deutlich, dass die Frage einer Schule nach dem »*Wer sind wir?*« eine wichtige Rolle spielt. Ein bloßes »*weg von*« (keine Jungen aufnehmen) gibt noch keine positive Zielperspektive als Handlungsrichtlinie für die Mitglieder des Kollegiums.

Eine Schule kann ihren Eigen-Sinn nur leben, wenn er sich in den Glaubenssätzen (auf der darunter liegenden Ebene) wieder findet. Im Bereich der Wirtschaft zeigt es sich immer wieder: Wenn die *Corporate Identity* nur vom »Management« vorgegeben wird und die Mitarbeiter/innen nicht daran glauben, lässt sich keine Entwicklung in Gang setzen – und dasselbe gilt auch für die Schule! Hier wird wieder die gegenseitige Abhängigkeit der einzelnen Ebenen deutlich: Eine Schule, welche Mädchen besonders fördern will, benötigt Lehrerinnen und Lehrer, die überhaupt daran glauben, dass diese Förderung notwendig sei. (Wir haben mit diesem Thema schon öfters kontroversielle Diskussionen in Kollegien ausgelöst.) Es genügt allerdings nicht, lediglich daran zu glauben, selbst wenn manche Ansätze zum positiven Denken dies suggerieren! (Zum Schwindel mit gefährlichen Erfolgsversprechen vgl. Scheich 1997.) Denn es braucht bestimmte Fähigkeiten, diese Förderung in Schule und Unterricht umzusetzen, etwa dafür zu sorgen, dass es nicht zu einer Benachteiligung von Jungen kommt. Es braucht aber auch entsprechende Methoden und unterrichtliche Verhaltensweisen, welche die erwünschten Ziele im Unterricht erreichen helfen. Ines Morocutti beispielsweise hat in einer Untersuchung ihres eigenen Englischunterrichts herausgefunden, dass sie ihren Anspruch, Mädchen zumindest gleich zu fördern wie die Jungen, in der praktischen Arbeit nicht einlöst: »In meinem Eng-lischunterricht reden Buben deutlich mehr als Mädchen, und zwar unabhängig von den Redeimpulsen.« (Morocutti 1989, S. 84) Dass zur Einlösung eines solchen Anspruchs auch die entsprechenden Umfeldbedingungen erforderlich sind, liegt auf der Hand.

Leitfrage *Wer darüber hinaus?*   **Ebene: Spiritualität**

Spiritualität wird auch als »Trans-Mission«, als »höherer Sinn«, das heißt als übergeordnet sinnstiftendes Motiv für menschliches Han-deln, bezeichnet. Andere nennen das »Ur-Vertrauen«, welches den Menschen über das Vertrauen in die Hier-und-Jetzt-Situation hin-ausleitet. Robert Dilts bringt Beispiele aus der Biografie von Mo-zart, der gesagt haben soll, dass seine Werke nicht von ihm kämen: »Seine Harmonie war ein Ausdruck von etwas, das außerhalb sei-ner speziellen Identität oder seiner speziellen persönlichen Über-zeugung lag. Mozart hat gesagt: ›Ich suche ständig nach zwei Tö-nen, die einander lieben.‹« (Dilts 1993, S. 69)

In Fischer/Schratz (1993, S. 162) werden zum praktischen Ver-ständnis der spirituellen Ebene im Bildungsbereich einige Aussa-gen von Schulleitern angeführt, die auf diese Ebene Bezug neh-men: »Der Unfall gestern war höheres Schicksal.« – »Ich fühle mich eingebunden in eine große Gemeinschaft.« »Ich vertraue auf Gottes Hilfe.« – »Ich verlasse mich auf Weisungen von oben.« – »Für mich hat das Leben einen höheren Sinn.« Aus diesem Blick-winkel bedeutet Leitung, »sich vorrangig auf die höheren Ebenen Spiritualität, Identität, Glaube/Werte zu fokussieren und dort Ge-staltung und Verantwortung zu übernehmen. Leiten bedeutet dar-über hinaus aber auch, alle anderen Ebenen wahrzunehmen. Sonst könnte es dazu kommen, dass Visionen ohne Handeln zur Träumerei werden oder dass umgekehrt beim Handeln ohne Vi-sionen der Sinn und die Motivation verloren gehen.« (Fi-scher/Schratz 1993, S. 164)

Wie sind nun die sechs psycho-logischen Ebenen mit Hartmut von Hentigs »schul-logischem Dreischritt« verknüpft? In seinem Buch »Die Schule neu denken«, das er im Untertitel als eine »Übung in praktischer Vernunft« bezeichnet, argumentiert Hentig (1993) ja, dass es nach all den Reformen der letzten Jahrzehnte nicht mehr mit einer »Veränderung« der Schule getan sein kann. Er unterscheidet dazu sprachlich zwischen den Ausdrücken »die Schule verbessern«, »die Schule verändern« und »die Schule neu denken«. Diese Sprachübung scheint uns auch für unser Entwick-lungsmodell der Lernenden Schule brauchbar:

Die Schule ... verbessern

»Verbessern« heißt für ihn: Innerhalb des vorgegebenen Rahmens etwas zu dem machen oder befähigen, was es seiner Bestimmung nach sein oder leisten soll. Im Bereich des Unterrichts bezieht sich dieses Bemühen etwa auf die Wirksamkeit der Methoden des Lehrens und Lernens, auf die Vorbereitung des Unterrichts, auf die Organisation des Stundenplans, die Auswahl der Lehrplaninhalte usw. »Verbessern ist beinah das Gegenteil von Verändern, es bringt die Institution sich selber und ihrem Zweck näher.« (Hentig 1993, S. 169) In Abbildung 41 lässt sich das Verbessern von Schule vorwiegend auf den ersten beiden Ebenen anbinden, wo es um eine Auseinandersetzung mit dem Umfeld (Ausstattung mit Computern, Arbeitsplätze für Lehrer/innen u.Ä.) und um die Effektivierung von Verhaltensweisen geht (neue Unterrichtsinhalte, Objektivierung von Tests ...).

... verändern

»›Verändern‹ ist oft die Folge von ›Verbessern‹, wenn sich nämlich herausstellt, dass Letzteres für das Gut-sein oder Gut-werden eigentlich nicht ausreicht und ganz andere Voraussetzungen geschaffen werden müssen. Dazu tragen vor allem veränderte äußere Verhältnisse bei, etwa die neuen Sozialisationsbedingungen von Kindern und Jugendlichen heute, die Konsequenzen der zunehmenden Migrationsbewegungen, die zu einer neuen Durchmischung von Schüler/innen geführt haben, oder die Integration von so genannten Behinderten in das Regelschulwesen. Derartige Veränderungen führen zu einer Neuordnung der Rahmenbedingungen, die Schule und Unterricht bestimmen. Man bezeichnet solche Anpassungsschübe mit dem Terminus *Schulreformen*; sie erfordern neue Fähigkeiten im Umgang mit den geänderten Bedingungen und die Neuorientierung von Glaubenssätzen. Demnach ist »... Verändern« auf der dritten und vierten Ebene in Abbildung 41 angesiedelt.

... neu denken

Das »*Neu-denken*« von Schule betrifft für uns die obersten beiden Ebenen, die der Identität und der Spiritualität. »Über die Schule denken wir nicht nach, wenn sie ihre Aufgabe auch nur einigermaßen erfüllt. Wir haben und brauchen keine ausdrückliche Theorie von ihr, solange die Widersprüche in ihr nicht unauflösbar geworden sind.« (Hentig 1993, S. 171) Die Schule neu zu denken heißt demnach, den Sinn von Schule zu überdenken, welcher sich in einem zentral gesteuerten Schulsystem darin erschöpfte, die Weisungen von oben auszuführen und möglichst genau umzusetzen. Wie schwer sich im Zuge zunehmender Autonomisierung ein Neu-denken erweist, zeigt sich auf allen Ebenen: Die nachgeordnete Behörde leitet vielerorts aus den Dezentralisierungsmaßnahmen des Ministeriums eigene Machtansprüche ab und will ihrerseits Abhängigkeit schaffen. Die Schulaufsicht übernimmt die neue Steuerungsrolle und versucht ihre Vorstellungen von »guter Schule« auf eigene Faust zu verwirklichen. Manche/r Schulleiter/in erkundigt sich angesichts der Einführung neuer Freiheiten bei der Schulaufsicht, ob das überhaupt gemacht werden dürfe. Die Lehrer/innen erwarten von der Schulleitung (keine) Aufträge für die Schulentwicklung … Hier macht sich nicht zuletzt auch die fraktale Struktur von Schule bemerkbar (vgl. Das Fünfte Axiom in Kapitel 2). Schule neu zu denken ist daher für die Menschen auf allen Ebenen des Systems notwendig, was nicht zuletzt im Bild der Spirale symbolisiert wird.

Der Schritt vom Verbessern und Verändern zum Neudenken stellt hohe Ansprüche an das Lernen der Schule und ihrer Mitarbeiter/innen. Reinhard Sprenger (1991, S. 153) spricht von drei Voraussetzungen, welche dazu erforderlich sind:

Bereitschaft	Fähigkeit	Möglichkeit

Die Bereitschaft der Einzelnen lässt sich nicht direkt beeinflussen. Sie können ihre *Fähigkeiten* erweitern, wenn ihnen die *Möglichkeit* dazu geboten wird. Dann sind Menschen am ehesten *bereit* zu lernen. Für Sprenger liegt der Mythos des Motivierens von Menschen darin, dass es bloß auf die Bereitschaft des Einzelnen abzielt. »Das Scheitern der Motivierung wird besonders augenfällig, wenn man sich vor Augen führt, dass die Leistung sich immer aus dem Zusammenspiel aller drei Dimensionen ergibt, die Motivierung aber – und das ist außerordentlich wichtig! – lediglich auf eine einzige, nämlich die Leistungs*bereitschaft* zielt. Ein gigantischer Aufwand für ein kleines Ziel.« (Sprenger 1991, S. 154) Für ihn ist die (Lern-)Bereitschaft Sache des Einzelnen, nicht etwa einer Führungsperson. (Letztere kann sich durch die Übernahme der Verantwortung für die Bereitschaft anderer sogar lernbehindernd verhalten!)

Im Spannungsfeld zwischen Bereitschaften, Fähigkeiten und Möglichkeiten

Tragen Sie auf dem folgenden Koordinatensystem die Lehrerinnen und Lehrer Ihrer Schule im Hinblick auf deren Bereitschaft (nieder–hoch) und Fähigkeiten (nieder–hoch) ein, und kennzeichnen Sie sie mit den jeweiligen Namenskürzeln.

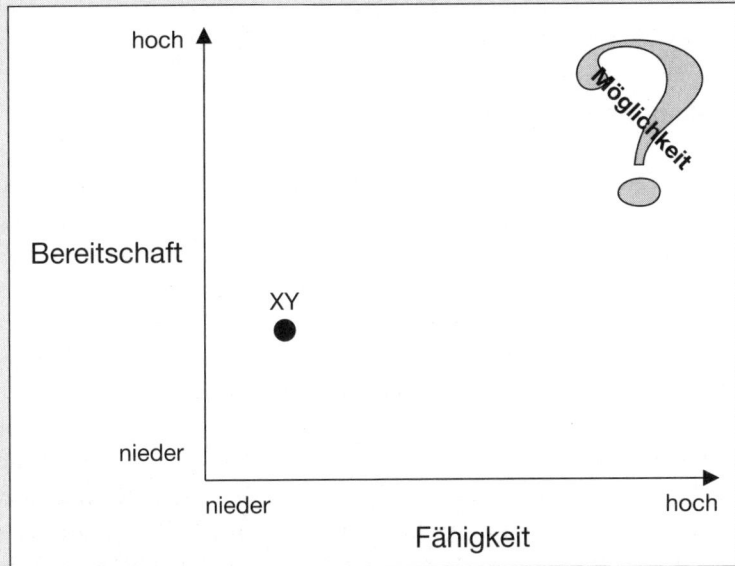

Diskutieren Sie folgende Fragen:

- Wo ergeben sich Häufungen?
- Gibt es Gemeinsamkeiten unter den einzelnen Akteur/innen?
- Welche Fähigkeiten benötigen Einzelne oder Gruppen zum Lernen? Wer kann sie einbringen?
- Welche Möglichkeiten sind für sie erforderlich? Wer kann sie schaffen?

Vom Schulprofil zum Schulprogramm

Schulautonomie und Profilierung

Bislang konnten Eltern davon ausgehen, dass das Bildungsangebot innerhalb eines bestimmten Schultyps (z.B. Hauptschule, Realschule, Gymnasium) von Ort zu Ort im Großen und Ganzen identisch sei. Im Rahmen von Schulautonomie erhalten die einzelnen Standorte nun aber die Möglichkeit, eigene Schwerpunkte zu setzen und sich in gewisser Weise zu »profilieren«. Daher wird in diesem Zusammenhang oft von einem »Schulprofil« gesprochen, womit jedoch u.E. nur unscharf ausgedrückt wird, was eine Schule auszeichnet. Denn »Schulprofile« sind meist Vorstellungen darüber, wie eine Schule gesehen werden will oder wie sie von außen eingeschätzt wird (»eine strenge Schule«, »eine Schule, in der Kinder ernst genommen werden«, »eine Schule, in der Soziales Lernen unterrichtet wird« usw.).

Bei zunehmender Autonomisierung des Bildungswesens werden der Schule über Rahmenlehrpläne auch in der curricularen Gestaltung mehr Freiräume gewährt, was eine Verständigung über Ziele und Schwerpunkte vor Ort erfordert. Einigung darüber soll üblicherweise durch Erstellen eines *Schulprogramms* erreicht werden, welches eine verbindliche Aussage über die Identität der *ganzen Schule* darstellt. Die Erarbeitung von Schulprogrammen lässt sich zwar verordnen, aber sie können nicht für längere Zeit vom Engagement Einzelner getragen werden. Ein schuleigenes Programm aufzustellen *und* zu realisieren, das erfordert kreative Kooperation im Team, Problemlösefähigkeit und die Bereitschaft der Einzelnen, sich in jenen bereits mehrfach benannten Prozess einzulassen, den Hartmut von Hentig als »die Schule neu denken« bezeichnet hat. Dazu sind Träume und Visionen ebenso notwendig wie professionelles Handwerkszeug der Schulentwicklung, welches die Visionen in Aktionen umzusetzen hilft.

Von der Vision zur Aktion

»Wenn die Gedanken groß sind, dürfen die Schritte dahin klein sein«, resümiert Hartmut von Hentig (1996, S. 25) in seinem Rückblick auf Innovationen im Bildungsbereich, und das gilt natürlich auch für die Arbeit am Schulprogramm: Ohne Vision gibt es keine Zukunftsperspektive, aber ein bloßer Traum bleibt Illusion. Um die Träume von einer künftigen Schule für die Alltagsrealität wirksam werden zu lassen, braucht es eine Vereinbarung in Form des Schulprogramms, aber auch Strategien zu dessen Umsetzung und konkrete Schritte in diese Richtung. Die folgende Abbildung zeigt diesen Zusammenhang auf verschiedenen Ebenen und in verschiedenen Kategorien auf.

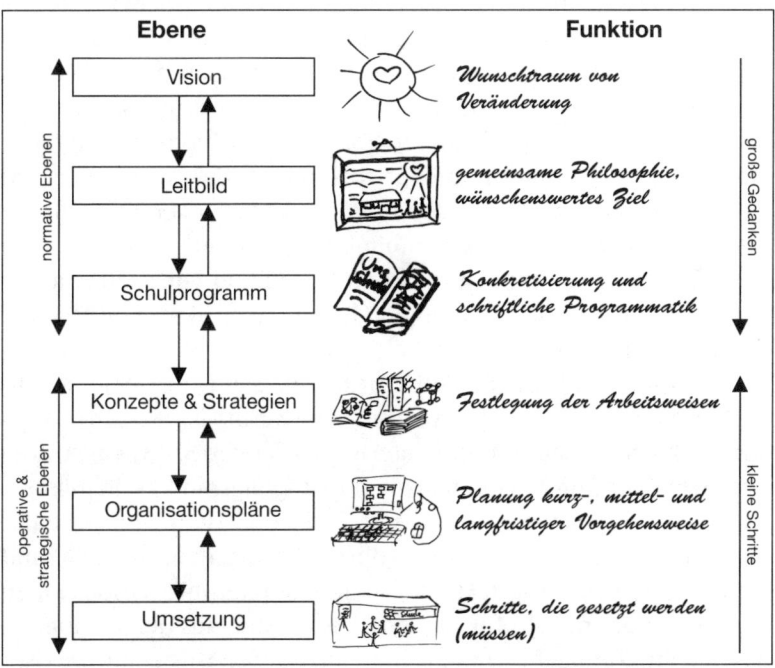

Abbildung 43: Ebenen und ihre Funktionen bei der Erstellung eines Schulprogramms

Vision

»Die Vision ist das Bewusstsein eines Wunschtraumes einer Änderung der Umwelt.« (Hinterhuber 1996, S. 43) Sie weist die Richtung, in welche die künftige Entwicklung einer Schule gehen soll, ähnlich einem Leitstern, der einem immer wieder den Weg weist, den man gehen möchte, an dem sich das Handeln und Denken ausrichtet.

Man fühlt sich sozusagen angezogen nicht über den Verstand, sondern über das Herz, die Sehnsucht nach etwas Neuem:

> *»Eine gemeinsame Vision ist lebenswichtig für eine lernende Organisation, weil sie den Schwerpunkt und die Energie für das Lernen liefert. Während adaptives Lernen auch ohne Vision möglich ist, ist ein schöpferisches Lernen nur möglich, wenn Menschen nach etwas streben, das ihnen wahrhaft am Herzen liegt. Tatsächlich ist die ganze Idee des generativen Lernens – die Ausweitung unserer schöpferischen Kraft – abstrakt und bedeutungslos, solange die Menschen sich nicht für eine Vision begeistern, die sie unbedingt verwirklichen möchten.«* (Senge 1996, S. 252)

Visionsarbeit erfolgt meist über das Auslösen von inneren Bildern, welche eine entsprechende Anziehungskraft (Sehnsucht) auslösen. »Die Zukunft in mentalen Bildern vorwegnehmen bedeutet, ein geistiges Programm aktivieren, das den eigentlichen Motor und die treibende Kraft für jede erfolgsorientierte Entwicklungsarbeit darstellt. Aber Menschen, die nur Visionen haben, bleiben ›Träumer‹; umgekehrt verkümmern und vertrocknen oft die Aktivitäten von ›Realisten‹ ohne weiterreichende Perspektiven.« (Fischer/Schratz 1993, S. 113) Dieser Zusammenhang ist in Abbildung 43 über die Pfeile in beide Richtungen zwischen Vision und Umsetzung angedeutet und in Hentigs »Wenn die Gedanken groß sind, dürfen die Schritte klein sein« ausgedrückt.

Wiewohl Visionen für den Erfolg von Schulentwicklung sehr wichtig sind, lassen sie sich innerhalb eines Entwicklungsprozesses nur sehr schwer steuern. Michael Fullan (1993, S. 28) führt zwei Gründe an, warum Visionen nicht der Ausgangspunkt sein müssen. Einerseits argumentiert er, dass es unter den Bedingungen einer dynamischen Komplexität besonderer Erfahrung im Umgang mit Reflexionsarbeit bedürfe, bevor man eine plausible Vision bilden könne. Daher entsteht für ihn eine Vision eher aus der Aktion, als dass sie ihr vorangeht. Und auch im letzten Fall ist sie nur provisorisch und wird sich in der Entwicklungsarbeit verdichten (müssen). Zweitens muss eine *geteilte* Vision, die für den Erfolg erforderlich ist, aus einer intensiven Interaktion zwischen den Mitgliedern einer Organisation wachsen. Dazu ist einige Zeit erforderlich, und eine von allen geteilte Vision wird nur funktionieren, wenn der Prozess der Visionsbildung irgendwie offen gehalten wird. Peter Senge (1996) beschreibt die Schwierigkeit zwischen individuellen und gemeinsamen Idealen folgendermaßen:

> *»Heute ist ›Vision‹ ein vertrauter Begriff in Führungsetagen. Aber wenn man genauer hinschaut, stellt man fest, dass es sich*

bei den meisten Visionen um die Vision eines Einzelnen (oder einer einzelnen Gruppe) handelt, die der Organisation aufgepfropft wird. Solche Visionen stoßen bestenfalls auf Einwilligung, aber sie wecken kein Engagement. Eine gemeinsame Vision ist eine Vision, der sich viele Menschen wahrhaft verschrieben haben, weil sie ihre eigene persönliche Vision widerspiegelt.« (S. 252) »Eine Organisation, die gemeinsame Visionen aufbauen will, ermutigt ihre Mitglieder dazu, ihre persönlichen Visionen zu entwickeln. Wenn Menschen keine eigene Vision haben, können sie sich nur für die Vision eines anderen vertraglich verpflichten. Das Ergebnis ist lediglich eine Einwilligung, nicht Engagement. Wenn sich dagegen Menschen zusammenschließen, die eine klare Vorstellung von ihrer persönlichen Richtung haben, können sie eine machtvolle Synergie erzeugen, um ihr individuelles/gemeinsames Ziel zu verwirklichen.« (S. 258)

Leitbild

»Im Leitbild wird die Grundhaltung formuliert, nach der sich die Organisation in allen ihren Tätigkeiten nach außen und nach innen orientiert.« (Lotmar/Tondeur 1993, S. 227) Leitsätze sind einprägsame Zielformulierungen, welche das Wunschbild aus der Vision in prägnante Worte fassen. Der Leitsatz enthält die gemeinsame Philosophie, weshalb er trotz der Kürze von allen verstanden werden und eine positive (Sog-)Wirkung auslösen kann. Gegenwärtig versuchen beispielsweise die Regierenden zahlreicher EU-Staaten, unter dem Leitbild des »Sparpakets« ihre Austeritätspolitik zu präsentieren. Das kann aber nur gelingen, wenn alle auch daran glauben, dass hier gespart und nicht nur umgeschichtet wird. Daher erwartet die Bevölkerung auch glaubwürdige Schritte. Dasselbe gilt natürlich auch für das Leitbild in der Schule, welches meist auch als Aushängeschild für die Öffentlichkeitsarbeit verwendet wird. Steht auf dem Folder eines Gymnasiums der Leitsatz »Lernen mit Freude«, werden die Schüler/innen und Eltern den Wahrheitsgehalt des Anspruchs daran messen, ob die Kinder und Jugendlichen tatsächlich auch gerne zur Schule gehen bzw. mit Freude lernen. Es handelt sich bei der gemeinsamen Philosophie

»nicht um Regeln im Sinne von Anordnungen und Befehlen, sondern um inhärente Regeln, die auf einer Meta-Ebene wirken, die also im Grunde nicht ausgesprochen oder vorgeschrieben werden, obwohl sie gleichermaßen da sind. ... Je besser, lebendiger und durchsetzungsfähiger diese Wertekultur ist, umso kraftvoller und damit auch umsetzungsfähiger sind die indirekten Re-

geln, die in jeder Wertekultur enthalten sind.« (Gerken/Luede-cke 1990, S. 156)

Das Leitbild, das die Grundhaltung und damit den Wertekonsens der Schule signalisiert, kann in Form eines prägnanten Leitsatzes formuliert (»Lernen mit Freude«) oder über visuelle Stimulanzien transportiert werden, wie es das Deckblatt eines Werbefolders einer kaufmännischen Schule (Bundeshandelsakademie und Bundeshandelsschule Bregenz) in Abbildung 44 versucht.

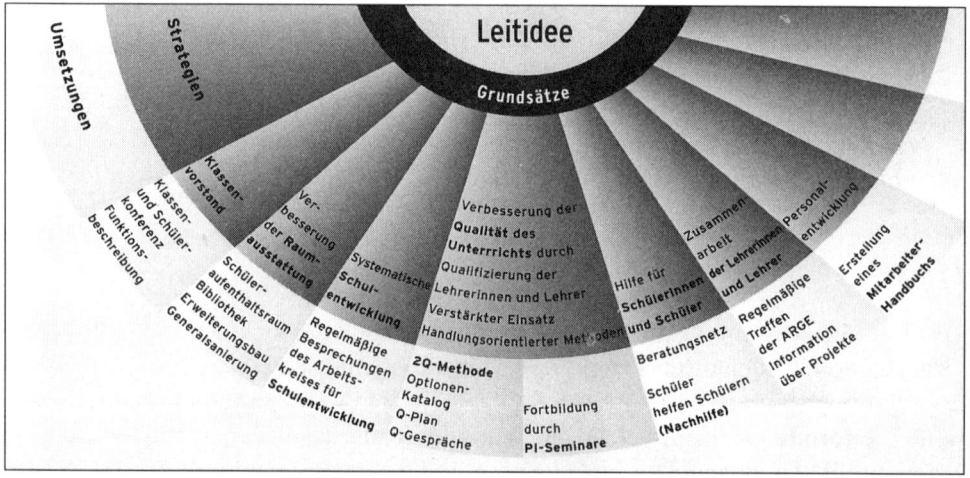

Abbildung 44: Leitbild als Werbeträger für das Bildungsangebot einer kaufmännischen Schule

Leitbilder lassen sich auch als Summe von Leitsätzen darstellen, was sich dann liest wie die Miniaturversion von übergeordneten Grundsätzen eines Lehrplans; sie enthalten aber bereits Hinweise auf die kollegiale (Zusammen-)Arbeit als Voraussetzung für das Gelingen des Bildungsanspruchs, wie etwa folgendes Beispiel aus einem Gymnasium (Gymnasium Bregenz, Gallusstraße).

Abbildung 45:
Leitbild eines
Gymnasiums
als Auflistung
von Leitsätzen

Die Schulgemeinschaft des BG Bregenz Gallusstraße hat im Schuljahr 1996/1997 den folgenden Wertekatalog beschlossen und ist bemüht, diesen im schulischen Alltag zu leben:

MITEINANDER **LERNEN**

Wir verstehen darunter den *Erwerb von Haltungen und Fähigkeiten.*
Dies wollen wir erreichen, indem wir

- unsere Stärken und Schwächen kennen und annehmen lernen
- unsere Aufgaben mit Freude und zugleich mit Anstrengung, Beharrlichkeit und angemessenen Verfahrensweisen erfüllen

- unsere spielerischen Fähigkeiten zweckfrei einbringen können
- unsere Zeit sinnvoll planen
- Rückschläge als neue Herausforderung verstehen
- unseren Respekt vor den Mitmenschen durch Höflichkeit, Mitgefühl und Hilfs-bereitschaft zeigen
- Eigeninitiative und Zivilcourage entwickeln

MITEINANDER **REDEN**

Wir verstehen darunter die *Fähigkeit zum Dialog*.
Dies wollen wir erreichen, indem wir

- auf den Mitmenschen mit Interesse zugehen, ihm aufmerksam zuhören und seine Meinung und Überzeugung respektieren
- unsere eigenen Vorstellungen und Wünsche angemessen artikulieren
- Konflikte konstruktiv austragen
- bereit sind, zu verzeihen und selbst Verzeihung anzunehmen
- Freundschaften pflegen

MITEINANDER **ENTFALTEN**

Wir verstehen darunter die *Weiterentwicklung der Persönlichkeit*.
Dies wollen wir erreichen, indem wir

- Antworten auf existenzielle Fragen suchen
- unser Denken, Fühlen und Handeln in Einklang bringen
- in unserer Arbeit Freude und Sinn finden und uns sinnvolle Ziele setzen
- unsere körperlichen, emotionalen, intellektuellen und schöpferischen Fähig-keiten entfalten
- durch entdeckendes Lernen unsere angeborene Neugierde steigern
- uns Studierfähigkeit und die Bereitschaft zur Weiterbildung erwerben
- kulturelle Vielfalt schätzen und fördern
- die Menschenrechte studieren und zu ihrer Verwirklichung beitragen
- weltanschauliche, religiöse und ethische Vorstellungen respektieren, soweit diese dem Prinzip der Toleranz verpflichtet sind

MITEINANDER **VERANTWORTEN**

Wir verstehen darunter *verantwortliches Handeln*.
Dies wollen wir erreichen, indem wir

- über unser Tun nachdenken, es gegebenenfalls korrigieren und flexibel auf Veränderungen reagieren
- uns als Teil der Schöpfung verstehen, daher die eigene Gesundheit und die der gesamten Mitwelt nachhaltig bewahren
- unser Medien- und Konsumverhalten kritisch überprüfen
- den Ordnungsrahmen unserer Gemeinschaft annehmen und mittragen
- uns um eine fundierte politische Bildung bemühen und zur Verwirklichung der demokratischen Grundwerte beitragen
- verlässliche Mitglieder der Gesellschaft sind, für die wir auch Verantwortung übernehmen

Leitbilder werden oft durch ein Logo vervollständigt, dessen Design die Botschaft unterstreicht bzw. ergänzt wie im folgenden Beispiel, das sich auf das Leitbild in Abbildung 45 bezieht.

Abbildung 46: Das Logo als Ergänzung zum Leitbild und als Vertiefung seiner Botschaft

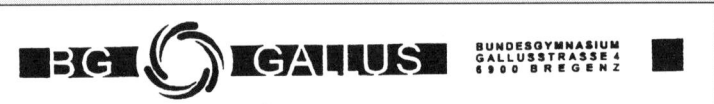

UNSER NEUES SCHULLOGO

Die Entwicklung unseres Wertekataloges gab den Anstoß für ein neues Schullogo. Die Kombination von Schrift und Zeichen soll in knapper Form unsere Schule verkörpern.

Der erste Schriftteil weist auf unseren Schultyp hin. Zusammen mit dem zweiten Schriftteil entsteht eine kurze und leicht einprägsame Bezeichnung unserer Schule.

Das Zeichen hat die Aufgabe, die komplexen Ziele, die wir uns gesetzt haben, in einer verdichteten Form wiederzugeben:

Sechs Einzelteile greifen ineinander. Wir verstehen unseren Schulbetrieb als ein Zusammenwirken aller Kräfte. Das MITEINANDER soll zu einer wichtigen Qualität unserer Schule werden.

Dass eine der Haupttätigkeiten das LERNEN ist, geht aus der Kurzbezeichnung unseres Schultyps BG hervor. Die Kräfte unserer Schule sind Lehrer, Schüler und Eltern. Darauf weisen die drei Elementenpaare hin, die auch plastisch als in sich gedrehte Einzelteile gesehen werden können.

Das Ineinandergreifen der Teile veranschaulicht auch unser Bemühen um eine Zusammenarbeit in einer angenehmen Atmosphäre. Das wollen wir erreichen, indem wir aufmerksam miteinander REDEN.

Das sich dynamisch drehende Zeichen zeigt, dass wir in Bewegung bleiben wollen. Die Einzelteile bewegen sich auf ein Zentrum hin. Das Ziel ist nicht punktgenau fixiert. Wir vermeiden allzu strenge Zielvorgaben, um VERANT-WORTLICHES HANDELN stärker fördern zu können. Wir wollen aber keine Beliebigkeit. Wir wollen ein Zentrum schaffen, in dem wir unsere körperlichen, emotionalen, intellektuellen und schöpferischen Fähigkeiten erproben und ENT-FALTEN können. Sehen wir das Zeichen rechtsdrehend, so erkennen wir die Entfaltungsmöglichkeit. Die Einzelteile entfernen sich vom Zentrum wie auch wir die Schule wieder als eigenständige und eigenverantwortlich handelnde Menschen verlassen möchten.

Die gleichzeitige Offenheit des Zeichens nach innen und nach außen wollen wir auch in der Schule praktizieren.

Das Ziel bei der Entwicklung des Logos war, eine einfache Form zu finden, die trotzdem unverwechselbar bleibt und darüber hinaus Auskunft gibt über Funktion und Anliegen einer Institution.

Allerdings, die Ausgestaltung von Leitbildern und Logos mag noch so kreativ sein, sie verfehlt ihre Wirkung, wenn ihre Botschaft nicht gelebt wird! Martin Luther King hat mit seinem Satz »Ich habe einen Traum« in den USA viele Menschen bewegt, friedlich um die Gleichstellung der Menschen zu kämpfen, er hat diesen Traum aber auch vorgelebt. Daher leben viele Leit*bilder* auch von der Persönlichkeit von Leit*figuren*.

Schulprogramm

Das Schulprogramm ist die schriftliche Ausformulierung und Konkretisierung von Leitbildern. Es enthält ein grundsätzliches Einverständnis über die Ziele und strategischen Maßnahmen (z.B. Leistungsorientierung, Sportausrichtung, Hausaufgabenpraxis etc.), die in Form von »Verhaltensrichtlinien« niedergeschrieben werden. Es beinhaltet u.a. Grundsätze, die Selbstdefinition, Zielsetzung, Arbeitsmethoden und Arbeitsschwerpunkte, Angebote, Tätigkeitsbereiche, Kompetenzen und Potenziale, Kooperationen, Öffentlichkeit und Umwelt, Organisationsstruktur und -kultur, Geschichte der Schule, Finanzierung etc. Wenn man Schulprogramme vergleicht, finden sich unterschiedliche Formen der Konkretisierung, was nicht zuletzt dem unterschiedlichen Entstehungszusammenhang Rechnung trägt. Folglich sind Schulprogramme auch nicht übertragbar! Wie immer ein Schulprogramm formal und inhaltlich strukturiert ist, es dient vor allem als Instrument der Kommunikation:

- einerseits dient es der strategischen Kommunikation mit der Öffentlichkeit – Abgrenzung zu anderen Schulen, Orientierungshilfe für Eltern, Stellenwert in der Region bzw. Kommune usw.
- andererseits dient es der Schaffung eines gemeinsamen Selbstverständnisses als Grundlage für qualitativ hochwertige Arbeit – gemeinsame Philosophie über Unterricht, Umgang mit Disziplin, Arbeit im Team usw.

Das Schulprogramm beinhaltet also Werte, auf welchen die schulische Arbeit beruht und die es nach außen transportiert. Daher ist die Erstellung eines Schulprogramms oft auch ein Selbstfindungsprozess für die Schule, der ein Wir-Gefühl erzeugt. Aber auch für dieses Stadium gilt: Das Verhalten der Mitglieder muss sich nach dem (Werte-)Programm ausrichten, um diese gemeinsame Philosophie lebendig werden zu lassen, sonst war die Mühe vergebens ... Dazu tragen Fragen bei wie:

- Wer sind wir als Schule? (Ein Haufen von Individualisten? Ein Team? Ein Kollektiv?)
- Was wollen wir?
- Wie wollen wir das erreichen?
- Wer sind unsere Ansprechpartner/innen (innen und außen)?
- Was sind unsere ethischen Grundwerte?
- Was sind unsere strategischen Maßnahmen?

Hinter den Antworten auf diese Fragen steht das, was man als den (Lebens-)Sinn der Schule bezeichnen kann, ihre *Identität*. (Im Bereich der Wirtschaft ist wie gesagt der Ausdruck *Corporate Identity* geläufiger.)

Konzepte und Strategien

Das Schulprogramm als Verschriftlichung schulischer Selbstdefinition, Zielsetzung, Schwerpunkte etc. kann erst etwas bewegen, wenn entsprechende Konzepte und Strategien die Verschriftlichung an das tägliche Schulleben koppeln. Welche Funktionen hat nun so ein Schulprogramm im Schulalltag?

Funktionen eines Schulprogramms
- Es setzt Prioritäten bzw. Schwerpunkte für die Arbeit der Schule (mittel- und langfristig).
- Es bietet den Eltern Orientierungshilfe bei der Einschätzung der Schule (Auswahl, Bewertung).
- Es ermöglicht zielgerichtetes Handeln, indem es eine Art Leitlinie für das Verhalten aller Mitglieder der Schule darstellt.
- Es schafft Synergieeffekte bei der Arbeit, wenn alle wissen, »wo es lang geht« (alle ziehen am gleichen Strang).
- Die Kräfte werden auf das Wichtigste konzentriert (kein Verzetteln der Einzelnen, keine mühsame Auseinandersetzung über unterschiedliche Vorstellungen bei jeder Entscheidung).
- Es ist ein Führungsinstrument, das der Schulleitung eine Handhabe für mehr Transparenz und Durchsetzungskraft bietet (Verbindlichkeit der festgeschriebenen Regeln).
- Es vermittelt ein klares Bild nach außen, wodurch die Schule klar positioniert ist (in der Öffentlichkeit weiß man, welche Werte die Schule vertritt).
- Es kann im Rahmen einer personellen Autonomie bei der Personalauswahl helfen, da sich Lehrer/innen dann am vorhandenen Schulprogramm ausrichten (oder an eine andere Schule gehen) müssten.

Da Konzepte und Strategien bekanntlich immer nur so gut sind, wie sie sich in konkreten Situationen bewähren, zeigen wir diesen Aspekt an zwei Beispielen auf. Die Grundschule am Windmühlenberg in Berlin hat sich folgende Ziele zur Förderung von Motivation und Leistungsfähigkeit des Kollegiums gesetzt:

Ziele

- Durch Planungszuverlässigkeit, Transparenz, Beteiligung des Kollegiums am Organisations- und Planungsprozess und durch eine Politik der offenen Tür soll Vertrauen geschaffen und unnötige oder unkoordinierte Arbeit vermieden werden.
- Die Mitglieder des Kollegiums sollen durch Fortbildungsmaßnahmen mit dem aktuellen Stand der pädagogischen Diskussion vertraut gemacht werden und Einblicke in andere schulische Bereiche gewinnen.
- Das Kollegium soll durch Hinzugewinnung neuer Mitglieder, durch Ausbildung von Lehramtsanwärtern und durch Betreuung von Praktikanten neue Impulse erfahren.
- Soziale Veranstaltungen des Kollegiums sollen das gegenseitige Kennenlernen fördern und ein Forum für Gespräche bieten. Die Schulsekretärin und der Hausmeister sollen in diesen Prozess mit einbezogen werden.

Daraus leitet sie Umsetzungsstrategien (Kasten S. 218) ab und gibt den Stand der Umsetzungen und Erfahrungen an.

Über diese Vereinbarungen wird eine Verbindlichkeit zwischen Schulleitung und Kollegium geschaffen, die beiden Partnern Rechte zugesteht, aber auch Pflichten auferlegt. Die Lehrer/innen erhalten Transparenz in den operativen Aspekten des schulischen Geschehens, die Schulleitung kann beim Kollegium mit einer gewissen Planungszuverlässigkeit rechnen. Klare Vereinbarungen erleichtern daher die Kommunikation.

Eine andere Form der Verfahrensregelung hat ein Wiener Gymnasium gewählt, um den nicht mehr schulpflichtigen Schüler/innen in der Sekundarstufe II zumindest einen Teil der Verantwortung für ihre eigene Bildung zurückzugeben, das heißt, sie aus der Konsumhaltung in die Eigenverantwortung zu führen. Dazu wurde im Rahmen eines Wahlpflichtfaches und einer pädagogischen Klausur von Schüler/innen und Lehrer/innen ein *Bildungsvertrag* (Siehe Abb. 47, S. 219) verfasst, der die gegenseitige Verpflichtung von Lehrer/innen und Schüler/innen regeln soll.

Umsetzungsstrategien, Stand der Umsetzung und Erfahrungen

Die Schulleitung legt der Gesamtkonferenz in der Regel im Mai einen langfristigen Terminplanentwurf für das kommende Schuljahr zur Diskussion und Abstimmung vor, in dem alle bereits planbaren Termine einschließlich der Konferenzen verankert sind. Dadurch hat das Kollegium ein hohes Maß an Planungszuverlässigkeit. Es gibt keine Unzufriedenheit über ungeplante Termin- und Interessenkollisionen.

Absehbare Vertretungen werden in der Regel langfristig geplant, sodass pädagogische Kontinuität gewährleistet ist. Es ist erklärte Politik der Schulleitung, auf Teilungs- und Förderstunden nur zurückzugreifen, wenn es unvermeidbar ist.

Alle das Kollegium betreffenden Entscheidungen werden als Diskussionspunkte in die Tagesordnungen der Gesamtkonferenzen aufgenommen. Alle Kollegen können in alle Unterlagen, die nicht der Vertraulichkeit unterliegen, Einblick nehmen.

Das Kollegium wird in den Organisations- und Planungsprozess mit einbezogen. Ein detaillierter Wunschzettel mit Angabe von Prioritäten für gewisse Wünsche soll dafür sorgen, dass Unterrichtsverteilung und Stundenplan die Interessen des Kollegiums in hohem Maße berücksichtigen. Erfahrungsgemäß können in der endgültigen Planung der Schulleitung über 80% der geäußerten Wünsche umgesetzt werden, da bereits im Vorfeld viele Konsenslösungen gefunden werden.

Die Schulleitung unterstützt das Bemühen der Kolleginnen und Kollegen um Fortbildung und ermuntert sie ausdrücklich dazu. Etwa 80% des Kollegiums nehmen individuell regelmäßig an Fortbildungsveranstaltungen des Berliner Instituts für Lehrerfort- und -weiterbildung (BIL) und anderer Institutionen teil.

Die kollegiumsinterne Diskussion hat dazu geführt, dass Studientage des Kollegiums der Fortbildung in aktuellen pädagogischen Fragen dienen. Folgende Themen wurden dabei bereits bearbeitet: Pädagogische und organisatorische Konzeption von Projekttagen gegen Ausländerfeindlichkeit und Gewalt, Möglichkeiten des pädagogischen Austausches in einer Lernwerkstatt, Öffnung von Unterricht, Ursachen von Aggression. – Der letzte Studientag wurde als zweitägige Seminarveranstaltung in einem Bildungszentrum im Land Brandenburg mit Referentinnen des BIL durchgeführt. Diese Konzeption war so erfolgreich, dass das Kollegium sie wiederholen wird.

Im Rahmen der Gesamtkonferenzen werden ebenfalls Fortbildungsmaßnahmen durchgeführt. Entweder werden dazu externe Referenten herangezogen oder Kolleginnen und Kollegen bringen ihre Erfahrungen aus Fortbildungsveranstaltungen ein. Beispiele für bereits behandelte Themen: »Rechenschwäche – Diagnose und Konzepte«, »Stressprävention durch Entspannungsübungen«, »Zweckrationale Arbeitsorganisation und Ausbalancieren beruflicher Pflichten, häuslicher Pflichten und Freizeit und Interessen (Time Management) ...«

(Grundschule am Windmühlenberg, Berlin)

Bildungsvertrag

(Beispiel)

Ich, Rudolf Maria, schließe mit dem Klassenlehrerteam der 6.X-Klasse folgenden Vertrag ab:

Die Lehrerinnen und Lehrer des Akademischen Gymnasiums Wien I, soweit sie mich unterrichten, garantieren mir, dass ich bis zum Abschluss der Gymnasialzeit an dieser Schule folgende Fertigkeiten und Fähigkeiten erwerben kann:

- logisch denken zu können
- Wichtiges von Unwichtigem zu unterscheiden
- mir über Vorkommnisse und Probleme eine fundierte Meinung bilden zu können und Urteile erst nach Abwägung der relevanten Faktoren zu fällen
- Probleme zu erkennen und zielführende Strategien zu deren Lösung erarbeiten zu können
- meine Meinung in adäquater Weise vertreten zu können und dafür einzustehen
- mehrere Methoden anwenden zu können, um Wissen selbstständig zu erwerben
- Verantwortung gegenüber meinen Mitmenschen (Mitschülern) zu tragen, sie nicht am Lernen zu behindern, sondern – im Gegenteil – sie beim Lernen zu unterstützen
- ...
- ...

Bitte, fortsetzen!

Ich verpflichte mich, alle Tätigkeiten, Maßnahmen etc. durchzuführen, die zur Erreichung der genannten Ziele notwendig sind und stets im Hinblick auf diese Ziele zu handeln.

Die Vertragspartner:

Der Klassenvorstand   Der Direktor   Der Schüler/die Schülerin
(für das Klassenlehrerteam)

Abbildung 47: Beispiel für einen Bildungsvertrag (aus Blüml 1997)

Dieser Bildungsvertrag ist auf jene Bildungsziele ausgerichtet, welche im Gymnasium auf Grund der ausgeprägten Fachorientierung oft auf der Strecke bleiben. Sie können allerdings nicht ohne die Bereitschaft und Beteiligung der Schüler/innen erfolgen. Auch hier soll der Vertrag Klarheit über die Erwartungen und Verbindlichkeiten schaffen.

Es tät mich wirklich interessieren, ob sowas den Schülern etwas bringt – und den Lehrern natürlich auch, oder ob's nur wieder so ein neuer pädagogischer Schnickschnack ist.

Wenn ich an meine 7C denke, die würden sich dadurch nicht um ein Haar ändern!

... und was denken Sie darüber?

Von der Vision zur Umsetzung

Methode 1: Die Traumschule zeichnen

Je nach Größe der Teilnehmerzahl (nach Möglichkeit das ganze Kollegium mit Schüler/innen und Eltern) werden (Fünfer-)Gruppen gebildet, die jeweils ein Flipchart-Papier (Alternative: helles Packpapier) und farbige Stifte erhalten. Sie sollen gemeinsam die Merkmale ihrer Traumschule zeichnen. In der Arbeitsphase kann es sich als hilfreich erweisen, eine geeignete Musik zur Unterstützung des meditativen Prozesses im Hintergrund laufen zu lassen. Im Anschluss an die Zeichenphase werden die Ergebnisse präsentiert und diskutiert. Dabei geht es vor allem um das Kennenlernen der Bildkompositionen und nicht um die Auseinandersetzung über Für und Wider! (Foto: Traumschule der Hauptschule 4 Villach.)

Methode 2: Persönliche Symbole mitbringen

Die Teilnehmer/innen (nach Möglichkeit das ganze Kollegium mit interessierten Schüler/innen und Eltern) werden gebeten, zu einer gemeinsamen Veranstaltung (etwa anlässlich eines Pädagogischen Tages) ein Symbol mitzubringen, das für sie einen wichtigen Baustein für die Vision der künftigen Schule darstellt. Die Gegenstände werden jeweils einzeln in die Mitte des Raumes gelegt und kommentiert (»Für mich ist … ein wichtiger Baustein meiner Traumschule, weil …«). Aus den einzelnen (Symbol-)Bausteinen entsteht ein neues, meist sehr komplexes Gebilde, das mehr als die Summe der einzelnen Beiträge darstellt

und daher neue Assoziationen hervorruft. Die Teilnehmer/innen äußern spontan ihre Eindrücke, welche nach Möglichkeit (auf Flipchart, Tonband o.Ä.) gesammelt werden. Zum Wachhalten der Erinnerung empfehlen wir dringend das Fotografieren des Endprodukts! (Foto: Symbolsammlung am Pädagogischen Tag des Realgymnasiums Bruneck, Südtirol.)

Methode 3: Sätze für Leitbilder formulieren

Die Grundlage des Leitbilds sind Leitsätze, welche auf der Visionsarbeit aufbauen und positiv formuliert sind. Dazu ist es günstig, wenn auf einem Arbeitsblatt Satzanfänge vorbereitet werden, welche (in Gruppenarbeit) vervollständigt bzw. ergänzt werden. Beispiele:

> Als Schule wollen wir gemeinsam …
> Unsere Schule ist …
> Uns ist wichtig, dass …
> Wir sind bereit, …
> Die Schüler/innen erwarten von der Schule, dass …
> Die Eltern erwarten von der Schule, dass …
> Wir sind uns einig, dass …
> …

Methode 4: Organisationskonzepte erstellen

Für die Umsetzung ist es notwendig, eine Arbeitsstruktur zu finden, die den Zielen und Inhalten des Schulprogramms gerecht wird. Dazu gibt es unterschiedliche Darstellungsformen. Die folgende Übersicht aus der Schulentwicklungsarbeit einer berufsbildenden höheren Schule in Innsbruck enthält die durch Projektorganisation ermittelten einzelnen Arbeitsbereiche für die Umsetzung.

Da es sich um eine große Schule handelt, wurden die Aktivitäten im Rahmen der Schulentwicklungsarbeit in mehrere Teilprojekte untergliedert, welche von einzelnen Projektteams bearbeitet wurden. Ein Steuerkreis wurde eingerichtet, um die Teilprojekte zu koordinieren. Darin erfolgte auch die zeitliche Abstimmung und die Festlegung der Evaluationsmaßnahmen.

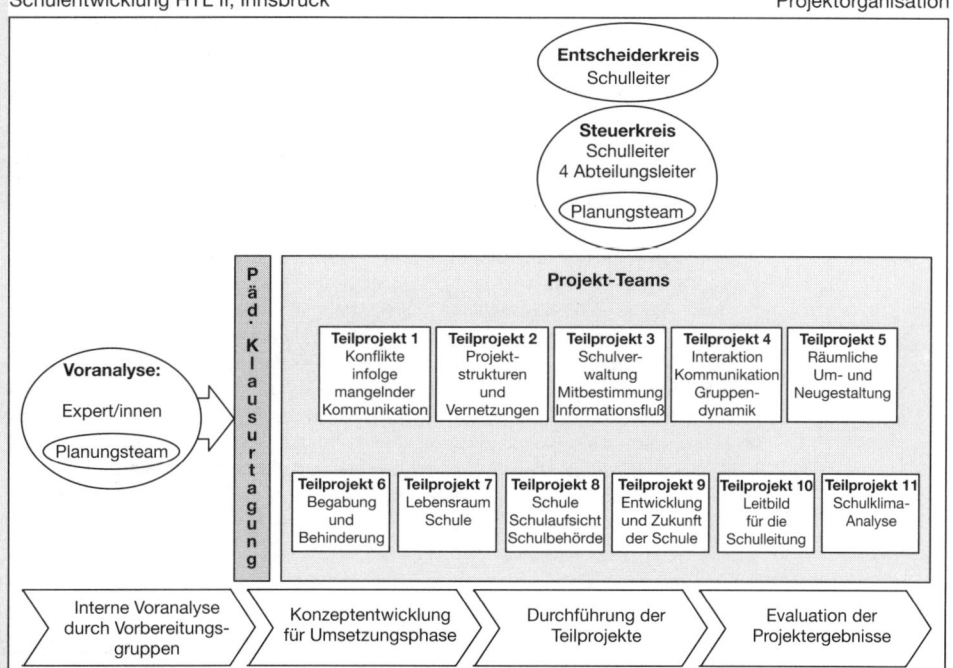

Schulentwicklung HTL II, Innsbruck — Projektorganisation

Methode 6: Einen Projektstrukturplan zur Aufgabengliederung erstellen

Ziel der Aufgabengliederung ist es, die Gesamtaufgabe (z.B. ein Schulentwicklungsprojekt) so weit zu zerlegen, dass sich plan- und kontrollierbare Teilaufgaben ergeben. Die Aufgabengliederung stellt die Grundlage für die weitere Organisationsgestaltung sowie für die Planung des Ablaufs und der Termine dar. Der *Projektstrukturplan* ist hierfür ein hilfreiches Instrument. Er wird durch eine schrittweise horizontale und vertikale Gliederung eines Projekts erstellt.

Um zu einer detaillierten Aufgabengliederung zu kommen, ist es notwendig, sich entsprechende Gliederungskriterien zu entwickeln. Die Gliederung nach einem Gliederungskriterium führt zur horizontalen Entwicklung des Projektstrukturplans. Die Nacheinanderschaltung von mehreren Gliederungsschritten führt zur vertikalen Strukturierung. Der resultierende, hierarchisch strukturierte Graph (Baumstruktur) gibt einen Überblick über die einzelnen Teilaufgaben und deren Zusammenhänge. Die folgende Abbildung (S. 223) zeigt als Beispiel einen Projektstrukturplan für die Organisation eines Pädagogischen Tages.

Der Projektstrukturplan gibt nicht nur einen Gesamtüberblick über die zu leistenden Aufgaben, sondern stellt auch ein Planungs-, Steuerungs- und Kontrollinstrument in einem dar. Diese Methode kann auch für kleinere Vorhaben verwendet werden, bei denen die Verzweigungsdichte geringer ist.

Methode 7: Einen Balkenplan zur Terminplanung erstellen

Zur Feinplanung der zeitlichen Abfolge der einzelnen (Projekt-)Aktivitäten ist der Balkenplan ein übersichtliches Instrument, welches den jeweiligen Leistungsfortschritt auf einen Blick überprüfbar macht. Die einzelnen Aktivitäten werden (in zeitlicher Abfolge) untereinander in der linken Kolumne eingetragen und deren Dauer als Länge des Balkens in der Kalendervorgabe sichtbar gemacht. Der folgende Ausschnitt aus einem Balkenplan zur Vorbereitung eines Pädagogischen Tages mittels Fragebogenerhebung stellt den Aufbau eines solchen Planes vor.

▲ stellt einen Meilenstein dar. Ein *Meilenstein* ist ein überprüfbares Zwischenergebnis, das inhaltlich und terminlich definiert ist und eine Gesamtbeurteilung des Projektablaufs erlaubt. An jedem Meilenstein erfolgt *Berichterstattung* an die Personen, welche mit der Koordination der Aktivitäten befasst sind. Meilensteine haben aber auch *Motivationscharakter,* etwa als ob man bei einer Bergtour ein (erstes) Etappenziel erreicht hat *(»Wir haben einen wichtigen Schritt hinter uns gebracht!«).* Meilensteine dienen aber auch als *Orientierungshilfe,* damit man weiß, wo man steht bzw. stehen sollte, um mögliche Kurskorrekturen vornehmen zu können. Alle Aktivitäten im Rahmen von Schulentwicklung nutzen wenig, wenn sie schlussendlich nicht in die Praxis umgesetzt werden. Damit die Umsetzung nicht dem Zufall überlassen bleibt, hat es sich als hilfreich erwiesen, dafür entsprechende Instrumente einzusetzen. Wir stellen im Anschluß an Projektstruktur- und Balkenplan zwei davon vor (siehe Methoden 8 und 9!).

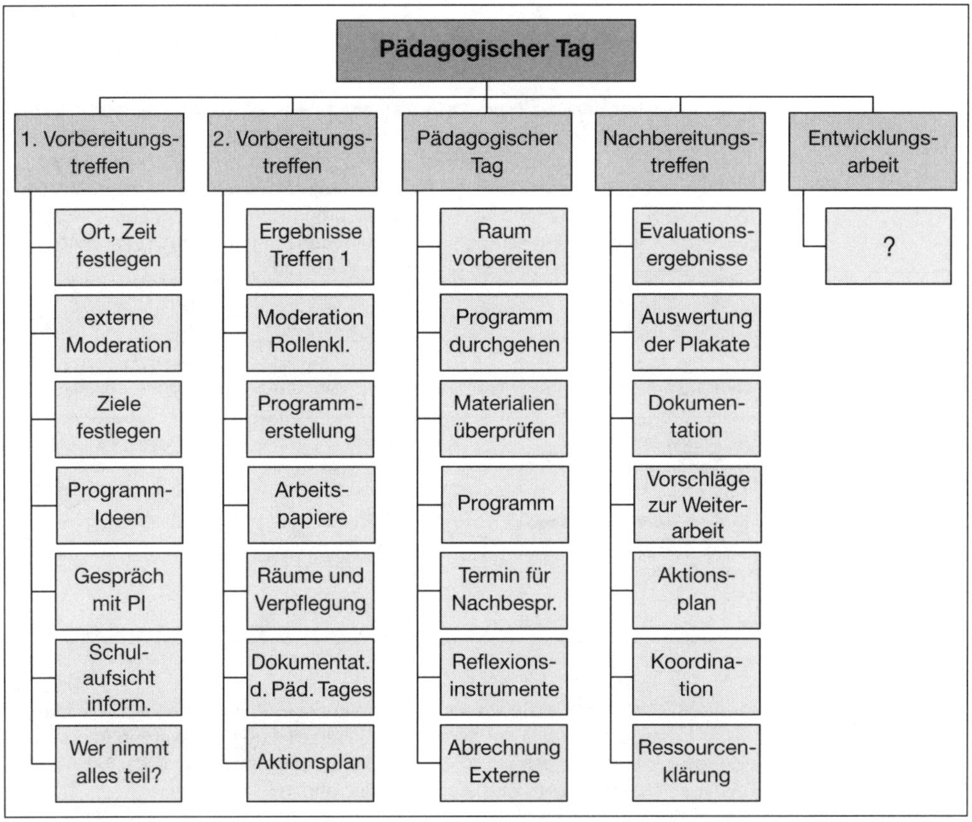

Pädagogischer Tag
1. Vorbereitungstreffen
Ort, Zeit festlegen
externe Moderation
Ziele festlegen
Programm-Ideen
Gespräch mit PI
Schulaufsicht inform.
Wer nimmt alles teil?
2. Vorbereitungstreffen
Ergebnisse Treffen 1
Moderation Rollenkl.
Programmerstellung
Arbeitspapiere
Räume und Verpflegung
Dokumentat. d. Päd. Tages
Aktionsplan
Pädagogischer Tag
Raum vorbereiten
Programm durchgehen
Materialien überprüfen
Programm
Termin für Nachbespr.
Reflexionsinstrumente
Abrechnung Externe
Nachbereitungstreffen
Evaluationsergebnisse
Auswertung der Plakate
Dokumentation
Vorschläge zur Weiterarbeit
Aktionsplan
Koordination
Ressourcenklärung
Entwicklungsarbeit
?

Projektstrukturplan

Aktivitäten
Okt.
Nov.
Dez.
Jan.
Feb.
März
April
1 2 3 4
1 PHASE 1 Planungsbeginn (AG-Treffen)
2 Vorbereitung Päd. Tag
3 Fragebogenerstellung
4 Fragebogenerprobung
5 Befragung des Kollegiums
6 Auswertung der Ergebnisse
7

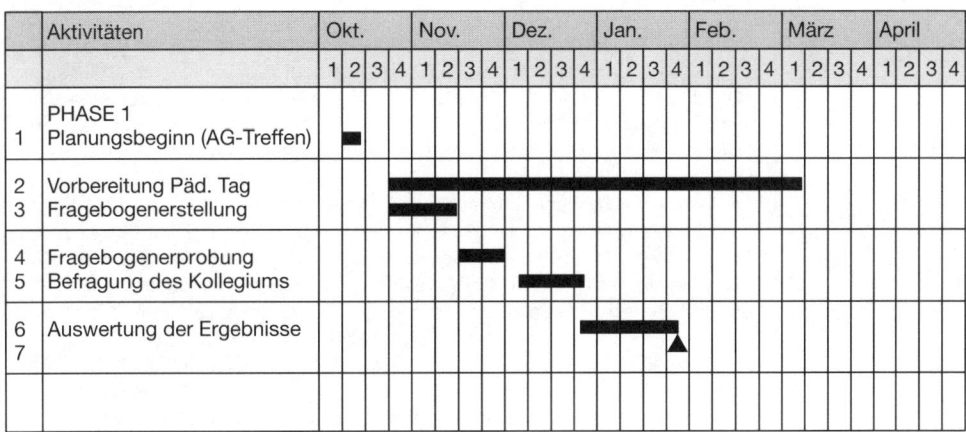

Balkenplan

Methode 8: Verbindlichkeit in der Umsetzung herstellen

In der Schulentwicklung gleichen Arbeitsergebnisse oft bloßen »guten Vorsätzen«, deren Umsetzung mehr als ungewiss ist. Selbst ein Protokoll der Ergebnisse allein trägt meist noch nicht dazu bei, dass auch verbindlich an den Vorschlägen weitergearbeitet wird. Es ist daher absolut notwendig, wenn noch alle Teilnehmer/innen anwesend sind, ein Arbeitsprogramm nach folgendem Muster zu erstellen, in dem die weiteren Schritte nach den Fragen *WAS? WER? WANN?* festgehalten sind, nach dem so genannten W-Raster.

WAS? zu erledigende Aufgaben	WER? verantwortliche Person(en)	(bis) WANN? verbindliche Zeitleiste
• Termin mit Dr. S. ausmachen	Direktorin	morgen (18. 1.)

• Koordinierungssitzung
  für OE-Projekt
  einberufen
	Heinz R.
	+ Gretl F.
		30. 1.

•		

Dieser Raster schafft mittels mehr Festlegung der Zeitläufe eine Verbindlichkeit in der Umsetzungsphase, wodurch auch jederzeit überprüft werden kann, ob die vereinbarten Aufgabenstellungen durchgeführt worden sind. (Eventuell Raster als Plakat an gut sichtbarer Stelle aufhängen!)

Methode 9: Dringlich oder wichtig?

Die größte Ressource im Alltag einer Schule stellt die Zeit dar, auf die das reibungslose Organisieren von Schule und Unterricht ausgerichtet ist, sodass die »Organisation« der Schulentwicklung den »dringlicheren« und »wichtigeren« Aktivitäten weichen muss, also dem, was oft als Alltagsdruck bezeichnet wird. Demnach ergibt sich für den Stellenwert von Wichtigkeit und Dringlichkeit in der Schule meist folgende Aufteilung (vgl. Fischer/Schratz 1993, S. 76):
Lehrer/innen verbringen unterschiedlich viel Zeit in jedem der vier Quadranten, wie dies exemplarisch in der Skizze im Hinblick auf mögliche Aktivitäten ausdifferenziert wird. Die meisten agieren vorrangig in den Quadranten ❶ und ❸ (Bereich Dringlichkeit) und flüchten manchmal zu den nicht wichtigen und nicht dringlichen Aktivitäten des Quadranten ❹ (»Zeitfresser«). Dringliche Dinge belasten unmittelbar, weshalb auf sie gewöhnlich sensibel reagiert wird. Gut, aber für die erfolgreiche Entwicklung einer Schule ist es wichtig, sich auch mit jenen Aktivitäten zu befassen, die keinem unmittelbaren Handlungsdruck folgen. Weil sie nicht dringlich sind, werden sie oft nicht getan. Eine aktive Schule muss früh genug Vorsorge treffen und die wichtigen Dinge tun, nicht (nur) die dringlichen. Das lässt sich am Beispiel »Krisen« aufzeigen. Wird die »Prävention von Krisen« aus Quadrant ❷ vernachlässigt, dann werden ständig »Krisen« in Quadrant ❶ das institutionelle Leben bestimmen (vgl. Schratz 1995). Besonders die Aktivitäten am Weg von der Vision zur Umsetzung sind wichtig und nicht dringlich, weshalb sie einer besonderen Würdigung bedürfen.

	DRINGLICH	NICHT DRINGLICH
WICHTIG	Unterricht/Supplierungen **❶** aktuelle Probleme: Drogenmissbrauch bei Schulveranstaltungen psychische Krisen von Lehrer/innen und Schüler/innen Rechtsradikalismus in der Schule, Gewalt gegen Mädchen	Teambildung **❷** Kommunikationsstrukturen schaffen und pflegen Aktivitäten zur Schulentwicklung Pädagogische Klausur Werte-Klärung/Vision/Leitbild Qualitätssicherung/ Evaluation Krisenprävention
NICHT WICHTIG	bestimmte Telefonate **❸** Pausenaufsicht Listen abgeben Anmeldungen einsammeln Unterschriften kontrollieren Klassenbuch auf dem Laufenden halten Ansuchen rechtzeitig abliefern	Plauderei und Plausch **❹** Geschäftigkeit unnütze Besprechungen manche Telefonate und Korrespondenzen Intrigenspiele sich »Zeitdieben« widmen

Bei der Verwendung des Wichtig-Dringlich-Quadranten-Systems werden zunächst die anstehenden bzw. geplanten Aktivitäten in Form eines Brainstorming gesammelt. Dann wird darüber debattiert, in welchen Quadranten zwischen »(nicht) dringlich« und »(nicht) wichtig« sie eingetragen werden. Die im Quadranten »wichtig«/»nicht dringlich« gesammelten Items werden bei der weiterführenden Arbeit soweit berücksichtigt, dass sie nicht auf Grund des Arbeitsdrucks auf der Strecke bleiben.

Die Mikropolitik des Schulprogramms

Diese Äußerungen wurden den Lehrenden von ihren Schüler/innen auf eine Schulentwicklungs-Klausurtagung mitgegeben. Die vielsagenden Botschaften entstanden als Teil der Ist-Analyse in Form einer Bestandsaufnahme der Stärken und Schwächen der Schule. Die Schüler/innen selbst aber waren zur Klausur nicht geladen, sie konnten daher lediglich ihre diesbezüglichen Wünsche formulieren, was vom externen Berater, der die Schule auf ihrem Gestaltungsweg betreute, angeregt wurde: ein Beispiel von vielen, in denen Schüler/innen zwar Ansatzpunkt für die Entwicklung von Schule sind, nicht aber aktive Partner/innen! Dieses Erscheinungsbild von Schulentwicklung hängt stark mit einem Selbstverständnis von Schule zusammen, demzufolge die Schüler/innen zwar nach ihren Wünschen und Vorstellungen befragt werden, bei den Prozessen der Auseinandersetzung und Entscheidung aber nicht mehr gefragt sind:

> *»Und die Schüler, die zur Verantwortung er- oder gezogen werden sollen, werden zu einer gefährlichen Illusion verführt: zur Illusion der Verantwortlichkeit. Ihnen wird eine Verantwortlichkeit zugemutet, für etwas, das sie nicht verantworten können, weil*

sie keinen Einfluss auf seine Gestaltung haben.« (Gronemeyer 1996, S. 130)

In ihrer Untersuchung zur Schülerpartizipation und Schulentwicklung hat Sabine Müller (1996, S. 168) im Einbeziehen der Schüler/innen einen Anhaltspunkt für das Ausbleiben des *implementation gap* geortet, »das häufig nach der mit Euphorie durchlaufenen Zielklärungsphase in innerschulischen Innovationsprozessen eintritt. Damit ist gemeint, dass die Lehrerkollegien nach der Einigung auf bestimmte Zielsetzungen und Entwicklungsschwerpunkte häufig in ein ›Loch‹ fallen und die Umsetzung der geplanten Vorhaben nur schleppend oder überhaupt nicht vorangeht. In dieser Phase hat sich m.E. die Schülerbeteiligung günstig auf das Entwicklungstempo ausgewirkt. Die Schüler haben hier als zusätzlicher ›Motor‹ fungiert, indem sie ihre Lehrer ›vorantreiben‹, die Entwicklung kritisch mitverfolgen und auf die Umsetzung ihrer Wünsche drängen.«

Auf das Umsetzen eigener Vorstellungen drängen, das können in der Mikropolitik von Schulentwicklung aber nur diejenigen, die mächtig genug sind, um ihre Interessen durchzusetzen. Personalentwicklung wie Schulentwicklung, »die diesen Aspekt vernachlässigte, wäre ideologisch, weil sie sich beteiligte an der Tabuisierung einer zentralen Beziehungsdimension und durch dieses Ausblenden jenen nützte, die von ihrer Vor-Macht profitieren« (Neuberger 1991, S. 33). Da die Schüler/innen auf Grund der ihnen zugeschriebenen Rolle auch im Unterricht oft nur die Empfänger des vorgegebenen Wissens sind, bleibt ihnen vielfach nur die Ohn-Macht. So erstaunt es nicht weiter, dass sich unter den Äußerungen der Schüler/innen zur Vorbereitung auf den erwähnten Klausurtag auch Karten mit folgenden Texten fanden:

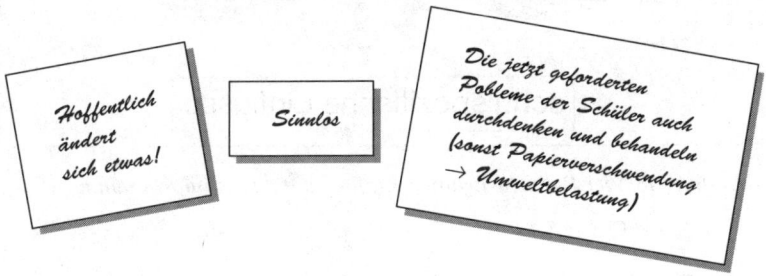

Macht sich ein Kollegium auf den Weg, um ein Schulprogramm zu erstellen, an dem die Schüler/innen – und natürlich sonstige Anspruchsberechtigte – nicht beteiligt sind, kann es seine wichtigsten

Bündnispartner in der Umsetzung verlieren, welche nicht zuletzt im Zuge der Autonomisierung des Schulwesens eine zunehmend bedeutendere Rolle spielen werden. Die Beteiligung von Interessierten und Betroffenen stellt hierbei ein wichtiges Indiz für die »Kultur« einer Schule dar, da sich darin der Partizipationsgrad am schulischen Geschehen zeigt. Daher stellt sich bei der Erarbeitung von Schulprogrammen zuerst die Frage nach der Kultur der Einflussnahme auf die künftige Entwicklung von Schule. Die vorgestellten Beispiele zeigen auf, wie Schulen versuchen, Verbindlichkeit zwischen den relevanten Einflussgrößen auf die Arbeit an der Schule herzustellen. Diese sind in Abbildung 48 systematisch dargestellt.

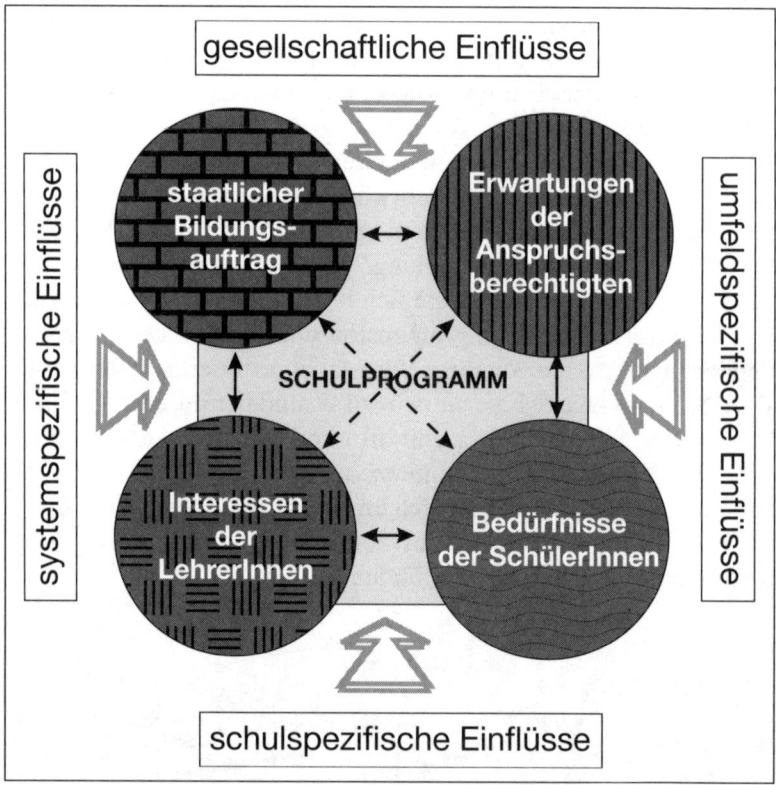

Abbildung 48: Vier Bereiche nehmen Einfluss auf das Schulprogramm

Diese Darstellung spiegelt die unterschiedlichen Einflüsse auf das Schulprogramm natürlich in idealisierter Form wider, sie soll aber das Spannungsfeld zwischen Bildungsauftrag, Interessen, Bedürfnissen und Erwartungen der Beteiligten und Betroffenen abstecken, mit denen Lehrer/innen in ihrer Unterrichtsarbeit konfrontiert sind. Der *staatliche Bildungsauftrag* bildet mittels organisatorischer und inhaltlicher Vorgaben den gesetzlichen Rahmen; innerhalb dessen kann die Schule einerseits ihren von der Gestaltungsautonomie gewährten Spielraum nutzen, etwa Rahmenlehrpläne standortspezifisch ausgestalten. Dabei sollten die Erwartungen der *Anspruchsberechtigten* (Eltern, Gemeinde, Wirtschaft ...) einbezogen werden, um den umfeldspezifischen Voraussetzungen (dem regionalen Bedarf) zu genügen. Vergessen Sie aber nicht die *Schüler/innen*, sie sind die schon mehrfach erwähnten »*Prosumer*« (Produzent/innen und zugleich Konsument/innen) im Bildungsprozess! Innerhalb der Schule spielen natürlich die *Interessen und Fähigkeiten der Lehrenden* eine ganz entscheidende Rolle: Ohne sie kann das jeweilige Schulprogramm nicht verwirklicht werden.

Wird die Balance zwischen diesen vier Einflussgrößen bei der Erstellung des Schulprogramms nicht hinreichend berücksichtigt, ergeben sich Einseitigkeiten, die in ihrer extremsten Ausprägung – die wir hier nur fantasiert haben – bedenkliche Konsequenzen haben könnten (vgl. Abbildungen 49–52).

Abbildung 49 repräsentiert eine Schule, welche ausschließlich von der Zentralbehörde über den staatlichen Bildungsauftrag gesteuert wird: Die Schulgesetze gelten flächendeckend einheitlich, sodass am jeweiligen Standort kein Spielraum für eigenständige Entscheidungen besteht. Zentrale Tests sorgen für eine Sicherstellung der »Gleichwertigkeit« der Ergebnisse, am gleichen Tag wird in allen Klassen der gleichen Altersstufe dasselbe durchgenommen. Andererseits ermöglicht die zentrale Steuerung des Schulsystems eine »unverbindliche Verbindlichkeit«, wie sie Siegfried Nitz nennt, da schulnah keine verschriftlichte Vereinbarung vorliegt.

Abbildung 50 entspricht einer Schule, die vorwiegend von den Erwartungen der Eltern (oder von einer gemeinsamen Ideologie von Anspruchsberechtigten) getragen wird. Es handelt sich dabei meist um religiös oder weltanschaulich gebundene Alternativschulen, die von engagierten Eltern bzw. einer einflussreichen Trägerorganisation (z.B. Religionsgemeinschaft) leben; sie wählen auch die Lehrer/innen aus, welche ihren Wünschen entsprechen. Sie stehen oft außerhalb des

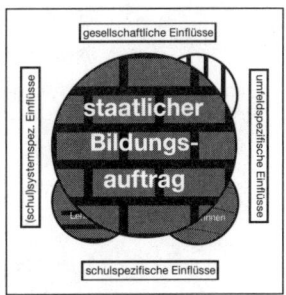

Abbildung 49

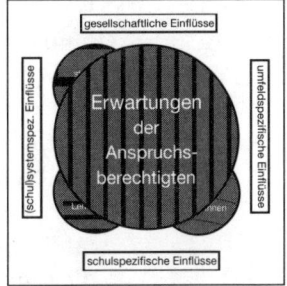

Abbildung 50

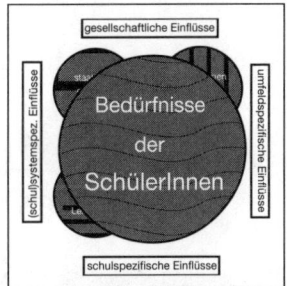

Abbildung 51

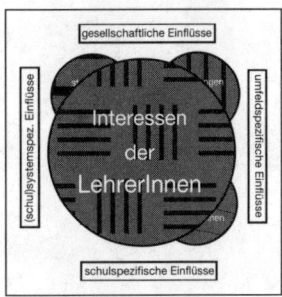

Abbildung 52

staatlichen Schulsystems, werden aber in sehr unterschiedlichem Ausmaß vom Staat unterstützt.

Abbildung 51: So genannte »Schülerschulen« sind ebenfalls meist Alternativschulen, in denen das Lehren und Lernen vorwiegend von den Kindern und Jugendlichen bestimmt wird. Das bekannteste Beispiel dafür stellt die englische Schule »Summerhill« von A.S. Neill (1969) dar, die dem Prinzip der »Antiautoritären Erziehung« verpflichtet ist.

Abbildung 52: Eine »typische Lehrerschule« als Analogon zu den anderen drei Typen existiert als eigener Typus nicht (offiziell). Dennoch glauben wir, dass Grundzüge dieses Modells weit verbreitet sind, und zwar dann, wenn die (Staats-)Schule dem einzelnen Standort einen hohen Autonomiespielraum lässt. Bei fehlender Mitsprache bzw. geringer Mitgestaltung von Eltern und Schüler/innen dominieren »automatisch« die Interessen der Lehrer/innen das Schulgeschehen, allerdings weniger mittels entsprechend gestaltetem Schulprogramm, sondern eher durch die Macht des Schulalltags. Das zeigt sich etwa bei der Gestaltung der Stundentafel und anderen organisatorischen Maßnahmen, an denen sich die schulischen Aktivitäten ausrichten (müssen).

Auf Grund dieser Analyse erscheint es uns wichtig, dass bei der Entscheidung über schulautonome Maßnahmen eine kreative Kooperation zwischen den in Abbildung 48 vorgestellten Einflussbereichen hergestellt wird. Wer A (für *Autonomie*) sagt, muss auch B (für *Beteiligung*) ermöglichen. Allerdings, wer Autonomie erhält, muss sich auch an ihr beteiligen. Autonomie ohne Beteiligung aller Betroffenen ist wie eine zerstückelte, auf mehrere Personen aufgeteilte Schatzkarte: Wenn einige kein Interesse daran haben, den Schatz zu heben, wird er womöglich für immer ungehoben bleiben ...

Eltern, Schüler/innen, Lehrer/innen im Gespräch

Wir halten es aber für ebenso gefährlich, den Schatz der Autonomie »ein für alle Mal« heben zu wollen, umso mehr als sich eine gute Schule für uns vor allem daran erkennen lässt, dass sie in Bewegung ist und an ihrer Weiterentwicklung arbeitet (siehe dazu Schratz 1996a). Daher

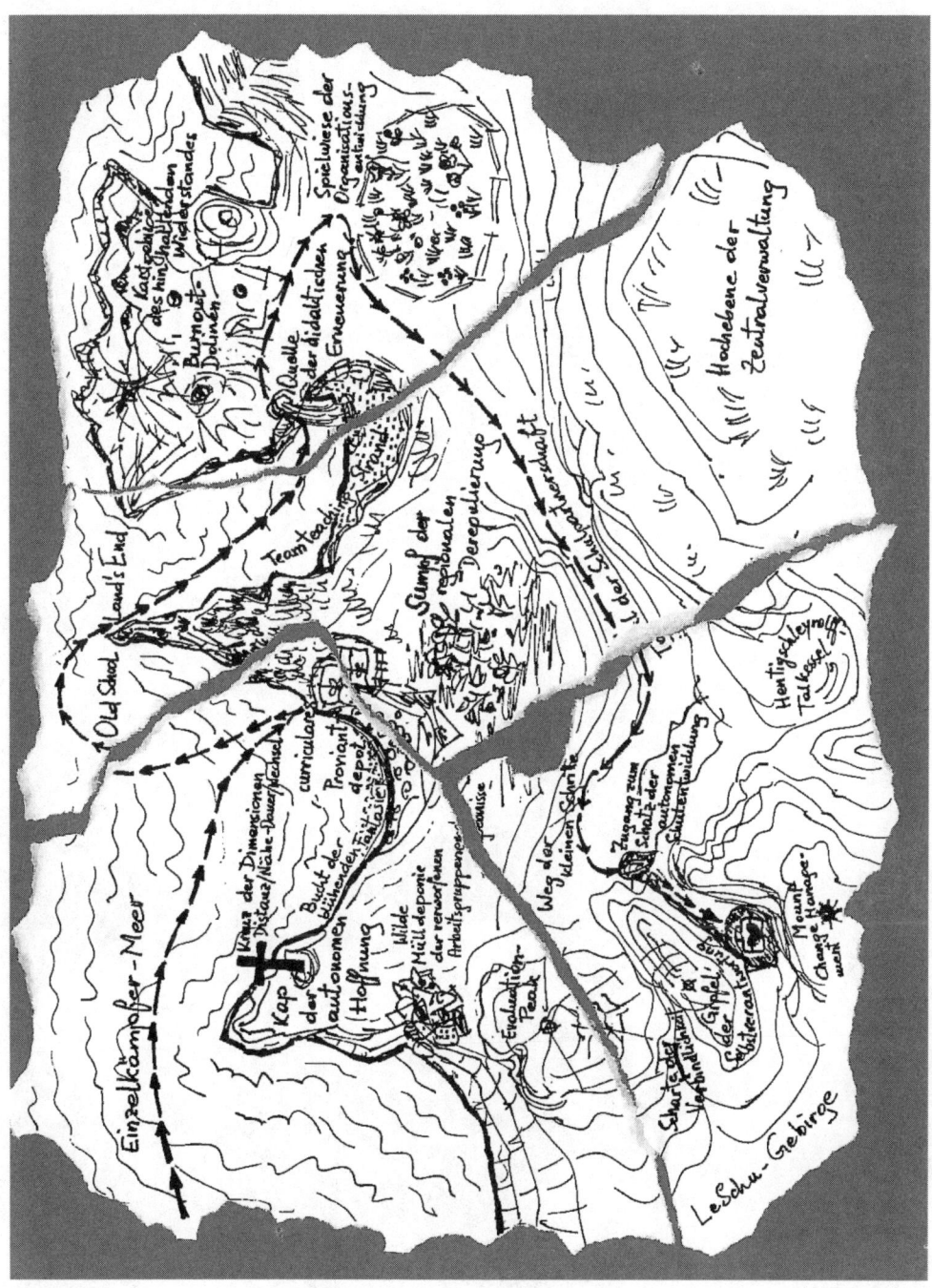

darf auch ein einmal erstelltes Schulprogramm nicht zu einer ewig gültigen Vorgabe werden, ansonsten erstarrt der Unterricht, selbst wenn er im Geiste dieses Programms gehalten wird, unweigerlich zur Routine.

Kapitel 7
Evaluation, pardon, was ist das?

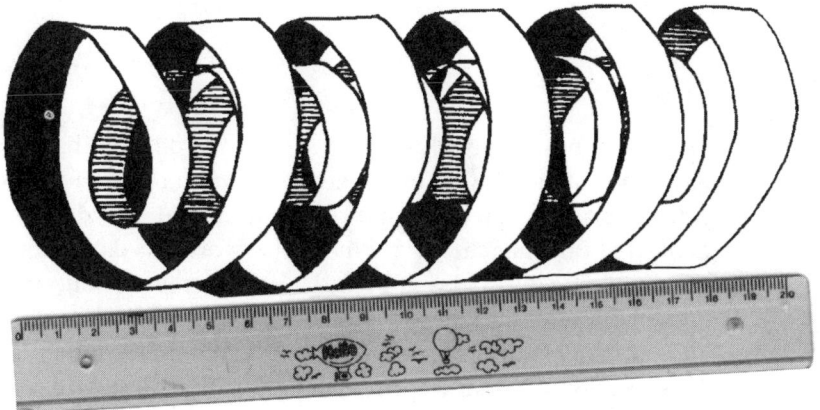

**Reflektieren und Evaluieren als Prüfstein
für Schulentwicklung**

*Dass es mir – oder allen – so scheint,
daraus folgt nicht, dass es so ist.*
(Wittgenstein)

Was man sich vorher überlegen sollte

»Bitte, kann mir endlich jemand sagen, was das überhaupt heißt: Evaluation? Ich komm mir schon ganz dumm vor, ihr redet die ganze Zeit darüber, und ich weiß nicht einmal, was das Wort bedeutet!?« Für manche ist es ein Zauberwort, das das traditionelle »Beurteilen« ablöst, das mit »Altlasten« aufräumt, neue Entwicklungen einleitet und diese dann absegnet, andere sehen darin den endgültigen Niedergang von (Schul-)Recht und Ordnung.

Was alles mit dem Begriff Evaluation assoziiert wird, zeigt die bunte Vielfalt von Antworten, die im Rahmen eines Schulmanagement-Trainings in Südtirol geäußert wurden (siehe Abb. 53):

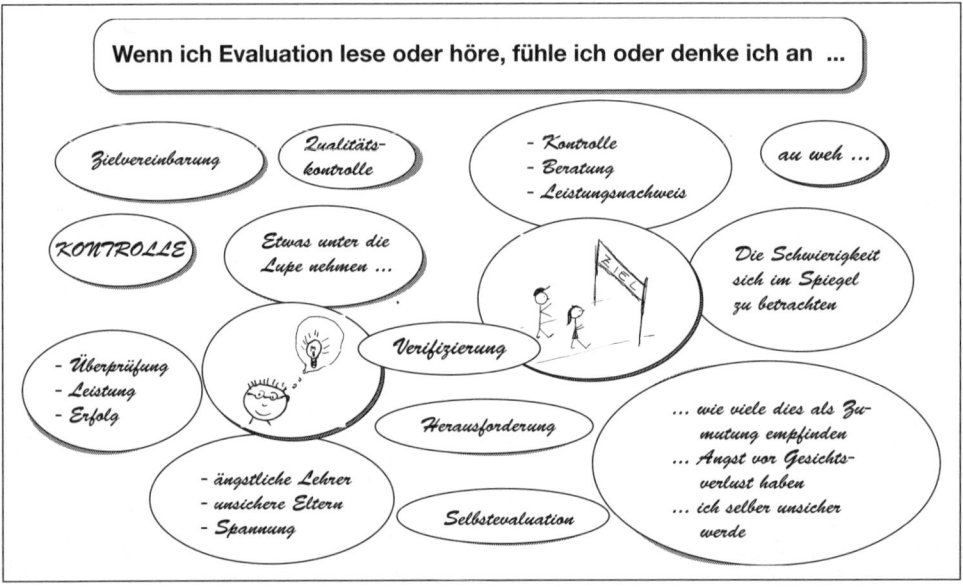

Abbildung 53: Was alles mit dem Terminus Evaluation verbunden wird

An kaum einer Stelle zeigt sich der Wandlungsbedarf des Schulsystems so deutlich wie hier, geht es doch um die Frage: Wer hat die Macht, was bzw. wen mit welchen Methoden und mit welchen Konsequenzen zu evaluieren? In Abwandlung der alten Beraterweisheit »wer fragt, der führt« könnte man sagen »wer evaluiert, der führt«. Bisher war klar, dass Evaluieren in der Schule mit Hierarchie, mit Machtgefälle, mit oben und unten zu tun hatte, ja dass es das Machtmittel schlechthin darstellte, denn Erfolgskontrolle fand ausschließlich als Beurteilung »von oben nach unten« statt. Verschärfend kommt hinzu, dass es nach wie vor schwer ist, klare »objektive« Erfolgskriterien für die Leistung von Unterricht oder gar von Schule aufzustellen, obwohl *school effectiveness- und Schulqualitäts-Forschung* nicht geruht haben und inzwischen eine große Zahl von Untersuchungen vorliegt (wir erinnern an Rutters u.a. [1980] berühmte »Fünfzehntausend Stunden ...«).

Leider gewinnt man aber mitunter den Eindruck, dass all diese gesammelten Erkenntnisse nur minimale Auswirkungen auf die Evaluationspraxis der Schulen haben – eine höchst beunruhigende Tatsache, verpuffen doch wertvolle Energien, die in die Initiierung von Entwicklungsprojekten gesteckt worden sind, weil die Schulentwicklungs-Schleife an der Stelle »Reflexion und Evaluation« (siehe Das Erste Axiom!) bildlich gesprochen ein Loch aufweist.

Reflexion und Evaluation betrachten wir deshalb als konstituierenden Bestandteil des Konzepts einer Lernenden Schule. Das ist schon daran zu sehen, dass sich das Thema wie ein roter Faden durch alle Kapitel zieht, angefangen von der Eigenart der Lernenden Schule, wie sie etwa Posch vor dem Hintergrund der lernenden Wirtschaftsorganisation beschreibt (siehe Kapitel 1!), über die doppelte Schleife des ersten Axioms (Kapitel 2) und neue Instrumente für Ist-Soll-Vergleiche (Kapitel 3) bis hin zu den Praxisbeispielen zur Illustration des Innovationswürfels (Kapitel 4) und zum Kreuz der Dimensionen, das der Evaluation der Verteilung der Persönlichkeiten auf die vier Quadranten nach Riemann als Basis dient (Kapitel 5).

Bevor wir nun kurz gefasst einige grundsätzliche Gedanken zum Thema Evaluation zur Diskussion stellen und daraufhin unsere Werkzeugkiste öffnen, noch einmal zu den u.E. größten Stolpersteinen auf dem Weg zu einer unerschrockenen, selbstverantwortlichen Herangehensweise an Evaluation im Sinne von zeitgemäßer Erfolgskontrolle: Wer sich auf dieses Gebiet vorwagt, sollte nicht vergessen, dass Evaluation bisher eindeutig ein Machtinstrument war, das, insbesondere was das Beurteilen von Schüler/innenleistung betrifft, das täglich Brot der Lehrenden war und ist – unter dessen Gewicht stöhnen sie in ihrer klassischen Doppelrolle, »Coach und Schiedsrichter« zugleich sein zu müssen; es steht somit ganz im Zentrum des Selbstverständnisses der Institution Schule, sie ist eben eine »unmögliche Institution« (Gronemeyer). Viel-

leicht löst gerade darum die in letzter Zeit immer öfter erhobene
Forderung nach Bewertung (der Leistungen) von Schulen bzw. von
anderen Bildungsinstitutionen unter Lehrer/innen und Mitarbei-
ter/innen so viele Ängste und Widerstände aus: Denn beurteilt zu
werden, das gilt innerhalb des Schulsystems bislang immer noch als
Zeichen dafür, dass man noch Schüler/in, noch nicht reif, noch
nicht fertig ausgebildet bzw. noch keine vollwertige Lehrperson
mit Dauervertrag ist, also gewissermaßen als ein Makel, der mit
der Zeit von selbst verschwindet, oder aber als Alarmsignal »Achtung, eine schwere Verfehlung wird mir zur Last gelegt, ich muss
mich verteidigen, wehren, rechtfertigen« (Eltern haben sich vielleicht beschwert, und die Schulaufsicht tritt auf den Plan).

Ein Blick in andere Länder und Schul-Systeme zeigt übrigens,
dass gerade dieser Aspekt von Schule extrem von der herrschenden nationalen Schulkultur abhängig ist: Die denkbaren Formen
von Evaluation mögen vielfältig sein, die Bandbreite der de facto
angewandten Evaluationsinstrumente scheint umso schmäler zu
sein! Diese Erkenntnis haben wir vor allem durch unsere Teilnahme an einem internationalen Projekt von CIDREE (Consortium
of Institutions for Developement and Research in Education in
Europe) zur Selbstevaluation von Schulen gewonnen (siehe
CIDREE 1996 und 1997), bei dem Vertreter/innen aus neun europ-
päischen Ländern zusammenarbeiten und jeweils für ihr Land typische Evaluationsaspekte und konkrete Fallbeispiele einbringen.
Für die deutschsprachigen Länder sind solche typischen Merkmale bzgl. Leistungsfeststellung bzw. -beurteilung der einzelnen Schü-
ler/innen durch ihre Lehrer/innen 1. die Beurteilung der Einzel-
leistung und 2. die Beurteilung durch andere. (Was ein Durchbrechen eines dieser beiden Grundsätze auslösen kann, beschreibt
etwa Peter Awecker [1988] in seinem Beitrag über den Versuch,
eine Gruppenschularbeit zu machen; vgl. auch die Ausführungen
über die Diskrepanz zwischen dem aktuellen Stand des Unterrichts in Bezug auf Schülerzentrierung und Offenheit einerseits
und dem Stand der üblichen Leistungsbeurteilung andererseits in
Schratz 1996a. Für die Beurteilung der Leistung der einzelnen
Lehrer/innen durch Vorgesetzte heißt das Hospitationen am Beginn der Laufbahn, dann nur noch im »Anlassfall«, also bei Krisen
oder Karrieresprüngen.)

Qualitätssicherung in anderer Form findet erst in allerletzter
Zeit vereinzelt statt, abgesehen vielleicht von der zentralen Eva-
luation von Schulversuchen bzw. Schulreformprojekten, wie im
Bereich der Schule der 10- bis 14-Jährigen in den 70er- und 80er-
Jahren. Auch jetzt geschieht sie fast ausschließlich auf freiwilliger
Basis, nimmt aber immer öfter einzelne Schulen als Gesamtsyste-

me in den Blick. Man denke etwa an die probeweise Einführung verschiedener Qualitätssicherungsmethoden aus der Wirtschaft im Schulbereich wie das *Total Quality Management*, aber auch an Ist-Zustandsanalysen im Rahmen von bereits öfter erwähnten, immer beliebter werdenden Pädagogischen Tagen oder längerfristigen Organisationsentwicklungsprojekten, wie sie an manchen Standorten seit einiger Zeit laufen.

Im Gegensatz zu der zuvor beschriebenen erdrückenden Dominanz des Kontroll-Musters »Fremdbeurteilung von Einzelpersonen« baut unser Konzept einer Lernenden Schule stark auf *Selbstreflexion* und *Selbstevaluation*, sowohl bezogen auf das Individuum als auch auf Teams, Kollegien und ganze Schulstandorte. Externe Evaluation kann dabei eine sinnvolle Ergänzung sein, sie kann aber den Prozess der Selbstevaluation u.E. keinesfalls ersetzen!

Durch Evaluation
Entwicklungsprozesse in Gang setzen

In Zeiten, in denen sich die Abgrenzungen zwischen unterschiedlichen Formen von Evaluation verwischen, ist es erforderlich, sich über die Möglichkeiten und Grenzen von Evaluationsmaßnahmen Gedanken zu machen. Während früher überhaupt die Kontrollfunktion im Vordergrund gestanden ist und später dann standardisierte Fragebögen die Szene beherrschten, hat sich der Bedeutungshorizont von Evaluation in den letzten Jahren erweitert. Dies lässt das folgende Ergebnis einer Kartenabfrage anlässlich eines Trainings-Seminars erkennen, in dem die Erfahrungen der Teilnehmer/innen mit Evaluation erkundet wurden.

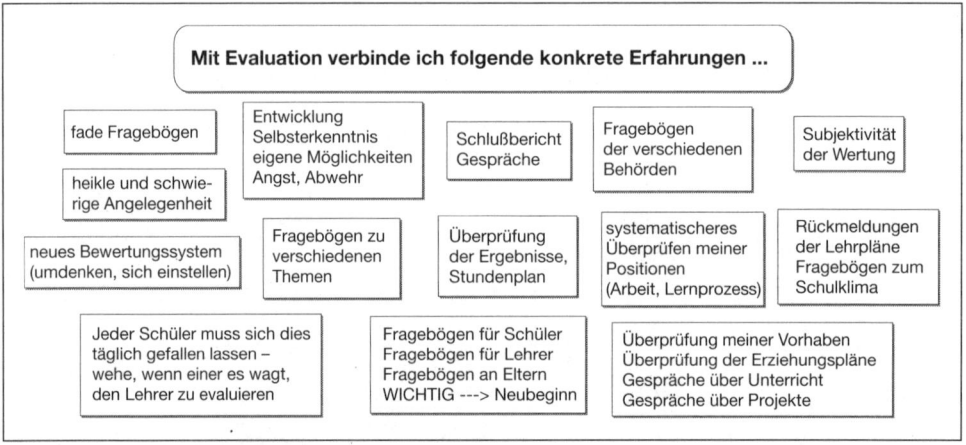

Abbildung 54: Kartenabfrage Erfahrungen mit Evaluation

Diese Rückmeldungen lassen den heterogenen Erfahrungshintergrund von Lehrer/innen und Schulleiter/innen deutlich werden, einerseits die Interessen der übergeordneten Behörde, andererseits den dialogischen Charakter im Arbeitsprozess. John Nisbet (1990, S. 5) hat im Rahmen einer Europarats-Veranstaltung zur Evaluation eine u.E. sehr brauchbare »kognitive Landkarte« für Evaluationsvorhaben erstellt, auf der die angesprochenen Spannungsfelder in eine systematische Ordnung gebracht werden. Wir geben sie hier in vereinfachter Form wieder (vgl. Abbildung 55).

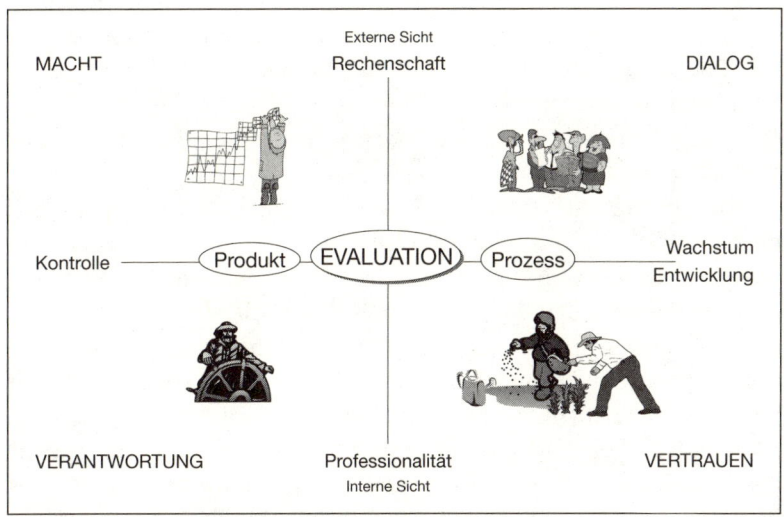

Abbildung 55: Eine Evaluationslandkarte

Auf dieser Landkarte zeigt sich das Spannungsfeld zwischen Kontrolle und Wachstum bzw. zwischen den möglichen Ansatzpunkten (intern oder extern) für Evaluationsmaßnahmen, welche in hohem Maß bestimmen, wie sie von Lehrer/innen an der Schule wahrgenommen werden. Der Quadrant zwischen externer Sicht und Kontrolle wird durch *Macht* bestimmt, an der sich das Schulgeschehen ausrichten muss. Hier werden üblicherweise bestimmte Kenn- und Grenzwerte vorgegeben (Lehrerzahl, Klassengröße, Teilungsziffern für Klassen und Gruppen, Stundeneinteilung etc.), an denen sich die Schule ausrichten und darüber Rechenschaft ablegen muss. Auch das Durchführen von Leistungskontrollen in der Klasse (Tests, Schularbeiten u.Ä.) gehört hierher. Im zweiten externen Quadranten sind eher *dialogorientierte* Formen des Austauschs vorgesehen, die der Entwicklung dienen sollen (Gewinnen von Einsichten durch Beratungsgespräche mit Externen, Absprachen mit Eltern über die Erfolge der Schüler/innen, Diskussion mit Externen über die Erfahrungen mit bestimmten Problembereichen usw.). Im Bereich der internen Sicht geht es mehr um die eigenverantwortliche Auseinandersetzung mit dem eigenen Lernzuwachs als lernendes Individuum oder Lernende Schule. Im Quadranten Kontrolle und Professionalität ist das ständige Bemühen des

Schulmanagements um die Verbesserung der Arbeit der Schule anzusiedeln, etwa über die Evaluation des Schulprogramms bzw. der
darin gesetzten Maßnahmen, der Leitbegriff hier ist *Verantwortung* gegenüber den am Standort Lehrenden und Lernenden. Im
letzten Quadranten sind jene Bemühungen zu finden, in denen es
um das Engagement der Lehrer/innen geht, an ihrer eigenen Entwicklung zu arbeiten und gemeinsam einen möglichst breiten Konsens über die gemeinsame Vorgangsweise herzustellen. Hierin vor
allem liegt der Schlüssel zum Wachstum der Schule hin zu einer
*Vertrauens*organisation.

Eine Lernende Schule ist daran zu erkennen, dass sie Evaluation als Mittel zur Professionalisierung aller Beteiligten einsetzt und
für eine soziale Architektur sorgt, welche ein gedeihliches Wachstum ermöglicht. Daher sind vor allem jene Evaluationsmaßnahmen von Interesse, welche mit eigenen »Bordmitteln« wahrgenommen werden können. Evaluation findet daher »nicht schulfern
im wissenschaftlichen Elfenbeinturm statt, sondern praxis- und
problembezogen und zu größeren Teilen schulintern. Dem dient
das Konzept einer ›reflective practice‹, das davon ausgeht, dass es
in einer so komplexen Arbeitssituation wie einer sich entwi-
ckelnden Schule keine allgemein gültigen Lösungen für spezielle
Probleme mit spezifischen Rahmenbedingungen geben kann (Ekholm u.a. 1996, S. 75). Praxis verändern heißt immer auch die eigene ›praktische Theorie‹ ändern, das heißt, die Sichtweise ändern,
die man davon hat, wie die alltäglichen Dinge funktionieren oder
nicht – und das heißt meist auch, die Beziehung zu denen, die dabei
involviert sind, ändern. Um mehr über die eigene praktische Theorie zu erfahren, ist es notwendig, über vergangene Handlungen zu
reflektieren, um Rückmeldungen über ihre Brauchbarkeit in der

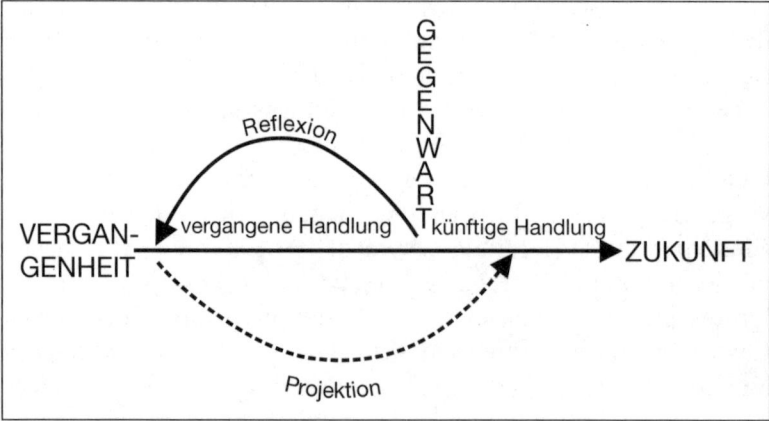

Abbildung 56: Reflexions- und Projektions-Schleife in der Evaluation

gegenständlichen Situation zu erhalten. Das Ergebnis dieses Rück-
blicks *(Reflexion)* auf vergangene Prozesse sollten Hinweise auf
künftige Handlungen sein, sodass der Blick nach vorne einer Art
Entwurf *(Projektion* – kommt aus dem Lateinischen: *pro* [vor-
wärts, weiter] + *iacere* [werfen, schleudern]) entspricht, wie er in
Abbildung 56 vereinfacht dargestellt ist.

Natürlich ist es schwieriger, wenn sich eine ganze Schule in einen solchen Evaluationsprozess einlässt, als wenn ein/e Lehrer/in
versucht, einen bestimmten Aspekt des Unterrichts zu erforschen.
Da in solche Standortanalysen mehr Menschen involviert sind,
kommt es auf die Wahl der richtigen Methode an, um brauchbare
Rückmeldungen zu erhalten, welche eine intensive Diskussion und
ein Aushandeln der Bedeutung für künftige Aktivitäten unter den
Betroffenen ermöglicht. Daher ist die Methodenwahl selbst in der
internen Evaluation nicht lediglich eine Sache der Anwendung bestimmter Instrumente für die Datensammlung, Interpretation, Präsentation, sondern ein kontinuierlicher Prozess der Interpretation
und des Aushandelns, wie das in Abbildung 57 dargestellt wird.

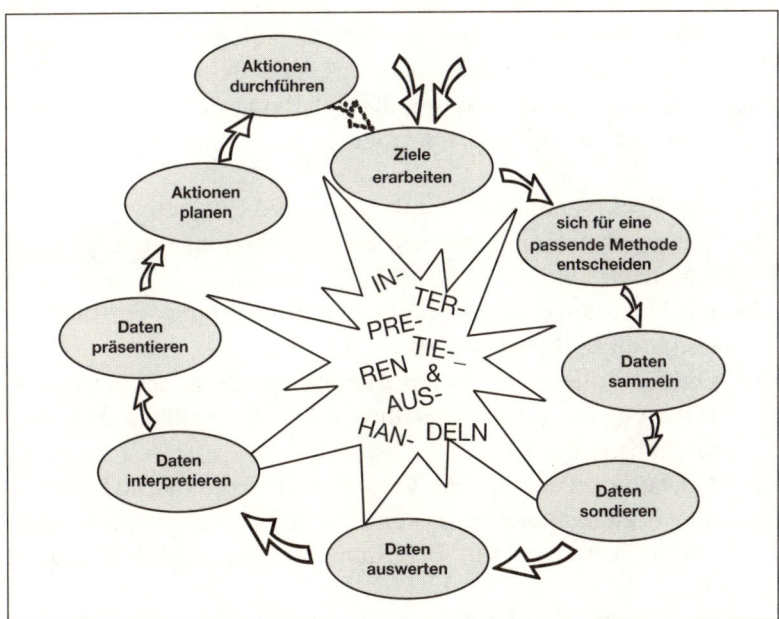

Abbildung 57: Evaluation als ständiger Prozess von der Zielarbeit zur Aktion

Unabhängig von der Wahl der Evaluationsinstrumente ist ein solcher oder ähnlicher Kreislauf (der im Sinne der Systemtheorie natürlich *nicht* im Kreis läuft!) immer in irgendeiner Form zu finden,

auch wenn die Abfolge selten von solch systematischer Stringenz ist. Die Unregelmäßigkeit des Sterns und die Klitterung der darin enthaltenen Wortteile symbolisieren die Notwendigkeit des ständigen Aus- und Verhandelns während der einzelnen Phasen. Während in der Anfangsphase einer Evaluationsmaßnahme oft noch starke Einigkeit vorherrscht (Aussagen wie *»Jetzt machen wir mal eine Ist-Analyse!«* *»Wir wollen endlich wissen, wie der Hase bei uns läuft«* signalisieren diesen gemeinsamen Willen), wird die eigentliche Erhebung und Auswertung der Daten oft nur von einigen Kolleg/innen getragen, weshalb die Identifikation mit dem Anliegen leicht verloren gehen kann. Daher kommt der Phase der Rückführung der ausgewerteten Daten in das Gesamtkollegium eine Schlüsselrolle zu. Dieser Aspekt wird oft vernachlässigt, weshalb Evaluationsergebnisse dann ohne weitere Konsequenzen bleiben (können).

Es hat sich in unserer Arbeit als hilfreich erwiesen, in der Daten-Feedback-Phase (Pädagogische Konferenz, Studientag bzw. Klausur) bestimmte Kriterien einzuhalten, damit die Ergebnisse vom Kollegium akzeptiert und für die weitere Arbeit handlungsrelevant werden können. Bei Michael Harrison (1994, S. 76) haben wir einige brauchbare Kriterien kennen gelernt und für unsere Zwecke adaptiert, nach denen sich das Feedback möglichst aktivitätsfördernd gestalten lässt und die Erhebungsdaten von den Betroffenen eher angenommen werden können:

1) Die Rückmeldung sollte möglichst bald erfolgen.
2) Das Feedback eingrenzen, damit die »Daten« nicht überwältigend wirken.
3) Rückmeldungen müssen für die Betroffenen verständlich und für ihre (künftige) Arbeit relevant sein.
4) Die Formulierungen sollten eher beschreibend als bewertend gehalten sein. (Die Bewertung soll in der gemeinsamen Diskussion erfolgen!)
5) Hinweise auf konkretes Verhalten und praktische Situationen beziehen, und bitte keine Verallgemeinerungen! (»Die Eltern nehmen ihren Erziehungsauftrag nicht hinreichend wahr!«)
6) Die Ergebnisse sollten einen Vergleich mit anderen Bezugsgruppen (z.B. anderen Schulstandorten) ermöglichen (Frage: Was heißt das innerhalb des übergeordneten Systems?)
7) Die Daten müssen glaubwürdig sein (Transparenz bezüglich der Datenerhebung und Auswertung).
8) Sensibilität gegenüber den Gefühlen und der Motivation der Betroffenen zeigen, das heißt, keine Rückmeldungen brin-

gen, die Ärger, Verteidigungshaltung oder Gefühle der Hilflosigkeit auslösen (»Unter diesen Bedingungen ist ohnehin
nichts mehr zu machen!«).

9) Eine Form der Präsentation wählen, die eine Umsetzung
möglich macht, etwa unter Hinweis auf jene Aspekte, die be-
einflussbar sind. Möglichst bald die Aktionsphase anschlie-
ßen, um sicherzustellen, dass der Elan nicht verloren geht.

10) Die Auswertung nicht in abgeschlossener Form präsentieren,
damit noch Platz für eigene Interpretationen und Entscheidungen zur Aktion bleibt. (Die Präsentation der Daten hat
oft auch einen Katalysator-Effekt für neue Ideen, das Verabschieden von alten Gewohnheiten etc.)

Auch wenn dieses 10-Punkte-Programm für das Datenfeedback
nicht immer in allen Kriterien erfüllt werden kann, sollte an seiner
Umsetzung gearbeitet werden, um möglichst breite Akzeptanz
und Identifikation mit den Ergebnissen zu gewährleisten und um
so die Weiterarbeit an den aufgezeigten Problemen zu stimulieren.
Die Übersicht kann andererseits auch Anregungen dafür geben,
jene Evaluationsmethoden einzusetzen, welche diesen Ansprü-
chen am besten gerecht werden können. Ein elaborierter Fragebogen mit vielen Items kann zum Beispiel in der gewonnenen Daten-
fülle ein Kollegium paralysieren (Stichwort »Datenfriedhof«), ein
simples Soziogramm als Bestandsaufnahme der Konstellation im
Kollegium dagegen entscheidende Impulse für die Weiterarbeit an
der Schule geben.

Der Kreislauf in Abbildung 57 zeigt aber auch einen wichtigen
ethischen Aspekt bei der Durchführung von Evaluationsmaßnahmen auf:

• Wenn Ziele für eine Evaluation formuliert, an der Schule Daten gesammelt und aufbereitet werden, ist es wichtig, dass das
Einverständnis von allen eingeholt wird. Wenn etwa Interviews
mit einzelnen Kolleg/innen durchgeführt werden, muss vor der
Präsentation der Daten sichergestellt werden, dass die Inter-
viewten der Veröffentlichung in der gegebenen Form zustimmen. Ansonsten bewirken Evaluationsmaßnahmen an der
Schule genau das Gegenteil des Beabsichtigten: Sie schaffen
Fronten, anstatt dass sie zur gemeinsamen Arbeit stimulieren!

• Wenn die Daten interpretiert und Schlüsse daraus gezogen
worden sind, müssen natürlich auch die Meinungen der anderen Anspruchsberechtigten – Eltern, Schüler/innen u.a. – einbezogen werden. Sonst wird nur *eine* Sichtweise berücksichtigt,
und die anderen bleiben unberührt. (Darauf haben wir im Ka-

pitel 3 aus systemtheoretischer Sicht bereits ausführlich hinge-
wiesen und die Wirkungsweisen in Kapitel 6 in Zusammenhang
mit der Erstellung des Schulprogramms praktisch aufgezeigt.)
Dabei geht es nicht lediglich darum, die einzelnen Interessen –
etwa mittels Abstimmung – auf einen gemeinsamen Nenner zu
bringen, sondern vor allem darum, den Wertepluralismus in einer (post)modernen Gesellschaft auch in der Schule zu leben,
um sie als Labor für künftige gesellschaftliche Entwicklungen
zu nutzen (vgl. House 1995, S. 47).

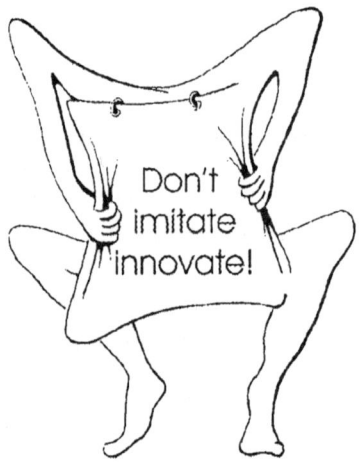

Aus der Werkzeugkiste der (Selbst-)Evaluation

Wir können hier keine umfassende Methoden-Übersicht zur praktischen Umsetzung von (Selbst-)Evaluation für eine Lernende Schule unterbringen. Die Klassifizierungsvorschläge, die von der Beobachtung über Fragebogen, Interviews, Dokumentenanalyse, Diagnoseworkshops, Evaluationsmatrices bis zur dynamischen Soziometrie und zur Arbeit mit Metaphern reichen, sind vielfältig. In Kapitel 3 haben wir aufgezeigt, dass sich auch klassische Instrumente wie der Fragebogen durch die Nutzung der modernen Kommunikationstechnologie in neuen Anwendungsformen einsetzen lassen. Wir beschränken uns hier auf die Vorstellung einiger Evaluationsmethoden, welche weniger bekannt, aus unserer Sicht aber besonders geeignet sind, die Lernende Schule auch über einen längeren Zeitraum hinweg als lebendige Schule wachsen zu lassen, weil sie den Scheinwerfer auf Aspekte richten, die wegen der Schwierigkeit, sie zu messen, gerne »vergessen« werden.

Metaphern als Evaluationsinstrument

Gerade als Einstieg in Entwicklungsprozesse hat sich diese Methode der Selbstevaluation bewährt, die wir auf einem Schulentwicklungsseminar von Elmar Osswald kennen gelernt haben. Sie macht nämlich durch den *analogen* Zugang in sehr kurzer Zeit vieles sichtbar, was vielleicht durch traditionelle *(digitale)* Methoden gar nicht oder nur verklausuliert ausgesprochen werden würde. Das Sichtbarmachen von bislang Unsichtbarem ist aber stets mit Ängsten verbunden, deshalb gilt unser besonderer Dank jenen Schulteams, die uns ihre Bilder zur Veröffentlichung zur Verfügung gestellt haben!

Sich ein Bild von der eigenen Schule machen

1. Schritt: Gruppenbildung

Ideal ist es, wenn zumindest drei Personen aus derselben Schule anwesend sind, die dann gemeinsam eine Gruppe bilden. Findet die Metaphernmethode bei einer Veranstaltung Verwendung, bei der das ganze Kollegium einer Schule anwesend ist, dann werden ebenfalls Dreiergruppen gebildet. Sind aus einer Schule weniger als drei Personen vorhanden (etwa bei externen Fortbildungsmaßnahmen, Schulleitertrainings etc.), dann kann der Auftrag auch zu zweit oder in Einzelarbeit ausgeführt werden. In diesem Fall sind die Aufträge für die Dreiergruppen sinngemäß zu adaptieren.

2. Schritt: Kreative Phase

Die zu erfüllende Aufgabe besteht nun für jede Gruppe darin, gemeinsam ein Bild (ein Symbol, eine Metapher) von der Schule in ihrem *Ist-Zustand* zu zeichnen/zu malen, allerdings *ohne miteinander zu sprechen*. Dafür erhält jede Gruppe Plakatpapier und (möglichst dicke) Filzstifte, Malfarben, Wachskreiden etc. Es kann sich bei der Darstellung um ein Gebäude handeln, aber auch um eine Person, ein Fabelwesen, ein Tier, ein Ding, eine abstrakte Struktur, etwas Pflanzliches, Kombinationen von all dem etc.; wichtig ist die Einhaltung des Sprechverbotes, sonst findet die Diskussion über die darzustellende Situation schon während der kreativen Phase statt!
Die Gruppen haben dafür eine halbe Stunde Zeit.

3. Schritt: Präsentation

Alle Gruppen hängen ihre Plakate auf und betrachten die Werke der anderen; dann werden der Reihe nach zu jedem Bild Rückmeldungen gegeben, aber nicht wertend, sondern etwa nach dem Muster »Ich empfinde ..., wenn ich euer Bild anschaue.« Oder auch: »Ich verstehe nicht, welcher Zusammenhang auf eurem Bild zwischen dem ... und dem ... besteht.« Wenn alle, die etwas rückmelden wollten, dies getan haben, hat die Gruppe, die das Bild gemalt hat, Gelegenheit, ihr Bild im Plenum zu interpretieren und zu erklären, falls ihr dies ein Bedürfnis ist. Abbildung 58 gibt ein Beispiel für eine solche Metapher.

Abbildung 58:
Metapher als Ist-Zustandsanalyse
einer Schule, gestaltet von einem
Schulteam des BRG 16 Schumeier-
platz in Wien

4. Schritt: Reflexion

In einem Reflexionsgespräch in den Dreiergruppen (etwa 30 Minuten) werden drei Fragen beantwortet:

- Wie ist es uns bei der non-verbalen Kommunikation beim Zeichnen ergangen, wie haben wir diese Phase erlebt?
- Was haben wir aus den Rückmeldungen gelernt?
- Was ist für uns selbst das Entscheidende an unserer Ist-Zustandsdarstellung der Schule? Welche Besonderheiten, Stärken, Schwächen, Zusammenhänge, Widersprüche etc. haben wir bildlich ausgedrückt?

Wenn es sich um Teams aus verschiedenen Schulen handelt, dann besteht die nächste Aufgabenstellung darin, im Schulteam die Konsequenzen dieser Erkenntnisse für die Weiterarbeit an der eigenen Schule zu überlegen. (Vielleicht lässt sich ja das Plakat in der Schule an einem geeigneten Ort aufhängen und so ein Diskussionsprozess in Gang bringen?)

Hat das Metaphernzeichnen im Rahmen einer Kollegiumsveranstaltung stattgefunden, sollte ebenfalls eine Reflexionsphase in den Dreiergruppen zur Behandlung derselben drei Fragen stattfinden; anschließend muss aber ein Weg gefunden werden, die Ergebnisse dieser Reflexionen ins Plenum zurückzuspielen, was am besten dadurch geschieht, dass die wichtigsten Gruppenergebnisse in Stichworten auf Moderationskärtchen geschrieben und dann im Plenum auf einer Pinwand geclustert (das heißt sinnvoll gegliedert aufgehängt) werden.

Ein weiterer Schritt kann die Anfertigung eines zweiten Bildes sein, diesmal unter dem Motto »*Eine Vision von unserer Schule*«, womit ein Bogen zur Visionsarbeit (siehe Kapitel 6) gespannt wird. Abbildung 59 gibt ein Beispiel für die Vision einer Schule.

Abbildung 59:
Metapher, die die Vision von einer
Schule darstellt; sie stammt von einem
Schulteam des GRG 12 Singriener-
gasse in Wien

Die folgende, (S. 249–250) recht unkonventionelle Evaluationsmethode ist in dieser Form eine Erfindung der beiden Künstler Christian Möser, der auch Kunsterzieher an einem Gymnasium ist, und Bernhard Bernsteiner. Sie nimmt Tendenzen der aktuellen Kunstszene auf und greift auf den Körper als Ausdrucksmittel zurück. Was ausgedrückt werden soll, ist eine Stellungnahme zur eigenen Befindlichkeit in der Schule als Arbeitsplatz bzw. eine Bewertung des Schulklimas aus subjektiver Perspektive. Um dies zu erreichen, wird der eigene Körper »erweitert«, verfremdet etc. Die Methode erfordert einiges an Vorbereitung und Zeit, die Resultate rechtfertigen u.E. jedoch den Aufwand. Bedeutsam sind aber nicht nur die Produkte, die auf diese Weise entstehen, sondern auch der Prozess der Produktion. Entstehung und Ergebnisse werden deshalb auf Polaroidfotos festgehalten und so dokumentiert.

Eine praktikable Möglichkeit, die Schüler/innen aktiv in Evaluationsprozesse einzubinden, bietet die auf S. 251 beschriebene Methode einer Schüler/innen-Evaluation, die wir Ihnen ans Herz legen wollen. Sie ist mit traditioneller Dokumentenanalyse im Sinne von Durchforstung von Konferenzprotokollen, Klassenarbeiten oder Jahresberichten nur entfernt verwandt. Wir haben diese Form der Schüler/innenbefragung entwickelt, weil die Anwendung herkömmlicher Evaluationsinstrumente wie Fragebogen oder Interview bei Schüler/innen, insbesondere in der Grundschule und in der Sekundarstufe I, unserer Erfahrung nach meist sehr rasch an Grenzen stößt. Diese Methode lässt sich dagegen problemlos durchführen, sobald die Schüler/innen schreiben können; zugleich ist eine solche Evaluation Teil des Unterrichts, wobei je nach persönlicher Vorliebe der Schwerpunkt mehr auf dem Zeichnerischen oder mehr auf dem Wort als Ausdrucksmittel liegt.

Bewährt hat sich das Modell anlässlich des Übertritts von der Grundschule in die Sekundarstufe I, wo es im Deutschunterricht, aber auch in Bildnerischer Erziehung (Kunsterziehung) bzw. fächerübergreifend durchgeführt werden kann. Damit lassen sich (mindestens) zwei Fliegen auf einen Schlag fangen: Unterrichtsinhalte, die für den Alltag der Schüler/innen tatsächlich relevant sind, und authentische Rückmeldungen über die Befindlichkeit der Schüler/innen in der (neuen) Schule.

Körperbezogene Objekte als Schulklima-Evaluation

Da die Methode möglicherweise bei einem Teil des Kollegiums auf Befremden oder sogar auf offene Ablehnung stößt, empfiehlt es sich, sie mit einer traditionellen Evaluationsmethode zu verknüpfen, etwa mit einer Befragung zum Schulklima mittels Fragebogen (inzwischen sind solche Fragebögen in zahlreichen Varianten in Verwendung), sodass sich niemand zur körperbezogenen Arbeit gezwungen fühlt; eine alternative Aufgabe wäre es dann zum Beispiel, die Befragungsergebnisse zusammenzufassen und für eine Präsentation im Plenum vorzubereiten, gewissermaßen als zweites Standbein der Klimaanalyse.

Vorbereitung:
Man benötigt verschiedene Materialien, etwa Holz in unterschiedlichen Formen, Styroporplatten, verschiedene Sorten Papier und Karton, Folien, Schachteln, Plastiktüten, Malfarben, Textilien, Draht, Nägel, Werkzeuge, Schnüre, Wollfäden, Klebstoffe, eventuell Körperfarben und Knetmasse … je üppiger der Vorrat, umso besser, und genügend Räumlichkeiten, damit sich Gruppen, die dies wollen, zur Arbeit zurückziehen können.

Möglicher Ablauf:
- Zuerst Gruppenbildung (Gruppengröße drei bis vier) – Kriterien könnten sein: Vertrauen zueinander, Interesse an der Sicht der/des anderen.
- In der folgenden Arbeitsphase einigt sich die Gruppe auf die Aussage zum Schulklima, die ihr am wichtigsten ist, und auf die konkrete künstlerische Darstellungsform; ein Gruppenmitglied ist für die Dokumentation verantwortlich.
- Im nächsten Arbeitsschritt werden die Ideen umgesetzt, wofür wir zur Verdeutlichung hier ein paar Beispiele folgen lassen. (Wir haben lange überlegt, ob wir diese Methode überhaupt anhand konkreter Beispiele näher beschreiben sollen, da dies möglicherweise als belehrend, die Kreativität einschränkend, gesehen wird; schließlich haben wir uns aber doch dazu entschlossen, um die Vorgehensweise handfester und nachvollziehbarer zu machen.)

Beispiel 1: Eine Möglichkeit sind so genannte Körpererweiterungen, z.B. kann der erhobene Zeigefinger als Symbol der Lehrerautorität einfach durch ein zusammengerolltes A3-Papier in einer grellen Farbe, das am Zeigefinger befestigt wird, dargestellt werden usw.

Beispiel 2: Einigt sich die Gruppe etwa auf die Hauptaussage *Totale Isolation im Kollegium*, könnte eine lebende Skulptur aus drei Menschen, die voneinander durch Styroporplatten getrennt sind, entstehen. Soll dargestellt werden, dass die Isolation an manchen Stellen durchbrochen ist, könnten die Platten durchlöchert und Hände durchgesteckt werden usw., der Fantasie sind keine Grenzen gesetzt.

Beispiel 3: Soll das Thema *Vor- und Nachteile intensiver Vernetzung* dargestellt werden, könnte die Gruppe aus verschiedenen Materialien ein grobes Netz anfertigen; ein Gruppenmitglied »verstrickt« sich in das Netz/wird in das Netz verstrickt, ein anderes wird vom selben Netz gehalten (einen Teil des Netzes über drei etwas entfernt voneinander aufgestellte Sessel o.Ä. spannen, sodass auf der entstandenen freischwebenden Sitzfläche vorsichtig jemand Platz nehmen kann).

Beispiel 4: Lautet das Wunschthema einer Gruppe: *Die Schüler/innen sind in ihrer Welt immer schwerer von uns Lehrer/innen erreichbar*, könnte eine Person eine/n Schüler/in darstellen, der/die in einem eigenen Raum existiert (mit Tüchern, Gittern etc. abgetrennt, ausgerüstet mit Kopfhörer, *Gameboy*-Attrappe etc.), eine zweite Person als Lehrer/in, umgeben von Büchern, Zeigestab, Kreide etc., sucht Zugang zu diesem Raum, die ausgestreckten Hände greifen aber ins Leere – oder die beiden Personen stehen sich mit Masken gegenüber etc.

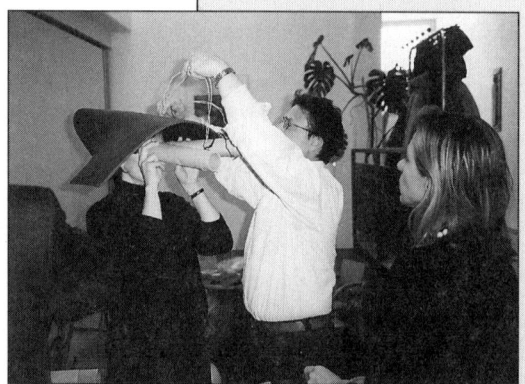

Körperbezogene Objekte als Evaluation des Schulklimas, entstanden bei einer Pädagogischen Klausur. Links: der Entstehungsprozess; rechts: das Ergebnis (Fotos: Christian Möser)

Für den Ablauf von der Gruppenbildung bis zur Fertigstellung der Objekte werden zwei Stunden benötigt.

Sind die »Objekte« fertig gestellt, erfolgt eine Präsentation im Plenum, basierend auch auf den während der Arbeit entstandenen Fotos. Die nicht transportablen Objekte werden am Ort ihres Entstehens besichtigt. Falls parallel eine Kollegiumsbefragung mittels Schulklimafragebogen durchgeführt worden ist, sollten zu diesem Zeitpunkt auch deren Ergebnisse präsentiert werden – Vergleiche zwischen »harten« und »weichen« Daten bieten sich an!

Nun muss – wie immer bei Evaluationen – geklärt werden, wie mit den Resultaten weiter umgegangen wird. Die Gefahr besteht, dass die Aufbruchsstimmung schnell verfliegt und die Aktivitäten im Sand verlaufen. Deshalb muss die Grobplanung der »Phase danach« unbedingt schon *vor* dem Start der künstlerischen Aktion erfolgen; andererseits macht es die Eigendynamik dieser kreativen Phase notwendig, sich für die Auswertung genügend Flexibilität zu bewahren: Vielleicht haben sich ja konsensual eine Hand voll sehr konkreter Arbeitsbereiche herauskristallisiert, für die sich »wie von selbst« Verantwortliche finden, vielleicht braucht es zunächst aber auch (möglichst professionelles) Konfliktmanagement, vielleicht stellt sich heraus, dass für die meisten kein großer Handlungsbedarf in Richtung Veränderung des Schulklimas besteht, vielleicht … Aber probieren Sie es am besten selbst aus!

Traumschule und Realitäts-Check
Evaluation im Unterricht

Zunächst erhalten die Schüler/innen die Aufgabe, einen Text zu dem Thema »Meine Traumschule« zu verfassen und zeichnerisch auszugestalten. Dabei sollen sie sich ruhig auch von den vielen Eindrücken inspirieren lassen, die sie in der neuen Schule gewonnen haben, diese mischen sich mit den Fantasien und ergeben ein »Traumprodukt«.

Die Schüler/innen sollten auf der Rückseite des Blattes ein Geheimzeichen machen, damit sie ihr Werk am Ende des Jahres auch leicht wieder identifizieren können. Die Blätter werden abgesammelt und analysiert (welche Kategorien von Wünschen tauchen wie häufig auf, etwa Wünsche nach mehr Konsum, nach mehr *high tech*, aber auch nach mehr menschlicher Nähe etc.), jedoch weder korrigiert noch beurteilt.

Die erste Projektphase sollte terminlich so angesetzt werden, dass die Schüler/innen nicht mehr als zwei Wochen in der neuen Schule verbracht haben – sonst werden die Träume, die sie zu Papier bringen sollen, schon allzu sehr von der Realität überdeckt.

Der zweite Teil findet dann gegen Ende des ersten an der neuen Schule verbrachten Schuljahres statt. Dazu werden die Traumblätter wieder ausgeteilt (Geheimzeichen beachten!), und nun schreiben die ehemals Träumenden einen Brief an sich selbst (oder an eine/n Freund/in), eventuell wählen sie auch die Form einer Tagebucheintragung, worin sie zu ihrem Traumpapier Stellung nehmen. Jetzt geht es um den »Realitäts-Check«: Was von den Träumen ist in Erfüllung gegangen, was nicht, welche unerwarteten Probleme sind aufgetaucht, was hat sich vielleicht auch an der eigenen Haltung geändert?

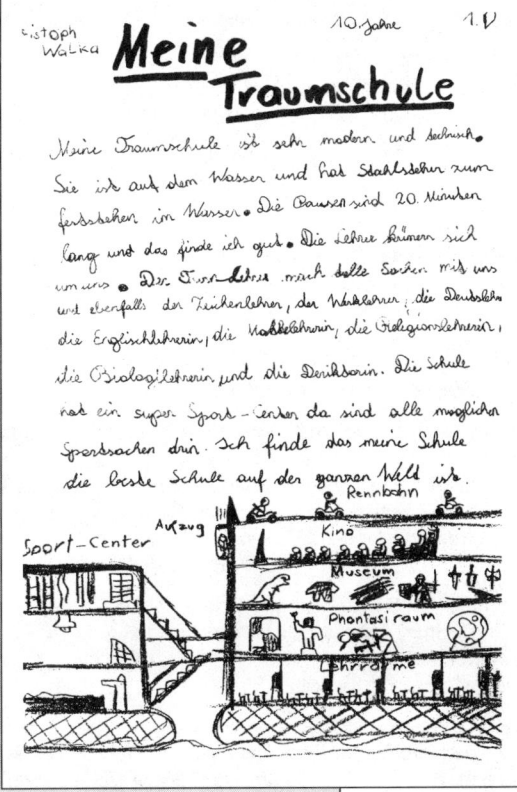

Eine Schülerin formuliert ihren Traum von der neuen Schule

Dann werden die Briefe eingesammelt, analysiert und mit den Analyseresultaten der »Traumtexte« des ersten Durchgangs verglichen. Die so gewonnenen Daten über die Einschätzung der Schule durch die Schüler/innen können nun zum Beispiel im Rahmen einer ausgedehnteren Standortevaluation mit Ergebnissen von Eltern- und/oder Lehrer/innenbefragungen in Beziehung gesetzt werden und so Impulse für weitere Entwicklungsschritte geben (vgl. dazu die ausführliche Darstellung dieser Methode und ihrer praktischen Anwendung in Steiner-Löffler 1996).

Jedenfalls sollte das ganze Projekt *im Unterricht* mit den Schüler/innen gemeinsam reflektiert und sorgfältig nachbearbeitet werden.

Statt einer abschließenden Bemerkung zum Thema Evaluation als Veränderungsimpuls, bei der Lektüre der Aufmerksamkeitspegel erfahrungsgemäß ohnehin gegen Null tendiert, wollen wir Ihnen lieber noch ein paar handfeste Ratschläge für die Praxis eines erfolgreichen Innovationsmanagements mitgeben.

Sieben todsichere Maßnahmen zur Verhinderung von Innovationen	
Variante I für pädagogische Führungskräfte	**Variante II** für pädagogische und andere Mitarbeiter/innen
Halten Sie Ihre Mitarbeiter strikt dazu an, die jeweiligen Vorschläge gegenseitig zu kritisieren, dann brauchen Sie sich nur noch mit einigen wenigen übrig bleibenden Ideen herumzuschlagen und gewinnen so Zeit für Wichtigeres, etwa für die Präsentation Ihrer eigenen Vorschläge.	Achten Sie peinlich darauf, dass neue Vorschläge nicht von anderen Mitarbeiter/innen »hinauf«-getragen werden, sondern ausschließlich von Ihnen.
Animieren Sie möglichst viele Leute dazu, bei einem neuen Projekt mitzumachen, indem Sie ihnen u.a. versprechen, dass sie davon keine zusätzliche Arbeit, aber dafür eine finanzielle Belohnung erwarten dürfen – obwohl Sie bereits wissen, dass es umgekehrt sein wird (viel mehr Zeitaufwand, dafür keine Belohnung).	Führen Sie genau Buch, wie viel Aufwand Innovationen für Sie bedeuten, ignorieren Sie aber den Nutzen oder die Befriedigung, die Sie aus der einen oder anderen Veränderung ziehen – das ist Ihre Sache!
Seien Sie mit kritischen Bemerkungen jederzeit verschwenderisch, das hilft den Kritisierten, ein klareres Bild von sich selbst zu bekommen, dagegen überlegen Sie sehr genau, ob Sie ein Lob aussprechen: Hat der/die dieses Lob auch wirklich verdient? War es nicht vielleicht bloßer Zufall?	Behandeln Sie Ihre Schüler/innen am besten stets so, wie Ihr/e Vorgesetzte/r Sie behandelt, wenn sie/er sehr schlecht gelaunt ist – das erhöht die Leistungsbereitschaft der jungen Menschen und bereitet sie optimal auf die rauhe Wirklichkeit »draußen« vor!
Kontrollieren Sie alles Kontrollierbare, zählen Sie alles Zählbare, messen Sie alles Messbare, und zwar am besten selbst, denn Sie können sich auf niemanden sonst verlassen.	Siehe Variante I!
Wenn Sie eine umwälzende Veränderung vorhaben, treffen Sie die Entscheidungen dafür so geheim wie möglich (je umwälzender, umso geheimer), sonst pfuscht Ihnen noch jemand hinein.	Wenn Sie von einer Veränderung in Ihrer Schule Kenntnis erhalten, setzen Sie sich sogleich hin und machen Sie sich eine Checkliste: Wer könnte mir damit eins auswischen wollen? In welcher Weise schädigt diese Neuerung meine Interessen? Was ist die wirkliche Absicht *hinter* der offiziell verkündeten?
Führen Sie das Prinzip »Lob des Fehlers« offiziell in die Organisation ein, lassen Sie die anderen aber trotzdem wissen, was Sie von jemandem halten, der Fehler macht und Probleme hat, nämlich herzlich wenig.	Lassen Sie die Schüler/innen einige Sinnsprüche zum Konzept *Lob des Fehlers* wie »Irren ist menschlich«, in humanistischen Gymnasien wahlweise »errare humanum est«, auf hübsche Plakate schreiben – mehr kann wirklich niemand von Ihnen verlangen.
Träumen Sie von einer verantwortungsfreudigen Basis und beauftragen Sie sie, innerhalb kürzester Zeit eine solche zu werden – sonst würden Sie ihr schon Beine machen ...	Weisen Sie die Übernahme von mehr Verantwortung prinzipiell entschieden zurück, wer weiß, was man als Nächstes von Ihnen will, vielleicht gar die Abgabe von Verantwortung an Schüler/innen ...

Ausklang

Wir sind den verschlungenen Wegen der LeSchu-Doppelspirale gefolgt, die Bewegung kehrt an ihren Ursprung zurück – Zeit für uns, um innezuhalten und zurückzuschauen, Zeit, um die Stimmen anderer zu diesem Buch zu Wort kommen zu lassen. Wir haben Schulprofis, die verschiedene Funktionen innehaben, gebeten, das Manuskript als *critical friends* durchzusehen[1]; im Folgenden einige ihrer Rückmeldungen, die wir hier zur Diskussion stellen:

Eine kritische Freundin, seit kurzem Direktorin eines Gymnasiums, greift anhand der »Lernenden Schule« die schon beinahe klassisch zu nennende Kontroverse zwischen dem ans Gesamtsystem gerichteten politischen Änderungswillen und der Hinwendung zur Einzelschule auf: »Wenn ich die Glockenblumen und überhaupt die Pflanzenwelt meines Hausgärtleins (Mikroebene) liebevoll betreue, vergesse ich dann die Gstättn[2] daneben?« Deshalb sei die »Verdörflichung der schulpolitischen Diskussion« abzulehnen. Darüber lässt sich trefflich streiten. Wir sind uns der Gefahr von Verkürzungen wohl bewusst, aber trotzdem: Besteht unsere einzige Chance nicht darin, *beide* im Auge zu behalten, das System und die Einzelschule?

Eine Grundschulleiterin teilte uns, angeregt durch die Lektüre der »Lernenden Schule«, folgende Beobachtungen mit: »Junge Lehrer/innen, die sich um neue Lernformen bemühen, müssen mitunter sogar die Schule wechseln, werden von ›Eingefleischten‹ kritisiert und lassen sich vermutlich auch von Stofffülle, fordernden Eltern etc. verleiten, traditionell zu unterrichten. Schließlich leidet unsere Schulgesellschaft – immer noch – unter dem stark hierarchischen System.« Es gebe aber auch viele ermutigende Entwicklungen, meint sie, vor allem im Bereich der Grundschule, und auf längere Sicht werde die pädagogische und damit auch die organi-

---

1 Unseren Probeleser/innen fürs Mitdenken, für ihr aufbauendes Feedback, für wertvolle Kritik und konkrete Änderungsvorschläge herzlichen Dank!
2 Gstättn: wienerisch für unbebautes, frei zugängliches, vernachlässigtes Grundstück, bei Kindern als »Abenteuer«- und Fußball-Spielplatz beliebt.

sationale Weiterentwicklung vor keiner Schulform Halt machen. Davon sind wir auch überzeugt, und darum sind wir, was die Zukunft der Schule betrifft, sehr zuversichtlich – ohne freilich die Hindernisse auf dem Weg zu unterschätzen, sei es die Macht der Hierarchie, seien es persönliche Nachteile, die innovative Lehrer/innen in ihrer beruflichen Laufbahn mitunter in Kauf nehmen müssen.

Eine dritte Reaktion auf die Lektüre der »Lernenden Schule« wollen wir noch aufgreifen: Eine engagierte Grundschullehrerin, die wir um ihr Feedback gebeten haben, meint, das Buch habe in ihr das dringende Bedürfnis ausgelöst, nicht mit der Lektüre »allein zu bleiben«, sondern gemeinsam mit anderen an der Lernenden Schule weiterzuarbeiten. Unnötig zu erwähnen, dass uns dies besonders gefreut hat …

Und Ihre persönliche Meinung? Bewährt sich die Lernende Schule in Ihrer Praxis? Was ist für Sie das ♥ der Schulentwicklung? Wir freuen uns über Zustimmung, Kritik und Anregungen, schließlich lebt die Lernende Schule und die neue Kultur, die sie hervorbringt, davon, dass sie weiterentwickelt wird – und dass der Funke überspringt.

Literaturverzeichnis

Altrichter, H.: Kritische Punkte in Schulentwicklungsprozessen. Einige Mutmaßungen beim Vergleich der Schulportraits. In: Altrichter, H./Radnitzky, E./Specht, W.: Innenansichten guter Schulen. Studienverlag, Innsbruck 1994, S. 334–367.

Altrichter, H./Salzgeber, G.: Pädagogische Tage als Einstieg in Schulentwicklungsprozesse. In: Altrichter, H./Posch, P. (Hrsg.): Mikropolitik der Schulentwicklung. Studienverlag, Innsbruck 1996, S. 68–95.

Altrichter, H./Posch, P.: Lehrer erforschen ihren Unterricht. Klinkhardt, Bad Heilbrunn 1990.

Altrichter, H./Posch, P. (Hrsg.): Mikropolitik der Schulentwicklung. Studienverlag, Innsbruck 1996.

Alvik, T.: Self-evaluation: What, Why, How, By Whom, For Whom? CIDREE, Dundee 1996.

Alvik, T.: »Chaos« as a metaphor in evaluative deliberations. Paper presented at the NFPF Congress (unveröffentlichtes Manuskript). Lillehammer 1996.

Awecker, P.: »Beinahe vor Lachen geschüttelt« (Gruppenschularbeit). In: Mayr, E./Schratz, M./Wieser, I. (Hrsg.): Fachdidaktik im Dialog. Selbstgesteuertes Lernen in der Praxis schulischer Unterrichtsfächer und universitärer Lehrerbildung. Schneider, Baltmannsweiler 1988, S. 51–57.

Ball, S.J.: The Micro-Politics of the School. Methuen, London 1987.

Bateson, G.: Die Ökologie des Geistes. Anthropologische, psychologische, biologische und epistemologische Perspektiven. Suhrkamp, Frankfurt a.M. 1985.

Beck, J.: Der Bildungswahn. Rowohlt, Reinbek 1994.

Bertl, S.: Lehrpersonen als forschende Praktiker (unveröffentlichte Dissertation). Universität Innsbruck 1997.

Bildungskommission NRW: Zukunft der Bildung – Schule der Zukunft. Luchterhand, Neuwied 1995.

Bleicher, K.: Vor dem Ende der Mißtrauensorganisation? In: Office Management (1982) 4, S. 400ff.

Blüml, K.: Vom Leitbild zum Schulprogramm. Entwicklungsprozesse in kleinen Schritten. In: Journal für Schulentwicklung 1 (1997) 2, S. 35–49.

Bourdieu, P.: Homo academicus. Suhrkamp, Frankfurt a.M. 1992.

Burgoyne, J./Pedler, M./Boydell, T.: Towards the Learning Company. McGraw-Hill, London 1994.

Calvino, I.: Invisible Cities. Harcourt Brace & Company, San Diego 1974.

Cazden, C.B.: Classroom Discourse. The Language of Teaching and Learning. Heinemann, Portsmouth, NH 1988.

Collins, J./Porras, J.I.: Visionary Companies. Visionen im Management. Artemis & Winkler, München 1995.

Daschner, P./Rolff, H.-G./Stryck, T. (Hrsg.): Schulautonomie – Chancen und Grenzen. Impulse für Schulentwicklung. Juventa, München 1995.

De Bono, E.: PO: Beyond Yes & No. Penguin, Harmondsworth 1972.

Deissler, K.G.: Sich selbst erfinden? Von systemischen Interventionen zu selbstreflexiven therapeutischen Gesprächen. Waxmann, Münster 1997.

Dewey, J.: Demokratie und Erziehung. Westermann, Braunschweig 1964.

Dilts, R.: Die Veränderung von Glaubenssystemen. Junfermann, Paderborn 1993.

Doppler, K./Lauterburg, C.: Change Management. Den Unternehmenswandel gestalten. Campus, Frankfurt a.M. 1994.

Douglas, M.: Wie Institutionen denken. Suhrkamp, Frankfurt a.M. 1991.

Drees, A.: Freie Fantasien. Vandenhoeck & Ruprecht, Göttingen 1995.

Duncker, L.: Erfahrung und Methode. Studien zur dialektischen Begründung einer Pädagogik der Schule. Armin Vaas Verlag, Langenau-Ulm 1987.

Ekholm, M./Meyer, H./Meyer-Dohm, P./Schratz, M./Strittmatter, A.: Wirksamkeit und Zukunft der Lehrerfortbildung in Nordrhein-Westfalen. Abschlußbericht der Evaluationskommission. Concept-Verlag, Düsseldorf 1996.

Elliott, J.: Action Research for Educational Change. Open University Press, Milton Keynes 1991.

Ender, B./Schratz, M./Steiner-Löffler, U. u.a. (Hrsg.): Beratung macht Schule. Schulentwicklung auf neuen Wegen. Studienverlag, Innsbruck 1996.

Fatzer, G. (Hrsg.): Organisationsentwicklung für die Zukunft. Edition Humanistische Psychologie, Köln 1993.

Fend, H.: Gute Schulen – schlechte Schulen. Die einzelne Schule als pädagogische Handlungseinheit. In: Die Deutsche Schule 82 (1986) 3, S. 275–293.

Fenkart, G./Krainz-Dürr, M.: »… alles, was der Fall ist.« Professionalisierung von LehrerInnen durch Fallarbeit. In: Schratz, M./Thonhauser, J. (Hrsg.): Arbeit mit pädagogischen Fallgeschichten. Anregungen und Beispiele für Aus- und Fortbildung. Studienverlag, Innsbruck 1996, S. 173–201.

Fischer, W./Schratz M.: Schule leiten und gestalten. Mit einer neuen Führungskultur in die Zukunft. Studienverlag, Innsbruck 1993.

Fittkau, B./Müller-Wolf, H.-M./Schulz von Thun, F.: Kommunikations- und Verhaltenstraining für Erziehung, Unterricht und Ausbildung. Verlag Dokumentation (UTB), München 1977.

Foerster, H.v.: Das Konstruieren einer Wirklichkeit. In: Watzlawick, P. (Hrsg.): Die erfundene Wirklichkeit. Piper, München 1981, S. 39–60.

Foerster, H.v.: Sicht und Einsicht. Vieweg, Braunschweig 1985.

Freire, P.: Pädagogik der Unterdrückten. Rowohlt, Reinbek 1973.

French, W.L./Bell, C.H. jr.: Organisationsentwicklung. Haupt, Stuttgart 1990.

French, W.L./Bell, C.H.: Organisationsentwicklung. Sozialwissenschaftliche Strategien zur Organisationsveränderung. Haupt, Bern ³1990.

Fried, E.: Gedichte. Reclam, Stuttgart 1994.

Fullan, M.: Change Forces. Probing the Depths of Educational Reform. Falmer, London 1993.

Gaarder, J.: Sofies Welt. Hanser, München 1993.

Gerken, G./Luedecke, G.A.: Die unsichtbare Kraft des Managers. Die Bedeutung des Inner-Managements für den äußeren Erfolg. Econ, Düsseldorf 1990.

Glasl, F. (Hrsg.): Verwaltungsreform durch Organisationsentwicklung. Haupt, Bern 1983.

Glasl, F.: Konfliktmanagement. Ein Handbuch für Führungskräfte. Haupt/Verlag Freies Geistesleben, Bern 1992.

Glasl, F./v. Sassen, H.: Reformstrategien und Organisationsentwicklung. In: Glasl, F. (Hrsg.): Verwaltungsreform durch Organisationsentwicklung. Haupt, Bern 1983, S. 17–46.

Glasl, F./Jäckel, H.: Organisationsentwicklung im Bildungsbereich. Literaturanalyse. BMUK und Zentrum für Schulversuche und Schulentwicklung, Abt. I, Graz 1994.

Goleman, D.: Emotionale Intelligenz. Hanser, München 1996.

Gomez, P./Probst, G.: Die Praxis des ganzheitlichen Problemlösens. Haupt, Bern 1995.

Granheim, M./Kogan, M./Lundgren, U. (Hrsg.): Evaluation as policy making. Jessica Kingsley, London 1990.

Grinder, J./Bandler, R.: Kommunikation und Veränderung. Junfermann, Paderborn 1989.

Gronemeyer, M.: Lernen mit beschränkter Haftung. Über das Scheitern der Schule. Rowohlt, Reinbek 1996.

Gruber, K.H.: Die Neuverteilung der pädagogischen Macht in Europa. In: Achs, O./Gruber, K.H./Kral, P./Tesar, E. (Hrsg.): Schulqualität. Fassetten und Felder einer Entwicklung. Vorträge und Diskussionen anlässlich des 1. Europäischen Bildungsgespräches 94. Österreichischer Bundesverlag, Wien 1995, S. 24–35.

Gruntz-Stoll, J.: Probleme mit Problemen. Borgmann, Dortmund 1994.

Habermas, J.: Theorie des kommunikativen Handelns (Band 2: Zur Kritik der funktionalistischen Vernunft). Suhrkamp, Frankfurt a.M. 1981.

Handke, P.: Kindergeschichte. Suhrkamp, Frankfurt a.M. 1981.

Harrison, M.I.: Diagnosing Organizations. Methods, Models, and Processes. Sage, Thousand Oaks ²1994.

Harrison, R.: Rollenverhandeln: Ein harter Ansatz zur Team-Entwicklung. In: Sievers, B. (Hrsg.): Organisationsentwicklung als Problem. Klett-Cotta, Stuttgart 1977, S. 116–133.

Heidegger, M.: Sein und Zeit. Niemeyer, Tübingen 1972.

v. Hentig, H.: Die Menschen stärken, die Sachen klären. Reclam, Stuttgart 1985.

v. Hentig, H.: Die Schule neu denken. Eine Übung in praktischer Vernunft. Hanser, München 1993.

v. Hentig, H.: Die Schule und die Lehrerbildung neu denken. In: Hänsel, D./Huber, L. (Hrsg.): Lehrerbildung neu denken und gestalten. Beltz, Weinheim und Basel 1996, S. 17–38.

Hilmer, F.G./Donaldson, L.: Jenseits der Management-Mythen. Verlag Moderne Industrie, Landsberg/Lech 1997.

Hinterhuber, H.H.: Strategische Unternehmensführung (Band 1: Strategisches Denken). Walter de Gruyter, Berlin 1996.

House, E.R.: Putting Things Together Coherently: Logic and Justice. In: New Directions for Evalution 68 (1995) Winter, S. 33–48.

Huberman, M.: The professional life cycle of teachers. In: Teachers College Record 91 (1989), S. 31–57. Deutsch in Terhart, E. (Hrsg.): Unterrichten als Beruf. Neuere amerikanische und englische Arbeiten zur Berufskultur und Berufsbiographie von Lehrern und Lehrerinnen. Böhlau/DIFF, Frankfurt a.M. 1991.

Jürgens, H./Peitgen, H.-O./Saupe, D.: Fraktale – eine neue Sprache für komplexe Strukturen. In: Jürgens, H./Peitgen, H.-O./Saupe, D. (Hrsg.): Chaos und Fraktale. Spectrum, Heidelberg 1989, S. 106–118.

Jung, C.G.: Über die Grundlagen der Analytischen Psychologie. Rascher, Zürich 1969.

Jungwirth, H./Plössnig, F./Schratz, M./Winkler, S.: Schulen machen Schule. Studienverlag, Innsbruck 1991

Kahl, R.: Lob der Unübersichtlichkeit. Schülerorte – Lehrerräume. In: Pädagogik (1992) 4, S. 30–33.

Kalthoff, H.: Die Erzeugung von Wissen. Zur Fabrikation von Antworten im Schulunterricht. In: Zeitschrift für Pädagogik 41 (1995) 6, S. 925–939.

Keppelmüller, J.: Schulentwicklungsberatung an der eigenen Schule. Ein Rollenkonflikt. In: Ender, B./Schratz, M./Steiner-Löffler, U. u.a. (Hrsg.): Beratung macht Schule. Schulentwicklung auf neuen Wegen. Studienverlag, Innsbruck 1996, S. 170–181.

Kieser, A.: Implementierungsmanagement im Zeichen von Moden und Mythen des Organisierens. In: Nippa, M./Scharfenberg, H. (Hrsg.): Implementierungsmanagement. Gabler, Wiesbaden 1997, S. 81–102.

Klafki, W.: Aspekte kritisch-konstruktiver Erziehungswissenschaft. Beltz, Weinheim 1976.

Kleinschmidt, G.: Rezension von Daschner, P./Rolff, H.-G./Stryck, T. (Hrsg.): Schulautonomie – Chancen und Grenzen. Impulse für Schulentwicklung. In: Kultus und Unterricht 44 (1995) 16, S. 66.

Kline, P./Saunders, B.: 10 Schritte zur Lernenden Organisation. Junfermann, Paderborn 1996.

Königswieser, R./Pelikan, J.: Anders – gleich – beides zugleich. In: Gruppendynamik 21 (1990) 1, S. 69–94.

Krainz-Dürr, M./Krall, H./Schratz, M./Steiner-Löffler, U. (Hrsg.): Was Schulen bewegt. Sieben Blicke ins Innere der Schulentwicklung. Beltz, Weinheim und Basel 1997.

Krebsbach-Gnath, C.: Wandel und Widerstand. In: Krebsbach-Gnath, C.: Den Wandel in Unternehmen steuern. Faktoren für ein erfolgreiches Change-Management. FAZ-Verlag, Frankfurt a.M. 1992, S. 37–55.

Krell, G.: »Vertrauensorganisation« als Antwort auf Wertewandel und Technologieschub. In: Organisationsentwicklung (1988) 2.

Krieger, D.J: Einführung in die allgemeine Systemtheorie. Fink, München 1996.

Krüger, W./Ebeling, F.: Psychologik: Topmanager müssen lernen, politisch zu handeln. In: HARVARDmanager (1991) 2, S. 47–56.

Kühl, S.: Wenn die Affen den Zoo regieren. Die Tücken der flachen Hierarchien. Campus, Frankfurt a.M. 1994.

Küng, J.: BORG Egg – das Leitbild – das Logo. In: Pädagogisches Institut Vorarlberg (Hrsg.): Schulqualität durch Schulentwicklung. Thurnher, Rankweil 1995, S. 52–54.

Kunze, R.: Selbstgespräch für andere. Gedichte und Prosa. Reclam, Stuttgart 1989.

Langmaak, B./Braune-Krickau, M.: Wie die Gruppe laufen lernt. Anregungen zum Planen und Leiten von Gruppen. Beltz, Weinheim 1985.

Laske, S.: Fragmente einer sozial-ökologischen Personalpolitik oder: Grundzüge von Vertrauensorganisationen (unveröffentlichtes Manuskript). Innsbruck 1991.

LCH (Hrsg.): Lehrerin/Lehrer sein. LCH-Berufsleitbild. Dachverband der Schweizer Lehrerinnen und Lehrer. Eigenverlag, Sempach 1993.

Lenglachner, M./Schmitz, C.: Seminarunterlagen zum Konfliktmanagement. Wien 1994.

Lenglachner, M./Schmitz, C./Weyrer, M.: Vom Streit zum Dialog, Konflikte als Potenzial der Unternehmensentwicklung. In: Hernsteiner 7 (1994) 3.

Lenzen, D.: Handlung und Reflexion: Vom pädagogischen Theoriedefizit zur Reflexiven Erziehungswissenschaft. Beltz, Weinheim und Basel 1996.

Lewin, K.: Field theory in social science. Harper, New York 1951.

Lindgren, A.: Pippi Langstrumpf. Oetinger, Hamburg 1986.

Lotmar, P./Tondeur, E.: Führen in sozialen Organisationen. Haupt, Bern 1993.

Luhmann, N.: Soziale Systeme. Grundriß einer allgemeinen Theorie. Suhrkamp, Frankfurt a.M. 1984.

Luhmann, N.: Takt und Zensur im Erziehungssystem. In: Luhmann, N./Schorr, K.E. (Hrsg.): Zwischen System und Umwelt. Fragen an die Pädagogik. Suhrkamp, Frankfurt a.M. 1996, S. 279–294.

Maturana, H.: Erkennen: Die Organisation und Verkörperung der Wirklichkeit. Vieweg, Braunschweig 1982.

Maturana, H./Varela, F.J.: Der Baum der Erkenntnis. Scherz, Bern 1987.

Meyer, H.: Die Lernende Schule. Beilage zur Zeitschrift *Lernende Schule*. Friedrich, Velber 1998, Heft 1.

Meyer, H./Ulrich, G.: Was ist eine Lernende Schule? Oldenburg, Universität 1996.

Meyer, H.: Unterrichtsmethoden (2 Bde.). Scriptor, Frankfurt a.M. 1987.

Milburn, T./Watman, K.: On the Nature of Threat. A Social Psychological Analysis. Xerxes Books, Glen Head, NY 1975.

Miller, R.: Schilf-Wanderung. Wegweiser für die praktische Arbeit in der schulinternen Lehrerfortbildung. Beltz, Weinheim und Basel [3]1992.

Mitter, W.: Ansätze eurozentrischer Reformen im Sekundarschulwesen. In: Schleicher, K. (Hrsg.): Zukunft der Bildung in Europa. Wiss. Buchgesellschaft, Darmstadt 1993.

Mollenhauer, K.: Ist der überlieferte Bildungsbegriff zukunftsfähig? In: Dokumentation des Otto Glöckel-Symposions. Jugend und Volk, Wien 1992.

Morgan, G.: Bilder der Organisation. Klett-Cotta, Stuttgart 1997.

Morocutti, I.: Mündliches Arbeiten im Englischunterricht. Oder: Zwischen Lustprinzip und feministischem Anspruch. In: Altrichter, H./Wilhelmer, H./Sorger, H./Morocutti, I. (Hrsg.): Schule gestalten: Lehrer als Forscher. Hermagoras, Klagenfurt 1989, S. 72–81.

Murgatroyd, S./Morgan, C.: Total Quality Management and the School. Open University Press, Buckingham 1993.

Müller, S.: Schulentwicklung und Schülerpartizipation. Luchterhand, Neuwied 1996.

Naisbitt, J.: Megatrends. Futura, London 1984.

Negt, O.: Was trägt die Alternativ-Pädagogik zur Lösung der gegenwärtigen Schulkrise bei? In: Vergleichende Erziehungswissenschaft – Informationen, Jahrestagung 1981 (Vortragsmanuskript). Münster 1981.

Neill, A.S.: Theorie und Praxis der antiautoritären Erziehung. Das Beispiel Summerhill. Rowohlt, Reinbek 1969.

Neuberger, O.: Personalentwicklung. Enke, Stuttgart 1991.

Nisbet, J.: Rapporteur's Report. In: The Scottish Council for Research in Education (Hrsg.): The Evaluation of Educational Programmes: Methods, Uses and Benefits. Swets & Zeitlinger, Amsterdam 1990, S. 19.

Nohl, H.: Die pädagogische Bewegung in Deutschland und ihre Theorie. Verlag G. Schulte-Bulmke, Frankfurt a.M. [3]1949.

Osswald, E.: Wie gehen wir um mit Lehrerinnen und Lehrern, die sich gemeinsamen Veränderungsprozessen verweigern? Unveröffentlichtes Manuskript, Basel 1994.

Pechtl, W.: Zwischen Organismus und Organisation. Wegweiser und Modelle für Berater und Führungskräfte. Veritas, Linz 1991.

Pennington, G.: Kreatives Konfliktmanagement. In: NLP aktuell (1995) 1, S. 58–65.

Philipp, E.: Gute Schule verwirklichen. Ein Arbeitsbuch mit Methoden, Übungen und Beispielen der Organisationsentwicklung. Beltz, Weinheim und Basel [4]1996.

Pieper, A./Schley, W.: Systembezogene Beratung in der Schule. Materialien aus der Beratungsstelle für soziales Lernen. Eigenverlag Fachbereich Psychologie der Universität Hamburg, Hamburg 1993.

Plank, D.N./Boyd, W.L: Antipolitics, Education and Institutional Choice: The Flight from Democracy. In: American Educational Research Journal 31 (1994) 2, S. 263–281.

Probst, G.J.B.: Selbst-Organisation. Ordnungsprozesse in sozialen Systemen aus ganzheitlicher Sicht. Paul Parey, Berlin 1987.

Rauch, F.: Rollenverhandeln. In: Altrichter, H./Posch, P. (Hrsg.): Mikropolitik der Schulentwicklung. Studienverlag, Innsbruck 1996, S. 55–58.

Rehnmann, K./Härnwall, E.: The Process of Change. Attitudes to change within an organisation. TryggHansa SPP, Vortragsmanuskript 1991.

Riemann, F.: Die Grundformen der Angst. Reinhardt, München 1977.

Rolff, H.-G.: Wandel durch Selbstorganisation. Theoretische Grundlagen und praktische Hinweise für eine bessere Schule. Juventa, München 1993.

Rudas, S.: Die Schule als psychosoziales Spannungs- und Erfahrungsfeld. In: AKULIOÖ-UG-Zeitung (1996) 76, S. 89.

Rumpf, H.: Belebungsversuche. Ausgrabungen gegen die Verödung der Lernkultur. Juventa, München 1987.

Russel, B.: Principia Mathematica (3 Bände). Cambridge University Press, London 1910f.

Rutter, M./Maughan, B./Mortimer, P./Ouston, J.: Fünfzehntausend Stunden – Schulen und ihre Wirkung auf die Kinder. Beltz, Weinheim und Basel 1980.

Schärli, O.: Werkstatt des Lebens. Durch die Sinne zum Sinn. AT-Verlag, Aarau 1991.

Scheich, G.: Positives Denken macht krank. Vom Schwindel mit gefährlichen Erfolgsversprechen. Eichborn, Frankfurt a.M. 1997.

Schleicher, K. (Hrsg.): Zukunft der Bildung in Europa. Wiss. Buchgesellschaft, Darmstadt 1993.

Schley, W.: Organisationsentwicklung in der Schule. Seminar für BeraterInnen für standortbezogene und autonome Schulentwicklung (Manuskript). Pöllauberg 1994.

Schley, W.: Braucht die Organisationsentwicklung an Schulen selbst einen Organisationsentwicklungsprozeß? In: Ender u.a. 1996, S. 46–62.

Schratz, M.: Bildung für ein unbekanntes Morgen: Auf der Suche nach einer neuen Lernkultur. Profil Verlag, München 1991.

Schratz, M.: Durch Evaluation den Stand schulinterner Entwicklungsprozesse widerspiegeln: Qualitätssicherung und Rechenschaftslegung im Spannungsfeld zwischen Kontrolle und Entwicklung. In: Buchen, H./Horster, L./Rolff, H.-G. (Hrsg.): Handbuch Schulleitung und Schulentwicklung. Raabe, Berlin 1994a, S. 4.1: 1–24.

Schratz, M.: Das retardierende Moment. Wie die Leistungsbeurteilung den pädagogischen Fortschritt hemmt. In: Informationen zur Deutschdidaktik 18 (1994b) 2, S. 17–34.

Schratz, M.: Gemeinsam Schule lebendig gestalten. Anregungen zu Schulentwicklung und didaktischer Erneuerung. Beltz, Weinheim und Basel 1996a.

Schratz, M.: Die Rolle der Schulaufsicht in der autonomen Schulentwicklung. Studienverlag, Innsbruck 1996b.

Schratz, M.: Initiating change through self-evaluation. Methodological implications for school development. CIDREE, Dundee 1997.

Schratz, M./Mehan, H.: Gulliver Travels into a Math Class. In Search of Alternative Discourse in Teaching and Learning. In: International Journal of Educational Research 19 (1993) 3, S. 247–264.

Schratz, M./Steiner-Löffler, U.: Im Dschungel der Gefühle: Fotografie als Medium der (Selbst-)Reflexion. In: Schratz, M.: Gemeinsam Schule lebendig gestalten. Beltz, Weinheim und Basel 1996a, S. 68–82.

Schulgemeinschaftsausschuß Rahlgasse: Disziplinarkomitee (unveröffentlichtes Manuskript). Wien 1995.

Schumacher, B.: Die Balance der Unterscheidung. Carl Auer, Heidelberg 1995.

Senge, P.: The Fifth Discipline: The Art and Practice of The Learning Organization. Doubleday/Currency, New York 1990. (Deutsche Übersetzung: Die Fünfte Disziplin. Klett-Cotta, Stuttgart 1996.)

Senge, P.: Die fünfte Disziplin – die lernfähige Organisation. In: Fatzer, G. (Hrsg.): Organisationsentwicklung für die Zukunft. Edition Humanistische Psychologie, Köln 1993, 145–178.

Senge, P. u.a.: The Fifth Discipline Fieldbook. Currency Doubleday, New York 1994. (Deutsche Übersetzung: Das Fieldbook zur Fünften Disziplin. Klett-Cotta, Stuttgart 1996.)

Simon, F.B.: Meine Psychose, mein Fahrrad und ich. Zur Selbstorganisation von Verrücktheit. Carl Auer, Heidelberg 1993.

Simon, F.B.: Die Kunst, nicht zu lernen. Und andere Paradoxien in Psychotherapie, Management, Politik … Carl Auer, Heidelberg 1997.

Specht, W.: Die vier Fallstudien im Kontext der Debatte um die Qualität von Schulen. In: Altrichter, H./Radnitzky, E./Specht, W.: Innenansichten guter Schulen. Studienverlag, Innsbruck 1994, S. 43–109.

Sprenger, R.K.: Mythos Motivation. Wege aus einer Sackgasse. Campus, Frankfurt a.M. 1991.

Sprenger, R.K.: Das Prinzip der Selbstverantwortung. Wege zur Motivation. Campus, Frankfurt a.M. 1995.

Steiner-Löffler, U.: Wie Schulen lernen. Zur Theorie und Praxis der Lernenden Schule (unveröffentlichte Dissertation). Innsbruck 1996a.

Steiner-Löffler, U.: Jeder Schule ihren Pädagogischen Tag?! Gedanken über pädagogische und unpädagogische Tage aus dem Blickwinkel einer Beraterin für Schulentwicklung. In: Ender, B./Schratz, M./Steiner-Löffler, U.

u.a. (Hrsg.): Beratung macht Schule. Schulentwicklung auf neuen Wegen. Studienverlag, Innsbruck 1996 b, S. 89–103.

Thomann, C./Schulz von Thun, F.: Klärungshilfe. Handbuch für Therapeuten, Gesprächshelfer und Moderatoren in schwierigen Gesprächen. Rowohlt, Reinbek 1988.

Ullmann, R.: Organisationsentwicklung für den besonderen Organisations-typ »Schule« – Erfahrungen und Überlegungen eines Organisations-beraters. In: Arnet, M./Dobart, A./Schmitz, G./Thomas, D. (Hrsg.): Was können Schulen für die Schulentwicklung leisten? Bericht über ein OECD/CERI-Seminar in Einsiedeln 1993. Österreichischer Bundesver-lag, Wien 1994, S. 117–137.

Ulrich, H./Probst, G.J.B.: Anleitung zum ganzheitlichen Denken und Handeln. Haupt, Bern 1991.

Vögeli-Mantovani, U./Grossenbacher, S.: Der Einstieg in Projekte der Schul-entwicklung – Literaturanalyse im Hinblick auf das OECD/CERI-Regio-nalseminar 1993 in Einsiedeln. In: Was können Schulen für die Schulent-wicklung leisten? Bericht über ein OECD/CERI-Seminar in Einsiedeln. Österreichischer Bundesverlag, Wien 1994, S. 293–337.

Vopel, K.W./Kirsten, R.E.: Kommunikation und Kooperation. Ein gruppendy-namisches Trainingsprogramm. Pfeiffer, München 1977.

Weiler, H.: Decentralisation in educational governance: an exercise in contra-diction. In: Granheim, M./Kogan, M./Lundgren, U. (Hrsg.): Evaluation as policy making. Jessica Kingsley, London 1990, S. 42–65.

Willke, H.: Systemtheorie. Fischer Verlag, Stuttgart 1993.

Schulentwicklung

Marlies Krainz-Dürr
Hannes Krall / Michael Schratz
Ulrike Steiner-Löffler (Hrsg.)

Was Schulen bewegt

**Sieben Blicke ins
Innere der Schulentwicklung**
Mit einem Vorwort von
Hans-Günter Rolff

BELTZ Pädagogik

Marlies Krainz-Dürr / Hannes Krall /
Michael Schratz / Ulrike Steiner-Löffler
(Hrsg.)

Was Schulen bewegt

Sieben Blicke ins Innere der Schulent-
wicklung. Mit einem Vorwort von Hans-
Günter Rolff (Beltz Pädagogik – Neue
Lehrerbildung und Schulentwicklung)
1997. 175 Seiten. Broschiert.
ISBN 3-407-25191-2

Strukturveränderungen, Finanzknapp-
heit und zunehmende Konkurrenz bestimmen zusehends die Tagesordnungen
der Schulkonferenz. Schulen sollen
autonomer werden, Profil zeigen und
Programme entwickeln. Was bewegt
Schulen, wenn sich die Rahmenbedingungen ändern?
Dieser Band setzt sich mit dem Innen-
leben von »ganz gewöhnlichen« Schulen
auseinander, um zu zeigen, dass sie
etwas ganz Besonderes sind. Die
Autor/innen verstehen es, in ihrer
»Seismographie« von Schulentwicklung
den Fokus auf das zu richten, was Schulen bewegt, wenn sie sich auf den Weg
der Entwicklung machen.

Bewegung eins: Warum sollten wir alle
das Gleiche tun? Eine Schule nimmt
Abschied vom Mythos der Gleichheit.
Bewegung zwei: Eine Schule etabliert
sich. Bilanz einer Profilbildung.
Bewegung drei: Der Traum des Schul-
inspektors. Zur Problematik der »Verän-
derung von oben«.
Bewegung vier: Nicht zuviel Unruhe.
Möglichkeiten und Grenzen einer
Veränderung von unten.
Bewegung fünf: »Wir haben gedacht,
das genügt«. Eine traditionelle Schule
unter Veränderungsdruck.
Bewegung sechs: Pioniere erobern
vertrautes Land. Oder: Vorwärts zum
Innovationsgeist zurück.
Bewegung sieben: Pragmatismus als
pädagogische Linie.

BELTZ

Beltz Verlag · Postfach 100154 · 69441 Weinheim

B0259

Handlungsorientierter Unterricht

Günther Gugel

Methoden-Manual II:
»Neues Lernen«

Tausend neue Praxisvorschläge
für Schule und Lehrerbildung.
(Neue Lehrerbildung und
Schulentwicklung)
1998. 224 Seiten mit zahlr. Abb.
Großformat. Broschiert.
ISBN 3-407-25214-5

Ansprechende Methoden motivieren
und befähigen Teilnehmer/innen zu einer kreativen, handlungsorientierten
Auseinandersetzung mit Themen und
Problemen. Vorgestellt werden:

- Bildorientierte Methoden
- Rollenspiele und Theater
- Plan- und Entscheidungsspiele
- Spurensuche und Erkundungen
- Audiovisuelle Medien
- Projektorientierte Methoden
- Umgang mit neuen Medien
  (z.B. Internet).

Die Methodenbeschreibungen werden
ergänzt durch Arbeitsmaterialien, Ko-
piervorlagen und Erfahrungsberichte.
Vielfältige Praxisbeispiele geben Einblick in die Chancen des Einsatzes. Die
sorgfältige grafische Gestaltung macht
den Band übersichtlich. Ein echtes Arbeitsbuch für Studierende, Lehrende
und alle in der Bildungsarbeit Tätigen.

Beltz Verlag · Postfach 100154 · 69441 Weinheim

B0317